Agnes Sapper

GRETCHEN REINWALDS LETZTES SCHULJAHR

AGNES SAPPER

Gretchen Reinwalds
letztes Schuljahr

D. GUNDERT VERLAG

HANNOVER

Textbilder und Schutzumschlag von Gerhard Pallasch

147.—150. Tausend
© by D. Gundert Verlag Hannover
ISBN 3-87279-004-8
Herstellung: Theodor Oppermann Hannover

Die Oberklasse

„Heute beginnt also dein letztes Schuljahr?" fragte Herr
Reinwald seine Tochter, die eben zum Ausgang gerichtet
ins Zimmer trat.

„Ja, aber erst um neun Uhr", antwortete Gretchen und
setzte sich noch einmal zu den Eltern an den Frühstückstisch.
„Ich bin eigentlich viel zu früh heute!"

„Du siehst ja ganz anders aus, als sich's für ein Schulmädel gehört, hast keine Bücher in der Hand und gehst in
einem langen Kleid!"

Gretchen und ihre Mutter lachten. „Das lange Kleid ist
dir noch ungewohnt an unserem Kind", sagte Frau Reinwald, „sie ist nun eben kein ,Schulmädel' mehr, sondern
eine Schülerin der Oberklasse."

„Ja, Vater, du mußt auch ein wenig Achtung haben vor
mir, ich bin fast schon so groß wie die Mutter; bitte,
Mutter, steh einmal auf, der Vater glaubt es sonst nicht."

Da standen sie nebeneinander, die Mutter zart und
schmächtig, mit schlichtem braunem Haar, die Tochter rosig
und blühend, mit blonden, hoch aufgesteckten Zöpfen; und
es war schwer zu sagen, welche von beiden größer war.
Aber Herr Reinwald besann sich nicht. „Das beruht alles
auf Täuschung", sagte er, „deine Zöpfe sind nur so prah-
lerisch aufgebaut. Die Mutter ist doch größer, und sie
bleibt's auch." Da lachte Gretchen und rief: „Ich weiß

schon, wie du's meinst, Vater. Die Mutter bleibt freilich
größer", und mit stürmischer Zärtlichkeit umarmte sie ihre
Mutter. Gretchen machte sich nun fertig.

„Ruf im Vorbeigehen Lene, daß sie das Frühstück ab-
räumt", sagte Frau Reinwald.

„Lene? Ja, wenn nur unsere gute Lene noch draußen
wäre!" antwortete Gretchen; „ich mag gar nicht mehr in die
Küche, seitdem so ein fremdes Wesen darin haust!"

„Ich glaube es wohl, daß dir deine Lene fehlt, die bei
uns war, solange du zurückdenken kannst; aber Franziska
scheint mir auch ein tüchtiges Mädchen zu sein."

„Ich schicke sie dir herein", sagte Gretchen, „und jetzt leb'
wohl, Mutter."

„Viel Glück zum letzten Schuljahr!"

„Danke, ich bin furchtbar neugierig, wie es in der Oberklasse wird!" Eilig ging nun Gretchen in den kühlen Herbst-
morgen hinaus, der Schule zu. Ihr Weg führte sie durch
lange, belebte Straßen. Schon seit ihrem ersten Schuljahr,
in dem Herr Reinwald als Regierungsrat in die Hauptstadt versetzt worden war, besuchte Gretchen die Töchterschule von Fräulein von Zimmern. Von Klasse zu Klasse
war sie aufgestiegen, und nun stand sie vor der letzten. Die
schöne Feier der Konfirmation lag eben hinter ihr, Herz
und Sinn des jungen Mädchens waren noch bewegt von den
tiefen Eindrücken dieser Zeit; heute aber, auf dem gewohnten Schulweg überkam sie das Gefühl, daß nun alles wieder
in das werktägliche Geleise übergehe. Ähnlich ging es wohl
auch ihren Altersgenossinnen. Manche von ihnen waren
schon im Frühjahr konfirmiert worden, die meisten aber
erst im Herbst, und so wanderten sie heute zum erstenmal als konfirmierte Mädchen wieder der Schule von

Fräulein von Zimmern zu. Sie begrüßten sich als alte Bekannte, freundschaftlicher oder kühler, je nachdem sie einander näher oder ferner standen; aber e i n Paar fand sich mit besonderer Herzlichkeit zusammen und stand Seite an Seite, als könnte es gar nicht anders sein: das waren Gretchen Reinwald und Hermine Braun, zwei Freundinnen, die seit dem ersten Schuljahr treu zusammengehalten hatten und von den andern fast wie Schwestern angesehen wurden. Doch waren sie einander äußerlich nicht ähnlich. Hermine war kleiner als Gretchen, hatte ein schmales, blasses Gesichtchen, aber eines, das man gern ansah, denn es sprach eine große Herzensgüte aus den sanften Zügen. Mit den beiden zugleich trat Ottilie von Lilienkron in das Schulhaus, und die drei gingen im unteren Stockwerk des Hauses auf eine Zimmertür zu, die die Aufschrift „Oberklasse" trug. Als sie eintraten, fanden sie schon mehrere Mädchen versammelt. Eine von ihnen bemühte sich eben, einen Kleiderhaken, der sich von der Wand losgemacht hatte, wieder zu befestigen. Es war Elise Schönlein, eine wenig begabte Schülerin. Ottilie redete sie spöttisch an: „Ist das deine erste Leistung in der Oberklasse, daß du den Kleiderhaken von der Wand reißt?"

„Ich kann nichts dafür, das alte Ding hält nicht mehr, der Nagel fällt aus dem Loch. Helft mir doch!" Hermine Braun kam zu Hilfe. „So, jetzt hält es notdürftig", sagte Hermine befriedigt.

„Ja", entgegnete Ottilie, „für einen Tag vielleicht, dann fällt's wieder herunter. Dies Zimmer ist überhaupt das unschönste Schulzimmer von allen, die wir je gehabt haben."

„Ja, und so kalt, man hätte schon ein wenig einheizen

können." Die Neueintretenden stimmten mit ein in diese Klagen, und die ganze junge Gesellschaft war ziemlich mißvergnügter Laune, als sie sich auf den alten Schulbänken niederließ und auf den Anbruch des letzten Schuljahrs wartete.

Es hatte neun Uhr geschlagen, und die Schülerinnen, fünfzehn an der Zahl, waren alle versammelt, als die Tür aufging. In sicherer Erwartung ihrer Lehrerin wollten die Mädchen aufstehen. Gretchen, die immer etwas flinker als andere in ihren Bewegungen war, hatte sich achtungsvoll erhoben, aber unter der Tür erschien statt der erwarteten Lehrerin nur ein kleines Mädchen, eine Schülerin der dritten Klasse. Es war Mathilde, die kleine Schwester von Hermine Braun. Errötend richtete das Kind aus: „Fräulein von Zimmern läßt den Großen sagen, sie sollen alle mit mir heraufkommen." Merkwürdig schnell waren „die Großen" bereit, das Zimmer zu verlassen und der Kleinen zu folgen, die die Treppe hinauf voranging.

„Was gibt's wohl? Wohin sollen wir kommen?" fragten die Mädchen einander, und immer größer wurde ihre Verwunderung, denn sie wurden durch beide Stockwerke hindurchgeführt, in denen sie die früheren Schuljahre zugebracht hatten, bis hinauf in den obersten Stock, den sie bisher nur betreten hatten, wenn sie in der großen Kammer ihre Handarbeiten aufbewahren wollten. Neben dieser Kammer war eine Tür, durch die noch nie eines der Mädchen geschritten war, die Tür selbst schien auch neu zu sein. Die kleine Führerin öffnete sie und rief in das Zimmer hinein: „Da sind jetzt die Großen", und dann sprang sie wieder die Treppe hinunter.

In dem freundlichen, von der Sonne beschienenen Raum,

in den die Mädchen nun eintraten, stand Fräulein von Zimmern, eine würdige ältere Dame mit grauem Haar. Sie ging der jungen Schar entgegen und sagte freundlich: „Willkommen, meine Großen! Ihr seht euch ganz erstaunt um; nicht wahr, ihr wußtet nicht, daß hier oben ein so großes, helles Zimmer sei. Es steht auch noch nicht lange, ich ließ es erst in den Ferien ausbauen und für euch als Klassenzimmer einrichten. Möchtet ihr alle euer letztes Schuljahr recht glücklich darin verleben!"

Ein Ausruf der freudigen Überraschung folgte auf diese freundliche Anrede. Die Mädchen sahen sich die neue Umgebung mit großem Wohlgefallen an. Das Zimmer war wirklich gemütlich eingerichtet: statt der Schulbänke und dem Lehrerpult stand in der Mitte ein langer grüner Tisch und um ihn herum hübsche Rohrsessel. Wenn man da saß, konnte man sich an einen Familientisch versetzt fühlen. Ein großer Strauß von bunten Astern prangte in der Mitte, und fünfzehn kleine duftende Resedensträußchen bezeichneten den Schülerinnen ihre Plätze. Die Fenster waren mit Vorhängen geschmückt, und zwischen diesen hindurch sah man weithin über die Häuser und Gärten der Stadt bis hinaus in die freie Landschaft.

Das war ein anderes Zimmer als das düstere im Erdgeschoß! Lebhaft äußerten die Mädchen ihre Freude darüber, aber für den Dank wollten sich nicht so leicht die Worte finden lassen. Gretchen hatte manchmal bei solchen Gelegenheiten die Sprecherin machen müssen, und als sie eben an eines der Fenster trat, sich des ungewohnten Fernblicks zu erfreuen, kamen einige der Freundinnen zu ihr und bedeuteten ihr durch leichte Rippenstöße, daß man ihrer bedürfe. Sie hatte kaum erfaßt, was von ihr erwartet

wurde, als sie auch schon bei Fräulein von Zimmern stand
und mit dem Ruf: „Wir danken Ihnen für diese wunder-
schöne Überraschung!" auch den andern die Zunge löste.

Nie sehen die Menschen so strahlend aus den Augen,
als wenn sie andern eine Freude bereiten, und so lag auch
in den Zügen der Vorsteherin in diesem Augenblick ein
solch herzgewinnender Ausdruck, daß die Mädchen, die
von klein an nur mit ehrfurchtsvoller Scheu der gestrengen Lehrerin genaht waren, sich um sie scharten und sich
immer wieder bedankten.

Es wurde in dieser ersten Unterrichtsstunde, die Fräulein von Zimmern selbst gab, nicht so viel gearbeitet wie
sonst; aber es war doch keine verlorene Stunde: in all
den jungen Herzen war der Wunsch und Wille geweckt
worden, sich dankbar zu zeigen durch treue Pflichterfül-
lung. — Um zehn Uhr wurde Fräulein von Zimmern bei
ihren Schülerinnen abgelöst durch Miß Hampton, eine
Engländerin, die den Unterricht in ihrer Muttersprache
zu erteilen hatte. Ehe die Vorsteherin das Klassenzimmer
verließ, sagte sie zu Gretchen: „Komm um zwölf Uhr
einen Augenblick in mein Zimmer, ich habe etwas mit
dir zu besprechen." Gretchen hätte gerne gefragt: „was
denn?" Sie konnte sich durchaus nicht vorstellen, was es
sein mochte; ja sie gestattete sich, auch während der englischen Stunde mit Hermine darüber zu beraten, da ohnehin keine musterhafte Stille am grünen Tisch herrschte.
Die junge Engländerin, die heute ihre erste Stunde erteilte, verstand es noch nicht, in der Klasse Ruhe zu halten. So erlaubten sich die Mädchen, unter die englischen
Sprachübungen auch deutsches Geplauder zu mischen,
und Miß Hampton verließ nach der ersten Schulstunde

entmutigt das Schulzimmer in dem Gefühl, daß sie trotz ihrer guten Kenntnisse der Aufgabe nicht gewachsen sei.

Auf die englische Stunde sollte nach dem neuen Stundenplan eine französische folgen; aber statt Fräulein Bertrand, die dieses Fach zu geben hatte, erschien heute zur großen Überraschung der Mädchen eine andere Gestalt. Es war Pfarrer Kern, der Pfarrer, der den Mädchen schon von der ersten Klasse an Religionsunterricht gegeben hatte, von dem auch die meisten Schülerinnen konfirmiert worden waren, und der bei ihnen allen nur „unser Pfarrer" hieß. Auf dem Stundenplan für dieses Jahr stand aber keine Unterrichtsstunde von ihm, und deshalb sahen ihn fünfzehn Augenpaare erstaunt an bei seinem Eintritt. Der Pfarrer bemerkte es wohl, er begrüßte seine Schülerinnen freundlich und sagte dann: „Ihr seht mich alle verwundert an, ja in Gretchen Reinwalds Augen lese ich ganz deutlich die Frage, die sie mir als kleines Mädchen schon einmal gestellt hat: ‚Was will der Mann?' Diese stumme Frage will ich euch gleich beantworten. Fräulein von Zimmern ist der Meinung, daß jeden Monat eine der regelmäßigen Stunden ausfallen könnte zugunsten einer Stunde, die ich euch, meinen alten Schülerinnen, widmen würde. Wenn ich mich nicht irre, sind wir so gute Freunde, daß wir wohl gerne einmal monatlich zusammenkommen möchten. Was meint ihr?"

Die freudige Zustimmung, die von allen Seiten erfolgte, kam den Mädchen aus dem Herzen, denn es war auch nicht eine unter ihnen, die lieber französischen Unterricht gehabt hätte als eine Stunde bei ihrem Pfarrer. Er setzte sich nun zu seinen Schülerinnen oben an den grünen Tisch, und blickte befriedigt über die auch ihm ganz neue Schulstube. „Unsere ganze Umgebung ist eine andere als bisher", sagte er, „und ebenso wird auch unser Unterricht ein anderer sein. Was uns vorgeschrieben war — euch zu lernen und mir zu lehren —, das haben wir erfüllt, und für euch gilt es nun, das Gelernte auch ins Leben zu übertragen. Darüber, wie das geschehen kann, möchte ich in diesem letzten Schuljahr zu euch heranwachsenden Mädchen reden. Von eurer Arbeit wollen wir sprechen, von euren Vergnügungen; von euren Beziehungen zu den Eltern und Geschwistern, zu den Freundinnen, zu den Hausangestellten; kurz von allem, was euer tägliches Leben ausfüllt, oder auch von anderem, was ihr gerne besprochen haben möchtet. Hat im Laufe des Jahres etwa eine von euch den Wunsch, diese oder jene Frage auszusprechen, so mag sie es jederzeit tun, sei es nun mündlich oder schriftlich, auf einem Blättchen, das ihr mir zuschicken könnt, mit oder ohne Namensunterschrift. Es ist eine alte Erfahrung, daß die Menschen sich oft scheuen, das auszusprechen, was ihre Seele am tiefsten bewegt. Mich wird es freuen, wenn ihr diese Scheu überwindet und mir manchmal Stoff gebt zur Besprechung solcher Fragen, die euch beschäftigen. In der heutigen Stunde wollen wir miteinander darüber reden, was euch dies letzte Schuljahr bietet und was es von euch fordert. Dazu möchte ich euren neuen Stundenplan sehen."

Die Schülerinnen von Fräulein von Zimmern mußten sich immer schon am Schluß eines Schuljahres den Stundenplan für das kommende Jahr aufschreiben, und wer die schönste Handschrift besaß, hatte die Pflicht und das Vorrecht, ihn auch auf ein größeres Blatt einzutragen, das dann hübsch verziert im Schulzimmer hing. Ottilie von Lilienkron hatte in diesem Jahr den Plan geschrieben, sie brachte ihn nun herbei. Der Pfarrer nahm ihn zur Hand und saß bald in lebhaftem Gespräch mit seinen Schülerinnen. Sie merkten es wohl kaum, daß sie auch in dieser Stunde lernten, und dabei übte der zwanglose Unterricht guten Einfluß aus. Indem der Pfarrer von der englischen Stunde sprach, wußte er die Herzen der Mädchen für die fremde junge Lehrerin zu gewinnen, so daß sie sich im stillen vornahmen, ihr künftig nicht, wie sie es heute getan hatten, ihren Beruf noch schwerer zu machen.

Als bei Betrachtung des Stundenplans die Handarbeitsstunde an die Reihe kam, seufzte Gretchen tief auf und bekannte, daß ihr diese schrecklich sei und sie nicht begreife, warum man so kleinlich darauf aus sei, daß alles fadengerade genäht werde. Der Pfarrer hatte ganz teilnahmsvoll zugehört. „Davon verstehe ich allerdings nicht viel", sagte er, „aber es kommt mir doch vor, als sei das Wort ‚fadengerade‘ kein so übles Wort. Sag du dir bei der nächsten verzweiflungsvollen Näherei: ‚Da, längs dieses Fadens geht der gerade Weg, und den will ich nicht verlassen, wenn er noch so mühsam ist.‘ Und hast du das durchgeführt, so hast du eine schwere Pflicht erfüllt, obwohl es sich nur um einen Faden handelt, und seht, das ist's gerade, was ich möchte, daß ihr es recht erfaßt: Nichts ist so unbedeutend in unserem Tun, daß es nicht wert wäre, gut getan zu werden, und auch bei dem geringsten, was wir tun, können wir Gott vor Augen und im Herzen haben."

Als der Stundenplan durchgesprochen war, schlug es zwölf Uhr. Der Pfarrer verabschiedete sich von seinen Schülerinnen für einen ganzen Monat und wiederholte seine Aufforderung, ihm Fragen zukommen zu lassen, wenn sie irgendwelche auf dem Herzen hätten.

Erst jetzt fiel es Gretchen wieder ein, daß sie nun bei Fräulein von Zimmern erscheinen sollte. Im Hinuntergehen sagte sie zu Hermine Braun: „Warte ein wenig an der nächsten Ecke auf mich, damit ich dir gleich berichten kann", und dann verschwand sie hinter der Tür, an der angeschrieben stand: Zimmer der Vorsteherin. Diesen Raum hatte Gretchen in den vielen Schuljahren, die sie hinter sich hatte, nur sehr selten betreten und meist mit einem gewissen Bangen; denn hierher wurden die Schülerinnen nur beschieden, wenn Fräulein von Zimmern etwas Besonderes mit ihnen zu besprechen hatte, und dieses Besondere war selten etwas Angenehmes. Heute hatte nun Gretchen das Gefühl, daß unmöglich etwas Schlimmes kommen könne, und guten Muts trat sie zu der Vorsteherin, die an ihrem Schreibtisch saß, nun die Feder weglegte und Gretchens Gruß erwiderte.

„Gretchen", begann sie dann, „deine Mutter hat mir einmal mitgeteilt, du habest große Lust, Lehrerin zu werden. Ist das noch immer so?"

„O ja", sagte Gretchen, „in einer solchen Schule, wie unsere ist, da möchte ich gerne Lehrerin sein."

„Gut, ich will dir deshalb einen Vorschlag machen. Es ist eine neunjährige Schülerin neu eingetreten. Ruth Holland, die Tochter des Forstrats Holland. Die Familie lebte bisher auf dem Land, und das Kind hatte in seiner Schule noch keinen französischen Unterricht. Sie muß nun dasjenige nachlernen, was ihre Altersgenossinnen hier schon gelernt haben. Hast du Lust, so kannst du dem Kind diesen französischen Unterricht erteilen, wozu ich dir Anleitung geben würde. Bei dieser Gelegenheit wird es sich zeigen, ob du wirklich Freude am Lehren und

Geschick im Umgang mit Kindern hast. Was meinst du dazu?"

„Ich tue es furchtbar gern", rief Gretchen voll Eifer.

„Keine solchen Ausdrücke, Gretchen! Das Eigenschaftswort ‚furchtbar' ist als Bestimmungswort für ‚gern' nicht zulässig."

„Ich tue es sehr gern", verbesserte Gretchen, „aber ob es wohl die andern nicht auch alle gern täten? Zum Beispiel Hermine Braun, und sie, als Erste, hat doch mehr Recht darauf als ich."

„Recht hat keine von euch darauf; allerdings hätte ich Hermine lieber als dich vorgeschlagen, da sie durch ihre kleinen Geschwister mehr Erfahrung mit Kindern hat als du; aber sie hat Musikstunden und deshalb wenig freie Zeit. So frage denn deine Eltern, ob —"

„Oh, meine Eltern sind jedenfalls —"

„Nicht unterbrechen, Kind; es ist eine schlechte Gewohnheit, die bei Gebildeten nicht vorkommen sollte, merk dir das! Frag deine Eltern, und wenn sie einverstanden sind, dann kannst du gleich Donnerstag beginnen, im Klassenzimmer Nr. 3, nachmittags vier Uhr. Was wolltest du vorhin sagen?"

„Daß meine Eltern sich jedenfalls nur darüber freuen. Ist es wohl ein nettes Mädchen?"

„Ich glaube, daß die kleine Ruth ein gutes, aber etwas verschüchtertes Kind ist, das vielfach falsch behandelt wurde. Du mußt trachten, ihr Vertrauen zu gewinnen und sie zu ermutigen."

„O ja, das will ich tun, ich freue mich schrecklich — ich wollte sagen — sehr auf eine solch herzige kleine Schülerin!"

„Nun, so wollen wir das Beste hoffen! Ich werde dir mit gutem Rat beistehen." Fräulein von Zimmern reichte

Gretchen die Hand, diese verneigte sich, wie es in diesem Hause üblich war, ging sehr sittsam zur Tür hinaus und rannte dann nicht ganz so sittsam bis an die nächste Straßenecke, wo Hermine sie erwartet hatte. Mit großem Eifer erzählte Gretchen von dem Vorschlag, den ihr Fräulein von Zimmern gemacht, und dann sah sie prüfend ihre Freundin an. „Hätte es dich sehr gefreut, wenn d i r der Unterricht übertragen worden wäre?" fragte sie.

„Ach nein, wirklich nicht, ich habe so viel mit den Aufgaben meiner Geschwister zu tun, muß zum Beispiel täglich meiner Schwester bei den Übungen helfen, so daß es mir nichts Neues mehr ist; ich habe mir auch sowieso nie gewünscht, Lehrerin zu werden."

„Ja, das weiß ich; dann freut mich's um so mehr, daß Fräulein von Zimmern gerade auf mich kommt. Ich denke es mir ganz reizend!" Die Freundinnen trennten sich nun, und Gretchen kam zu Hause gerade recht zum Mittagessen. Sie fand bei Vater und Mutter volle Teilnahme für all ihre Schulerlebnisse, und sie wußte dies Glück wohl zu schätzen.

Frau Reinwald war in den letzten Jahren mehrmals schwer krank gewesen, und so war Gretchen der Gedanke schon wiederholt nahe getreten, daß sie ihre geliebte, treue Mutter bald verlieren könnte. Gegenwärtig aber war Frau Reinwald gesund, und Gretchen freute sich täglich darüber; es war eine stille Übereinkunft zwischen ihr und dem Vater, daß der Mutter alles Schwere möglichst abgenommen und sie gehegt und gepflegt würde, obwohl Frau Reinwald selbst nie Rücksicht für sich verlangte. Aus diesem Grund war es auch Gretchen lieb, daß sie nicht mehr so viele Schulstunden hatte wie in den früheren Jahren und so der Mutter im Haushalt manches abnehmen konnte. Wenn sie nur schon mehr von den häuslichen Geschäften verstanden hätte, oder wenn Lene noch dagewesen wäre, sie anzuweisen. War auch Lene manchmal etwas grob gewesen, sie hatte doch Gretchen liebgehabt und ihr jederzeit geholfen. Aber vor einigen Wochen hatte sie sich verheiratet.

Franziska, die nun draußen in der Küche waltete, war nie grob, sie hatte Lebensart und redete Gretchen mit „Fräulein" an, aber manchmal schien es doch, als ob sie ein wenig spöttisch gegen das junge Fräulein wäre, das sich bisher noch wenig um die Hausarbeit gekümmert hatte. So war es Gretchen unbehaglich zumute, als sie hörte, daß sie in der nächsten Woche zum erstenmal mithelfen solle beim Wäschelegen und -bügeln. Aber die Mutter machte ihr Mut: „Du bist ja nicht allein mit Franziska, ich bin auch dabei. Wie schnell wird künftig alles erledigt werden, wenn meine große Tochter mithilft. Darauf habe ich mich schon gefreut, als du noch ein ganz kleines Mädchen warst!"

„Wirklich?" fragte Gretchen, „dann muß es freilich nett werden, und ich freue mich darauf, trotz Franziska!"

Lene

Wenige Tage später, als Gretchen mittags gerade von der Schule heimkam, sagte Frau Reinwald zu ihr: „Du hast einen lieben Besuch versäumt, Frau Bauer war da!"

„Frau Bauer? Die kenne ich gar nicht."

„Die kennst du nicht? Deine Lene?"

„Lene! Ach, wie sonderbar, daß man nun Frau Bauer zu ihr sagt! Wie geht es ihr denn?"

„Mir scheint, es geht ihr nicht sonderlich gut, sie hat viele Schwierigkeiten, und als sie davon erzählte, kamen ihr sogar die Tränen."

„Oh, wenn Lene einmal weint, dann muß es schon recht arg sein! Ist denn ihr Mann nicht gut gegen sie?"

„Doch, der Mann wohl, aber du weißt ja wohl, daß er Kutscher ist und fast immer auf der Fahrt; dann ist Lene allein mit seinen drei Kindern, und die machen ihr das Leben recht sauer. Es sind drei wilde, verwahrloste Jungen, und überdies scheinen sie gegen Lene aufgehetzt zu werden. Es wohnt eine Verwandte, eine alte Base, wie Lene sagt, in der Nähe, die besorgte vorher den Haushalt und war gegen die Heirat. Die legt nun alles bös aus, was Lene tut."

„Lene soll sie doch nicht mehr ins Haus lassen!"

„Sie kommt auch nicht, aber sie lockt die Kinder zu sich und fragt sie aus. Wenn Lene ihre Wohnung schön rein und ordentlich macht, wie sie es bei uns gewohnt

war, dann heißt es: ‚Die Base sagt, du seiest eine Putz-
närrin‘; wenn Lene sparen will, dann heißt man sie geizig,
und wenn sie die Kinder zurechtweist, dann sagen sie:
‚Wärest du doch nicht zu uns gekommen, wenn wir dir nicht
recht sind!‘“

„Aber Mutter, das ist ja ganz empörend, nein, unsere
gute Lene so zu behandeln! Die sind es gar nicht wert,
daß sie sie bekommen haben!“

„Das mußte ich auch denken. Wie glücklich sollten sie sein,
daß ihr verwahrlostes Hauswesen in Ordnung gebracht wird!“

„Ja“, sagte Gretchen, „und gegen die Kinder ist sie
gewiß immer gut. Weißt du noch, Mutter, wie sie sich um
mich angenommen hat, als du krank warst? So macht sie
es gewiß auch mit den drei Buben, die jetzt doch ihre
Kinder sind, und die sind so undankbar! Was hast du
denn Lene zum Trost gesagt, Mutter?“

„Leider ist uns ein Besuch dazwischengekommen, und ich
konnte ihr nur noch versprechen, daß wir bald und oft nach
ihr sehen würden. Du könntest manchmal nach deiner Nach-
mittagsschule zu ihr hingehen, von der Schule aus ist‘s nicht
mehr weit.“

„Ja, das tue ich. Wenn dann nur die drei wilden Jungen
aus dem Wege wären!“

„Die sitzen wohl nachmittags nicht viel daheim, du wirst
Lene leicht allein treffen.“

„Ich gehe zu ihr, sobald ich kann!“ Gretchen konnte ihre
Gedanken gar nicht mehr von Lene losbringen, und ganz
empört erzählte sie mittags dem Vater, was sie gehört hatte.
Herr Reinwald beschwichtigte. Er meinte, aller Anfang sei
schwer, sie würden sich allmählich schon besser zusammen-
leben.

„Aber die wilden Buben!" rief Gretchen.

„Wilde können gezähmt werden."

„Aber die Base!"

„Basen können sich beruhigen", sagte Herr Reinwald in unerschütterlicher Ruhe. Das befriedigte Gretchen nicht, sie fand den Vater nicht teilnehmend genug. „Die arme Lene, sie hat geweint", sagte sie.

„Die ‚arme Lene‘ macht vielleicht auch manchen Fehler, ein Engel ist auch sie nicht. Ehe man so unbarmherzig den Stab bricht über ihre Angehörigen, müßte man doch mehr Einblick in die Verhältnisse haben."

„Aber Lene hat ja der Mutter alles erzählt!"

„E i n e s Mannes Red’ ist keines Mannes Red’, man muß sie hören alle beed."

Dieser Spruch brachte Gretchen vollends zur Verzweiflung. „O Mutter", rief sie, „sprich doch auch ein Wort für Lene, der Vater hat gar kein Herz mehr für sie!"

Frau Reinwald legte sich ins Mittel. „Sei nur zufrieden, ich gehe in der nächsten Zeit einmal hin und sehe, wie es steht." Gretchen war nun still, aber sie mußte immer an Lene denken, bis dieser Kummer durch den Gedanken an die französische Stunde verdrängt wurde, die sie heute zum erstenmal erteilen sollte. Sie hätte sich ohne Vorbehalt darauf gefreut, wenn sie über einen Punkt beruhigt gewesen wäre: ob Fräulein von Zimmern den Stunden beiwohnen würde. Sie war überzeugt, daß sie allein ihre Sache viel besser machen würde und bald gut Freund wäre mit der fremden Kleinen, für die sie schon eingenommen war, ehe sie diese kannte, aber in Gegenwart von Fräulein von Zimmern traute sie sich nichts zu. Als sie nun um vier Uhr ins Schulhaus kam, stürmten die

Kinder alle die Treppe herunter, und es war ihr ganz eigen zumute, daß sie als Lehrerin dem Strom entgegen hinaufging. Die dritte Klasse hatte sich eben entleert, ein Kind saß allein noch auf der letzten Bank, und Gretchen konnte leicht erraten, daß es ihre künftige Schülerin war. So einsam im Schulzimmer zurückbleiben zu müssen, wenn alle andern hinausspringen, so auf der letzten Bank zu sitzen und zu warten, bis eine ganz fremde Lehrerin kommt, das ist keine glückliche Lage, und Gretchen mit ihrem warmen Herzen fühlte das sofort. Sie hatte eigentlich warten wollen, bis Fräulein von Zimmern sie in aller Form der Schülerin vorstellen würde, aber als sie das Kind so verlassen sah, tat sie es nicht. Schnell ging sie auf sie zu, setzte sich neben sie auf die Bank, legte den Arm um sie und sagte: „Gelt, du möchtest jetzt gewiß lieber mit den andern fort, als bei mir Französisch lernen? Aber ich mach's gar nicht lang, sieh, hier legen wir meine Uhr her, und sowie der Zeiger da auf halb ist, hören wir auf."

Die Kleine antwortete nicht auf diese freundliche Anrede. Gretchen erinnerte sich an Fräulein von Zimmerns Wort: „verschüchtert". Ja, so erschien sie ihr, und so zeigte sie sich auch, als jetzt Fräulein von Zimmern eintrat. Sie blieb sitzen, während Gretchen vortrat und grüßte. Fräulein von Zimmern, die sonst jede kleine Unhöflichkeit zu tadeln pflegte, übersah es bei diesem Kind und sprach milder, als sonst ihre Art war. „Das ist Ruth Holland, deine Schülerin; Ruth, sieh, das ist Fräulein Reinwald." Gretchen war ganz betroffen, sich so vorgestellt zu hören; aus dem Munde der Vorsteherin lautete das „Fräulein Reinwald" gar zu ungewohnt.

Fräulein von Zimmern zeigte nun Gretchen, wo Ruth in ihrem Lehrbuch stand. Gretchen sollte zuerst die kleine schriftliche Arbeit verbessern und die gelernten Wörter überhören, dann die neue Aufgabe durchgehen. Ein heller Platz in der vorderen Bank wurde für die kleine Schülerin bestimmt, und dann wies Fräulein von Zimmern auf einen Sessel, den sich Gretchen vor den Platz der Kleinen stellen sollte. Gretchen wagte eine Einsprache. „Ich säße viel lieber neben ihr auf der Bank, es ist viel traulicher; darf ich?"

„Die niedrige Bank ist für dich unbequem, doch magst du das einrichten, wie du willst." Im Nu saß Gretchen neben Ruth, schlang den Arm wieder um sie, während sie mit der anderen Hand das Heft nahm, in dem eine Über- setzung durchzusehen war. „La mère" hießen die ersten Worte, und auf „mère" fehlte der Akzent; eifrig bemühte sich nun die junge Lehrerin, ihrer Schülerin zu erklären, warum dies kleine Zeichen nicht fehlen dürfe. Sie beach- tete nicht mehr die Gegenwart von Fräulein von Zim- mern, sie war viel zu sehr bei der Sache, und so bemerkte sie auch den wohlwollenden Blick nicht, den die Vor- steherin auf die kleine Gruppe warf, ehe sie nach einer Weile das Zimmer verließ.

Die halbe Stunde erschien Gretchen fast zu kurz, sie hätte gern noch in ihrem Eifer weitergemacht; aber sie dachte an ihr Versprechen und machte pünktlich Schluß. Sie half der Kleinen, ihre Jacke anzuziehen, freute sich an ihrer zierlichen Gestalt und fing an, mit Ruth zu plaudern. Aber die Unterhaltung blieb ganz einseitig, und sobald das Kind fertig war, huschte es mit kaum hörbarem Gruß zur Tür hinaus. „Jetzt ist sie natürlich noch schüchtern, aber in der nächsten Stunde wird sie schon zutraulich werden", sagte sich Gretchen, während sie das Schulzimmer hinter sich abschloß.

Sie schlug nicht den Heimweg ein, es zog sie unwiderstehlich zu Lene, sie mußte einmal nach ihr sehen. In einem kleinen Gäßchen der Altstadt wohnte der Kutscher Bauer, ein sehr zuverlässiger Mann, den Lene in früheren Jahren oft für Herrn Reinwald zu Ausfahrten bestellt hatte. Gretchen war kurz nach Lenes Heirat schon einmal dagewesen, um ein Hochzeitsgeschenk zu überbringen. Man mußte durch einen Hof in das Hintergebäude gehen. Dort war der Pferdestall und der Wagenschuppen, und daneben die kleine Kutscherwohnung. Gretchen klopfte an der Zimmertür, und als niemand „herein" rief und sie doch von innen Gepolter hörte, klopfte sie noch lauter. Da wurde die Tür aufgerissen und sie stand einem etwa zwölfjährigen Jungen gegenüber, der sie anredete: „Wollen Sie zum Kutscher?" Gretchen wußte sofort, daß das einer der drei wilden Buben war; sie sah auch, daß ein zweiter mitten auf dem Tisch stand, sah, daß dieser Tisch tadellos sauber war und daß der Bub, der darauf stand, aber schmutzige Stiefel anhatte. In einem Augenblick hatte sie das alles bemerkt. Jetzt antwortete sie auf die Frage des Großen: „Ich möchte zu Lene, zu Frau Bauer."

„Die ist nicht da."

„Ist sie ausgegangen? Kommt sie wohl gleich wieder?"

„Sie ist ausgegangen, aber ob sie gleich wiederkommt oder noch eine Stunde lang schwätzt, weiß ich nicht."

„Schwätzen tut sie nicht, das weiß ich", rief Gretchen, deren Zorn gegen die Jungen hell aufloderte. „Ich kenne die Lene besser als ihr, sie war vierzehn Jahre bei uns!"

24

„Meinetwegen hätte sie auch vierundzwanzig Jahre bei euch bleiben können!"

„Ich wollte auch, sie wäre bei uns geblieben", rief Gretchen mit zunehmender Erbitterung, „bei uns hat sie es gut gehabt, ich habe sie so lieb und sie mich, und ihr seid so häßlich gegen sie!"

„So? Woher wissen Sie denn das? Hat sie uns schon verklagt?"

„Wenn sie euch auch nicht verklagt hätte", entgegnete Gretchen, „so hätte ich das schon selbst gemerkt, wenn du gleich sagst: ‚sie schwätzt!' und wenn der andere dort auf dem frisch geputzten Tisch herumsteigt, daß Lene gerade wieder von vorne anfangen muß zu putzen!"

„Was kümmert's Sie?" rief trotzig der Große, „das ist unser Tisch und unsere Stub', da haben Sie nichts dreinzureden! Das geht Sie nichts an!"

„Das geht mich freilich an, wenn ihr meine Lene so unglücklich macht", rief Gretchen in höchster Erbitterung und mit Tränen der Erregung.

Der Große lenkte ein. „So schlecht sind wir auch nicht, daß wir jemanden unglücklich machen! Da ist doch die Bas viel unglücklicher, die heult den ganzen Tag, weil sie aus dem Haus gemußt hat und ganz allein ist, und Eure Lene ist noch nicht ein einziges Mal zu ihr hinübergegangen und hat ihr noch nie einen Teller Suppe gebracht. Das ist doch auch nicht recht, das schreit zum Himmel, sagt die Bas." Gretchen horchte auf. „Ist denn die Base arm?" fragte sie.

„Wenn sie doch keinen Verdienst mehr hat!"

„Das weiß gewiß die Lene nicht!"

„Wieso wird sie's nicht wissen!"

„Nein, sie weiß es nicht", beharrte Gretchen, „man muß es ihr nur sagen, dann bringt sie der Base etwas!"

Der Kleine, der mittlerweile doch vom Tisch heruntergestiegen war, hatte nun auch etwas zur Sache zu bemerken. „Ich hab' der Bas einmal ein Stück Fleisch zugetragen", erzählte er, „dann, als die neue Mutter dahintergekommen ist, hat sie mich gescholten. Ja, und sie will uns gar nimmer zur Bas hinüber lassen, die ist ihr schon zu gering, und alles will sie schöner haben, als es vorher war, weil sie der Hochmut plagt, sagt die Bas."

Gretchen mußte an ihren Vater denken, er hatte wohl recht, Lene machte vielleicht auch nicht alles ganz gut. „Es ist aber schön bei euch", sagte sie begütigend.

„Schön ist's, das ist richtig", gab der Große zu, „wer ins Haus kommt, sagt, daß es bei uns so sauber aussehe", und er sah mit Stolz um sich.

„Und gut ist sie auch, die Lene!" rief Gretchen eifrig. „Als ich noch klein war, hat sie mir am Sonntagnachmittag oft Geschichten erzählt und vorgelesen und mit mir gespielt. Mit euch hat sie gewiß auch schon gespielt?"

„Nicht ein einziges Mal!"

„Aber vorgelesen oder erzählt?"

„Das ist bei uns nicht der Brauch, das hat sie halt bei euch getan, aber wir sind ihr viel zu gering."

Gretchen dachte nach. „Mir hat sie auch nie erzählt, wenn sie sich über mich hat ärgern müssen. Aber paßt auf! Wischt den Tisch schön ab, macht alles sauber, daß ihr's gefällt, wenn sie heimkommt, und dann sagt zu ihr: Einen schönen Gruß von deinem Gretchen, und du sollst uns heute abend die Geschichte von der Feuersbrunst im Gefängnis erzählen. Dann tut sie's gewiß."

„Was kommt darin vor?" fragte der Kleine.

„Ich kann's jetzt nicht erzählen, ich muß nach Hause, und Lene kann's viel schöner als ich." Gretchen ging. Sie war nicht mehr so entrüstet wie am Anfang ihres Besuches, sie dachte milder über die Kinder und über die Base, sie fühlte, daß da große Schwierigkeiten zu überwinden waren, es stand fest bei ihr, die Mutter mußte zu Lene kommen und alles ins gute Geleise bringen.

Während sie so in Gedanken heimging, wurde in der Stube des Kutschers der Tisch abgerieben und alles, was in Unordnung geraten war, aufgeräumt. Der dritte Bruder kam nun auch heim. Er ahnte nichts von der neuen Ordnung; als er aber einen Apfelrest auf den Boden warf, was die beiden andern vor einer Stunde noch ebenso gemacht hätten, wurde er von seinen Brüdern hart angelassen, so daß er große Augen machte. Sobald er aber erfaßt hatte, um was es sich handelte, daß nämlich die Mutter dafür gewonnen werden sollte, eine Geschichte von einer Feuersbrunst im Gefängnis zu erzählen, tat er mit, und so kam es, daß Lene alles in tadelloser Ordnung vorfand, als sie von ihren Ausgängen heimkam. Es herrschte Frieden, Ruhe und Ordnung, und sie selbst wurde mit einer gewissen Neugier betrachtet, als wenn sie eine neue Erscheinung wäre. Und in der Tat sahen die Kinder sie daraufhin an, daß sie so innig geliebt wurde von einem jungen, feinen Mädchen. Sie dachten daran, daß dieses Mädchen Tränen vergossen und gesagt hatte, Lene sei unglücklich und sie seien schuld daran. — „Was schaut ihr mich so an?" fragte Lene.

„Sag's doch", drängte der Jüngste den Ältesten. Und nun kam stockend Gretchens Auftrag heraus. Lene tat es sehr leid, daß sie Gretchens Besuch versäumt hatte, und sie wollte genau wissen, was die Kinder mit Gretchen gesprochen hatten, ob sie auch höflich gegen sie gewesen seien. Aber sie bekam nur sehr spärliche Antworten; die Kinder hüteten sich wohl, zu erzählen, daß ihre Unterredung nicht sehr freundlicher Art gewesen sei. Lene gab sich schließlich zufrieden und dachte, sie müßten doch ganz nett miteinander geplaudert haben, wenn die Rede aufs Geschichtenerzählen gekommen sei. Sie versprach, nach dem Abendessen ihre Geschichte zu erzählen, wenn es die Jungen auch so halten wollten wie Gretchen Reinwald: vor dem Essen ihre Aufgaben schreiben und lernen und sich überhören lassen, ob alles gut gehe, und nach dem Essen das Zimmer wieder in Ordnung bringen. Diese Bedingungen wurden angenommen; die Erwartungen waren so hoch gespannt, daß die Wünsche der Mutter alle bereitwilligst erfüllt wurden. Der Vater war heute erst spät zu erwarten, die einfache Mahlzeit war bald vorüber, und alle Hände halfen den Tisch abzuräumen, das Geschirr in der Küche abzuwaschen und wieder an seinen Platz zu stellen. Der Jüngste, der kleine Fritz, stand sehr unter dem Eindruck ungewohnter Tugend, und als alle so tätig waren, fragte er die Mutter: „War dein Gretchen noch braver als so?"

„Nein", antwortete Lene, „so war sie, und so habe ich die Kinder gern!"

Bald darauf saßen sie alle eng aneinander gedrängt in einer Ecke der Stube, Lene fing an zu erzählen, und die Buben, die wilden, waren gezähmt; regungslos saßen sie da und hörten zu. Nie in ihrem Leben hatte ihnen jemand eine Geschichte erzählt, gelesen hatten sie auch nicht viel. So lauschten sie in atemloser Spannung, und Lene, da sie all die Augen auf sich gerichtet sah, machte die Sache noch

28

fesselnder und schauriger als sonst. Zuletzt ging alles gut
aus, die Bösen wurden bestraft, die Guten belohnt; es war
ganz herrlich.

An diesem Abend fühlte sich Lene nicht unglücklich; die
Freude, die sie bereitet hatte, war das erste Band zwischen
ihr und ihren drei Wilden.

Häusliche Arbeiten

Ein paar große Körbe voll frisch gewaschener Wäsche standen im Zimmer; ein langer Tisch war aufgeschlagen, Gretchen hatte eine große weiße Hausschürze an und sollte zum erstenmal helfen bei der Arbeit, die Wäsche einzuspritzen, zu legen und zum Mangeln und Bügeln zuzurichten. Zunächst machte sie ein etwas bedenkliches Gesicht dazu; sie wollte sich zwar gerne nützlich machen im Haus, aber auf diesem Gebiet war sie noch ganz unbewandert, und gemeinsam mit Franziska war sie überhaupt noch nie tätig gewesen, sie kam sich fremd vor im eigenen Haus. Frau Reinwald wies ihr den Platz neben sich an, übergab ihr einen Pack Taschentücher und zeigte ihr, wie sie eingesprengt und gelegt werden sollten. Sie selbst und Franziska nahmen größere Stücke aus den Körben und fingen an, sie auszuziehen und zu legen. „Sieh zu, wie wir das machen, damit du es ein andermal auch besorgen kannst", sagte Frau Reinwald.

Gretchen sah zu; daß es der Mutter flink von der Hand ging, war wohl natürlich; daß aber auch Franziska, die erst neunzehn Jahre alt und kaum größer als Gretchen war, die Sache schon so geschickt angriff, ja, daß sie gleich ein leinenes Tuch von einem baumwollenen unterscheiden konnte, wunderte Gretchen sehr und war ihr nicht recht; denn ihr eigenes Ungeschick kam ihr dadurch nur größer vor. Kaum war die Arbeit begonnen, als die Hausglocke ertönte und Besuch zu Frau Reinwald kam. Gretchen war sehr ärgerlich, daß die Mutter abgerufen wurde und sie allein mit dem Mädchen bleiben mußte. So langsam wie möglich legte sie die Taschentücher; denn sie wußte ja nicht, was sie nachher in Angriff nehmen sollte, und sie mochte Franziska nicht fragen. Als endlich trotz aller Langsamkeit die Taschentücher doch erledigt waren, griff Gretchen aufs Geratewohl in den Waschkorb, nahm das oberste Stück heraus und spritzte es ein. „Aber Fräulein Gretchen", sagte Franziska lachend, „die Herrenhemden werden doch nicht eingespritzt, die werden doch gestärkt!"

„Ja, das ist wahr", sagte Gretchen, legte das Hemd zurück, nahm ein Stück aus einem andern Waschkorb und fing wieder an einzuspritzen. Diesmal lachte Franziska laut auf. „Aber Fräulein Gretchen, merken Sie denn nicht, daß das alles schon gespritzt ist? Dort hinten steht der Korb mit den Kissenbezügen, nehmen Sie doch die!"

Gretchen folgte dem Rat, und die beiden verrichteten stillschweigend ihre Arbeit. Mit Lene hatte Gretchen bei solchen Gelegenheiten immer fröhlich geplaudert, und dies Schweigen war ihr bedrückend. Aber die Mutter hatte ihr anbefohlen, dem noch fremden Mädchen gegenüber nicht so mitteilsam zu sein, wie sie es bei Lene gewohnt war; so sagte sie nichts, und auch Franziska verhielt sich ganz stumm. Im stillen verwünschte Gretchen den Besuch, der die Mutter so zur Unzeit abhielt, und dachte: „Wenn sie nur wenigstens kommt, ehe ich die Kissenbezüge gespritzt habe und sie gelegt werden müssen, denn sonst lege ich sie sicher verkehrt!" In dieser Sorge zögerte sie ihre Arbeit wieder möglichst lang hinaus, während Franziska um so rascher machte und Stoß um Stoß sich auf ihrer Seite stapelte.

„Wenn wir heute mit all der Wäsche fertig werden sollen, muß man schon tüchtig vorwärtsmachen", sagte sie, und Gretchen konnte die Mahnung auf sich beziehen; denn ihre absichtliche Langsamkeit mußte wohl den Eindruck von Faulheit machen. Franziska fing nun an, die Kissenbezüge zu legen, und Gretchen hätte ihr gerne abgesehen, wie sie das machte, aber vom andern Ende des Tisches konnte sie es nicht so genau beobachten. Da kam eine erwünschte Unterbrechung — es klingelte wieder, und das Mädchen mußte hinaus, die Tür zu öffnen. Gretchen zog rasch das von Franziska halbgelegte Stück an sich, um zu sehen, wie es gelegt war; aber sie stieß dabei an die große, mit Wasser gefüllte Schüssel, diese kippte um und leerte sich am Rand des Tisches aus. Schnell schob Gretchen die vom Wasser bedrohten Stöße Wäsche beiseite, sie hatten nur einen kleinen Spritzer bekommen, auch der Tisch war nicht sehr naß, das meiste war hinuntergeflossen. „Das ist noch gnädig abgegangen", dachte sie. Sie ging mit der fast leeren Schüssel hinaus, um sie wieder zu füllen, und bat Franziska, mit dem Putzlappen hereinzukommen. Diese tat es ohne weitere Bemerkung; aber sie war kaum im Wäschezimmer angekommen, als sie einen großen Lärm anhub: „Ach du meine Güte, was ist das? Sie haben ja das Wasser in den Waschkorb geschüttet, in dem die Leintücher und Tischtücher sind; ja, haben Sie denn das nicht gesehen?"

„Nein", sagte Gretchen, „ich habe gar nicht beachtet, daß das Wasser hinuntergeflossen ist."

„Ja, es fließt meistens hinunter und selten die Wand hinauf", rief Franziska schnippisch. Gretchen bemerkte erst jetzt, daß das Wasser sich in den unter dem Tisch stehenden Korb ergossen hatte. Zunächst kam ihr Franziskas Entsetzen noch übertrieben vor: „Das Unglück wird nicht so groß sein", sagte sie, „es war ja reines Wasser, und die Leintücher sind noch nicht eingespritzt."

„Aber sehen Sie doch nur her; meinen Sie denn, so etwas könne man legen? Es ist ja naß, wie wenn es aus dem Waschzuber käme! Ach du meine Güte, das muß ich alles noch einmal aufhängen! Hätten Sie es doch gleich aus dem Korb genommen, dann wäre nur das oberste naß geworden." Franziska nahm ein Stück nach dem andern heraus, und bei jedem fing sie aufs neue an zu jammern. Gretchen war sehr niedergeschlagen und stand ganz zerknirscht da, als die Mutter, nachdem sich ihr Besuch endlich verabschiedet hatte, wieder erschien. Frau Reinwald sagte nicht viel, prüfte den Schaden, suchte aus, was aufgehängt werden mußte; sie war aber sehr ernst dabei, und Gretchen empfand es als eine wahre Erlösung, als dieser unangenehme Nachmittag überstanden war.

Herr Reinwald hatte mittags von Gretchen erfahren, daß sie an diesem Nachmittag in das Wäschezimmer eingeführt werden sollte, hatte mit ihr darüber gescherzt und ihr neckend Böses vorausgesagt. Gretchen war es nun schon angst, bis der Vater danach fragen und von ihren Mißerfolgen hören werde. Richtig — sie hatte ihm kaum den Tee eingeschenkt, als er sie auch schon fragte: „Nun, und wie ist's meiner großen Tochter heute nachmittag ergangen?" Gretchen errötete, und die Mutter sagte: „Nicht besonders gut." Aber die erwartete Neckerei blieb aus; der Vater hatte immer ein feines Gefühl dafür, ob eine Sache scherzhaft oder ernst war; so sagte er bloß zu Gretchen: „Denke an den Ausspruch: ‚Aller Anfang ist schwer, am meisten der Anfang in der Wirtschaft!‘ " Und dann brachte er das Gespräch auf anderes. Gretchen hätte ihm gern einen Kuß gegeben aus Dankbarkeit dafür, daß die nassen Leintücher sich nicht auch über den behaglichen Teetisch breiteten.

Herr Reinwald ging nach dem Essen noch aus, um eine Versammlung zu besuchen, und Gretchen hatte die Mutter ganz allein für sich. Es war ein trauliches Abendstündchen. „Mutter", begann Gretchen bittend, „gelt, ich muß nicht so bald wieder mit Franziska solche Arbeit tun, es ist mir unausstehlich."

„Das habe ich wohl bemerkt, aber ich möchte nicht, daß du den Schwierigkeiten gleich aus dem Wege gehst; du mußt doch lernen, sie zu überwinden."

„Wohl, aber daß nichts Gescheites herauskommt, wenn Franziska und ich miteinander arbeiten, hast du ja selbst gesehen."

„Du wirst nicht jedesmal eine Schüssel umstoßen, du bist ja sonst nicht so ungeschickt, und etwas Lehrgeld müssen wir alle bezahlen."

„Aber auch vorher, ehe die Schüssel umfiel, war es so ungemütlich, weil ich mich gar nicht auskannte mit der Wäsche und Franziska nicht fragen mochte; denn wenn sie merkt, daß ich gar nichts verstehe, hat sie keine Achtung vor mir. So muß ich mich immer stellen, als ob ich etwas könnte, wo ich doch nichts kann, und das ist mir so zuwider!"

„Das ist auch ganz und gar verkehrt. Glaube nur nie, daß du etwas Gutes erreichst, wenn du dir den Schein gibst, mehr zu sein als du bist."

„Aber wenn sie sieht, daß ich so viel weniger verstehe als sie, so wird sie nicht viel von mir halten."

34

„Von deinen häuslichen Kenntnissen nicht, aber das ist auch nicht nötig. Wenn sie sieht, daß du deine Pflicht tust, so gut du eben kannst, wird sie dich dennoch achten."

„Hätte ich sie denn heute fragen und mir alles von ihr zeigen lassen sollen?"

„Ganz gewiß, du kannst jederzeit ruhig zu ihr sagen: wie macht man denn das, davon habe ich gar keine Ahnung; wenn ich nur auch schon so geschickt wäre wie Sie! Das wird dem Mädchen den Eindruck machen, daß du aufrichtig und nicht hochmütig bist, und sie wird dich um dessentwillen liebhaben, anstatt sich zu freuen, wenn dir etwas mißlingt."

„Aber noch eines, Mutter; du hast doch gesagt, ich solle nicht so viel mit ihr sprechen wie mit Lene; es kommt mir aber so unfreundlich vor, wenn man so schweigend zusammen am Tisch arbeitet."

„So war das auch nicht gemeint. Natürlich darfst du nicht mit einem Mädchen, das wir so kurz erst kennen, rückhaltlos über unsere Angelegenheiten reden, wie du es von der Kinderzeit her mit Lene gewohnt warst; aber es gibt genug Dinge, über die du mit ihr sprechen kannst. Denke, wie fremd sie hier ist und wie sie es wohl oft schmerzlich vermißt, daß niemand etwas weiß von ihrer Heimat und ihren Angehörigen. Frag sie nach ihrem Heimatort, ihrer Schulzeit, ihren Geschwistern, da wird ihr das Herz aufgehen, und es wird ihr wohltun."

Wo ein guter Rat auf klaren Verstand und guten Willen trifft, da wirkt er. Gretchen verstand und wollte.

Am folgenden Tag war Frau Reinwald für den Nachmittag eingeladen. Sie hatte kaum das Haus verlassen, als Gretchen das Mädchen in der Küche aufsuchte.

„Franziska, wo sind wohl jetzt die nassen Leintücher?"
fragte sie.

„Sie hängen noch oben in der Dachkammer."

„Sind sie schon so trocken, daß man sie schon abnehmen
könnte?"

„Warum? Ihre Mutter ist ausgegangen, allein kann
ich sie nicht legen, und überdies muß ich Fenster putzen."

„Ich frage nur deshalb, Franziska, weil ich doch schuld
daran bin, daß die Wäsche jetzt noch hängt, während die
Mutter sie so gerne noch diese Woche fertiggemacht hätte.
Ich dachte, ob wir die Mutter nicht damit überraschen
könnten, daß die Leintücher alle schön gelegt wären, wenn
sie heute abend heimkommt. Ich weiß freilich gar nicht,
wie man sie legt. Sie müßten mir's eben zeigen und Geduld haben, wenn ich mich wieder so dumm anstelle."

Franziska schien unentschlossen, was sie antworten sollte.

Gretchen ließ nicht nach. „Geht's wegen des Fenster-
putzens nicht recht?" fragte sie; „ich habe um vier Uhr
eine französische Stunde zu geben und komme erst gegen
fünf Uhr heim, bis dahin könnten Sie doch gewiß fertig
sein mit den Fenstern, und dann haben wir immer noch
zwei Stunden Zeit; die Mutter kommt gewiß nicht vor
sieben Uhr."

„Meinetwegen", sagte Franziska, „ich will die Wäsche
nachher aus der Kammer holen und zurichten, bis Sie aus
der Schule kommen."

„Oh, das ist recht", rief Gretchen und richtete sich zum
Gang in die Schule.

Ihre kleine Schülerin machte ihr wohl Freude; aber still
und verschlossen war sie noch immer, und Gretchen fragte
sich, wie lange es wohl noch dauern würde, bis das ver-

schüchterte Kind endlich Zutrauen fassen würde. Sie konnte ein solch ängstliches Wesen nicht recht verstehen. Fräulein von Zimmern, die in jeder Stunde, wenn auch nur auf wenige Minuten, erschien, bemerkte wohl, was Gretchen vermißte, und mahnte sie zur Geduld. Auch heute war Ruth wieder ganz einsilbig, und Gretchen war froh, daß sie nur eine halbe Stunde bei ihr ausharren mußte. Eilig ging sie nach der Stunde. Sie freute sich auf die geplante Überraschung für die Mutter, fürchtete sich aber auch vor der ihr schwierig scheinenden Arbeit.

Franziska hatte wirklich schon alles so weit gerichtet, daß das Werk gleich beginnen konnte. Zuerst „strecken", dann „ausschlagen" und dann „legen", und dabei nicht den Boden streifen, das waren Franziskas Vorschriften. Diesmal tat sie alles mit Eifer und fand es gar nicht so schwierig. Ja, beim vierten Stück brauchte sie schon nicht mehr ihre ganze Aufmerksamkeit darauf zu wenden und konnte ein Gespräch anknüpfen. Erster Gesprächsstoff: Heimat; zweiter: Schule; dritter: Geschwister. So fragte sie zuerst, wieviel Einwohner Franziskas Heimatort habe. Darüber wußte aber Franziska keinen Bescheid zu geben. Nun kam die Schule an die Reihe; die gab schon mehr her. Zuletzt die Geschwister: zehn! Bei dieser Frage ging Franziska das Herz auf, und sie war noch lebhaft beim Erzählen, als der Korb leer war, offenbar zum Bedauern des Mädchens. Aber es war doch nicht zu früh; denn schon kam Frau Reinwald nach Hause. Sie freute sich über die schön gelegten Leintücher, freute sich mehr, als Franziska recht begreifen konnte, die freilich nicht wußte, was dieser Stoß Wäsche der Mutter zeigte: Dein Kind geht den Schwierigkeiten des Lebens nicht aus dem Weg, es überwindet sie!

Die Ringelnatter

Die Schule ging ihren regelmäßigen Gang. Es mußte tüchtig gearbeitet werden in der Schule von Fräulein von Zimmern, denn es wurden hohe Ansprüche an die Oberklasse gestellt; aber das hübsche Schulzimmer übte eine große Anziehungskraft aus, und es war ein eifriges Treiben an dem langen grünen Tisch. Um zehn Uhr, wenn eine Glocke das Zeichen gab, daß die Jugend ein freies Viertelstündchen im Hof zubringen durfte, hatten die „Großen" allein das Recht, im Haus zu bleiben, und ungestört von der großen Menge der jüngeren Schülerinnen machten sie Spiele auf dem langen Gang des oberen Stockwerkes oder setzten sich gruppenweise auf den Treppenstufen zusammen und plauderten. Meistens ging es lustig zu, manchmal gab es auch Ärgernis: wenn Elise Schönlein, die nicht sehr stark war im Lernen, die Pause benützen wollte, um sich gute Gedanken für den Aufsatz oder sonstige Arbeiten geben zu lassen, und wenn Ottilie, die ihr solche Hilfe nicht gönnte, sie irreführte oder sie verhöhnte.

Heute waren die Mädchen mit ihren Gedanken noch bei der Literaturstunde, und Hermine schlug vor, sie wollten sich einander Stellen aus Dichterwerken aufgeben und erraten, aus welchem Stück sie seien. Das Spiel war bald im Gang. Aber auch eine andere Klasse war heute unbefugterweise nicht ins Freie hinausgegangen, es war die dritte, in der die kleine Ruth war und zu der auch Mathilde Braun gehörte. Die Kinder hatten eben Naturgeschichte gehabt, und ihr Lehrer hatte etwas Seltenes mitgebracht: eine lebende Ringelnatter. Sie lag in einem großen Glasbehälter, dessen Boden mit Sand bestreut war. Das Glas war oben mit einem tüllartigen Stoff zugebunden. Der Lehrer hatte den Kindern die Natter gezeigt und ihnen vieles über ihre Eigenart mitgeteilt. Nach der Stunde hatte er den Behälter auf einen Seitentisch gestellt, bis er ihn abholen lassen würde. Als der Lehrer fort war, wollten die Kinder die Natter noch besehen und drängten sich alle um den Tisch. Da nun eins dem andern den Anblick versperrte, erklärte eine wilde kleine Hummel: „Ich weiß den besten Platz!" Sie erkletterte den Tisch und setzte sich neben den Glaskasten. Sie beschaute ihn noch eine Weile, das Tier lag aber wie leblos in seinem Kasten, und so wurde es den Kindern endlich langweilig, auch erinnerten sie sich, daß sie eigentlich ins Freie gehen sollten. So entfernte sich eine nach der andern.

„Hilf mir bitte herunter, daß der Tisch nicht kippt", rief die Kleine, die droben saß, Mathilde Braun zu. Der Tisch kippte aber doch, trotz der Hilfe, er neigte sich, Kind und Glasbehälter kamen gleichzeitig auf dem Boden an. Das Glas zerbrach, und die Natter, die so leblos geschienen hatte, ringelte sich mit äußerster Geschwindigkeit durchs ganze Zimmer hindurch bis in die hinterste Ecke, wo ein Schirmständer stand. Hinter diesem verschwand sie. Die Kinder erhoben in ihrem Schrecken ein furchtbares Geschrei, so daß im Nu auch Schülerinnen anderer Klassen herbeiliefen. Das Zimmer wäre gleich überfüllt gewesen, wenn sich nicht viele gescheut hätten, einzutreten, als sie hörten, daß die Natter frei sei. Es war ein unerhörtes Durcheinander, ein Schreien, Weinen, Erzählen, das aber plötzlich verstummte, als Fräulein von Zimmern erschien.

Sie fragte nicht, „was ist geschehen", denn sie kannte die junge Welt und wußte, daß dann zwanzig Stimmen zugleich antworten würden und sie nachher nicht klüger als vorher wäre. Sie rief den Kindern zu: „Wer mir genau erzählen kann, was geschehen ist, soll den Finger aufheben."

Mathilde Braun hob den Finger, und von ihr ließ sich nun Fräulein von Zimmern berichten, was geschehen war. Sie ging nach der Stelle, die ihr die Kinder bezeichneten, und sah hinter dem Schirmständer in der dunklen Ecke eine zusammengerollte, dunkelblaue Masse.

„Wißt ihr genau, daß euer Lehrer die Schlange eine Ringelnatter genannt hat?" fragte Fräulein von Zimmern. Einstimmig wurde diese Frage bejaht.

„Dann ist es ein ganz unschädliches Tier, das man ruhig mit der Hand anfassen darf", entschied Fräulein von Zimmern.

„Ja", bestätigten die Kinder, „wir haben es heute schreiben müssen: Die Ringelnatter ist ein gutartiges Tier, sie ist blauschwarz mit gelben oder weißen Flecken am Kopf, kann eineinhalb Meter lang werden und nährt sich von —"
„Genug", unterbrach Fräulein von Zimmern, „Mathilde, rufe das Hausmädchen herbei und sag ihr, daß sie einen Deckelkorb mitbringe."

Das Mädchen erschien mit dem Korbe, aber sie stellte sich sehr ungeschickt an, als ihr der Auftrag wurde, die Natter einzufangen. Sie erklärte sich bereit, das Tier totzuschlagen, aber nicht, es mit den Händen zu greifen. Was wollte die Vorsteherin dagegen sagen? Sie konnte von andern nicht fordern, was sie selbst sich nicht zutraute, und sie wußte sich keinen Rat. Da trat aus der ängstlich an der Tür stehenden Gruppe der Schülerinnen Mathilde Braun hervor und sagte: „Fräulein von Zimmern, ich weiß jemand, der Würmer und Salamander und Blindschleichen anfassen kann, und vielleicht auch Ringelnattern."

„Wen meinst du?"

„Gretchen Reinwald. Im Sommer, wenn wir miteinander auf dem Lande waren, hat sie immer eine Menagerie gehabt von solchen Tieren; ich glaube, sie fürchtet sich vor keinem!"

„Schnell, geh hinauf und hol sie herunter."

Mathilde sprang mit großem Gefolge die Treppen hinauf bis in den obersten Stock, wo die Großen ahnungslos beisammensaßen und auf die Nachricht von dem aufregenden Ereignis sofort hinuntereilten, ehe sie nur recht gehört hatten, warum nach ihnen geschickt worden war.

„Gretchen", redete Fräulein von Zimmern die Gerufene an, „es handelt sich darum, die Ringelnatter, die dort in der Ecke liegt, zu fangen und in den Korb zu bringen. Es ist ein vollkommen unschädliches, harmloses Tier, und die Scheu, die wir davor haben, ist töricht und grundlos. Traust du dir zu, die Natter zu greifen?"

Gespannt sah die ganze Versammlung auf Gretchen und erwartete die Antwort.

„Ich mag alle Tiere gern und fasse sie auch an", sagte Gretchen, „aber ob ich sie gleich erwische, weiß ich nicht gewiß, sie sind so flink."

„Versuch es", sagte Fräulein von Zimmern.

In diesem Augenblick erhob sich ein klägliches Stimmchen und rief unter Schluchzen: „Warum denn gerade mein

Fräulein? Es soll jemand anders tun, nicht mein Fräulein!"
Es war die kleine Ruth, die in ihrer Herzensangst ihre sonstige Schüchternheit vergessen und diese Worte laut gerufen
hatte. Gretchen, ganz gerührt von diesem unwillkürlichen
Ausdruck der Liebe ihrer kleinen Schülerin, ging auf sie zu,
herzte sie und beruhigte sie über das gefahrlose Unternehmen. Fräulein von Zimmern aber befahl nun allen Kindern,
hinauszugehen. Ungern genug gehorchten diese. Die Tür
wurde geschlossen, und die Vorsteherin blieb allein mit
Gretchen.

„Du mußt die Schlange möglichst nahe am Kopf fassen",
sagte sie, „aber warte noch ein wenig, ich will dir einen
dicken Handschuh holen, damit du besser geschützt bist."

„O bitte, lieber nicht", sagte Gretchen, „ich bin vielleicht
geschickter ohne Handschuhe, und sie beißt mich gewiß
nicht, ich tue ihr ja auch nichts."

Gretchen ging zu dem Schirmständer, hinter dem das
harmlose Tier sich ängstlich versteckt hielt, während es doch
andern Angst einjagte. Sowie Gretchen die Hand danach
ausstreckte, ahnte es die Gefahr und ringelte sich rasch an
dem Schirmständer in die Höhe. Dort schien es unschlüssig,
wohin es sich flüchten solle; den Augenblick benützte
Gretchen und griff das Tier fest mit der Hand. „So,
jetzt haben wir dich", sagte Gretchen befriedigt, „ach, wie
es Angst hat, sehen Sie nur, Fräulein von Zimmern, wie es
zappelt!"

„Nur rasch in den Korb damit", rief Fräulein von Zimmern, die nicht, wie Gretchen, Lust zu haben schien, die
Schlange erst noch in ihren Gemütsbewegungen zu betrachten. Gretchen mußte das Tier, das sich um ihren Arm ge-
schlungen hatte, erst losmachen; als sie es aber in den Korb

42

legte, in den Sand gestreut war, verkroch es sich sofort darin und blieb ganz ruhig, es dünkte ihm wohl ein sicherer Schlupfwinkel. Der Deckel wurde sorgfältig geschlossen, und nun war das Werk gelungen.

„Jetzt aber schnell aus dem Hause mit dem Tier, ich will nichts länger damit zu tun haben", rief Fräulein von Zimmern, und das Hausmädchen, nachdem es ängstlich nachgesehen hatte, ob auch nirgends eine Öffnung sei, durch die die Schlange entwischen könnte, verstand sich dazu, den Korb in das Haus des Lehrers zu tragen, während die Kleine, die das Unheil verschuldet hatte, die Trümmer des Glaskastens mit heimnehmen mußte, um einen neuen als Ersatz zu besorgen. Als aber alles wieder in Ordnung war und die ungebührlich lange Freiviertelstunde ihr Ende gefunden hatte, auch das Klassenzimmer wieder von Sand und Glassplittern gesäubert war, nahm Fräulein von Zimmern die kleine Ruth zu sich hinaus und besprach leise etwas mit ihr, wobei die Augen der Kleinen glänzten.

Es war wieder Ruhe im Schulhaus, und alles ging seinen gewohnten Gang. Aber um zwölf Uhr, als die Handarbeitslehrerin eben die Großen verlassen hatte, schlüpfte eine kleine Gestalt durch die Tür herein in die Klasse der Großen, es war Ruth. Sie überreichte Gretchen ein blühendes Rosenstöckchen und richtete unter schüchternem Erröten aus: „Das schickt Fräulein von Zimmern ihrem tapferen Gretchen zum Dank!"

Gretchen kam hocherfreut heim, eine solche Anerkennung von der Vorsteherin war ihr in all ihren Schuljahren noch nie vorgekommen.

„Es war heute überhaupt ein glücklicher Schultag", sagte Gretchen zu den Eltern, ich habe in der Handarbeitsstunde

den schrecklich langen Hohlsaum fertiggebracht, dafür hätte
ich wohl eher ein Rosenstöckchen verdient, ich will doch viel
lieber mit Schlangen als mit Hohlsäumen zu tun haben!"

Die Bas

Herr Reinwald kam von einer Fahrt heim. Er hatte in
einer Ortschaft der Umgegend geschäftlich zu tun gehabt,
und der Kutscher Bauer, Lenes Mann, hatte ihn dorthin
gefahren. Frau Reinwald saß allein im Zimmer, als ihr
Mann zurückkehrte. Er setzte sich zu ihr. „Ich habe heute
die Gelegenheit benützt und mit dem Kutscher Bauer gesprochen", erzählte er. „Es tut einem leid, wenn man hört,
daß zwei so tüchtige Leute wie Lene und ihr Mann, wenn
sie gesunde Kinder haben und guten Verdienst, doch nicht
glücklich zusammen hausen. Ich habe ihm ans Herz gelegt,
daß er ordentlich zu seiner Frau halten soll, wie sich's gehört, und sie unterstützt gegenüber der alten Verwandten
und den Kindern. Nun wäre es aber sehr gut, wenn du
bald einmal Lene besuchen und nachsehen könntest, wo sie
es etwa fehlen läßt. Auf deinen Rat gibt sie viel."

„Ich hatte es schon lange vor", entgegnete Frau Reinwald,
„nun will ich es aber keine Stunde mehr hinausschieben. Ich
gehe jetzt gleich."

Lene hatte eine rührende Freude, als Frau Reinwald unerwartet zu ihr kam; aber man sah, daß ihr Herz schwer
war, denn die Tränen traten ihr in die Augen, und es
dauerte keine zwei Minuten, so hatte sie das Gespräch
auf die „Bas" gebracht. Sie fing an, der alten Frau allerlei
Schlimmes nachzusagen, aber plötzlich unterbrach sie sich

und lenkte ein: „Ich weiß ja, daß Sie's nicht leiden können, wenn man Böses über die Leute redet, und ich will's auch nicht weiter tun."

„Doch, Lene, tu du das heute nur. Schütte den ganzen Groll, der sich bei dir gegen diese Frau angehäuft hat, gegen mich aus; dir tut es gut, und ich möchte klarsehen in dieser Sache."

Auf diese Aufforderung hin ging's der Base schlecht; denn Lene ließ kein gutes Haar an ihr. Was sie aber am meisten betonte, war, daß die Base ihr selbst so viel Böses nachsage und die Kinder dadurch aufhetze.

„Hast du denn schon versucht, die Base zu beschwichtigen und zu versöhnen?" fragte Frau Reinwald.

„Da ist doch alle Mühe vergebens, sie ist neidisch auf mich und mißgünstig, weil ich sie von ihrem Platz in diesem Hause verdrängt habe. Da läßt sich nichts machen, das muß man eben tragen."

„Lene, ich meine doch, man sollte einmal ein verständiges und freundliches Wort mit dieser armen Frau reden."

„Ich tu's nicht; wenn ich zu ihr käme, sie wäre imstand und würfe mich die Treppe hinunter."

„Wo wohnt sie denn?"

„Da, im Nebenhaus hat sie ein Dachstübchen gemietet, da kann sie heruntersehen in unseren Hof und die Buben zu sich rufen, so oft sie will."

„Sie selbst kommt nicht zu euch ins Haus?"

„Nein, sie ist, glaube ich, gichtleidend und kann die Treppen nicht leicht steigen."

„So, sie ist leidend? Dann will ich ihr einen Krankenbesuch machen."

Lene stutzte, es schien ihr nur halb recht zu sein.

„Lene", sagte Frau Reinwald nun mit allem Ernst „du weißt, ich bin dafür, daß man alles Schwere mit Ergebung trägt, aber erst wenn man getan hat, was irgend möglich ist, um sich's zu erleichtern, und ich möchte doch wissen, ob da gar nichts zu machen ist. So, wie es jetzt ist, bist du nicht glücklich; aber das Glück fällt einem nicht so in den Schoß, man muß sich darum bemühen. Ich will einmal hören, ob dir wirklich die Tür gewiesen wird, wenn du da hinüberkommst, und ob ihr zwei nicht Frieden schließen könnt."

Lene entgegnete nichts, und Frau Reinwald ging bis in den obersten Stock und klopfte an der Tür des Stübchens, das nach dem Nachbarhof hinausging. Sie klopfte zwei-, dreimal, ohne Antwort zu erhalten, und öffnete schließlich die Tür. Am Fenster, weit hinaus gelehnt, stand die alte Frau. Sie hatte das Klopfen nicht gehört. Jetzt aber spürte sie die Zugluft, wandte sich um und ging etwas hinkend ihrem Besuch entgegen. Sie begrüßte Frau Reinwald mit Namen, denn sie kannte sie vom Sehen. Frau Reinwald setzte sich zu ihr und erkundigte sich freundlich nach dem Gichtleiden der alten Frau. Sie hatte damit das Richtige getroffen; denn es tat der Frau sichtlich wohl, einem teilnehmenden Herzen ihre Schmerzen zu klagen. Frau Reinwald überlegte sich eben im stillen, wie sie nun das Gespräch auf Lene bringen könne, da gab ihr die Alte selbst die Gelegenheit. „Beim Stehen und Gehen tut mir's weh, aber auch das Sitzen ist nichts für meine alten Knochen. Die Holzstühle sind hart und kalt und tun einem besonders weh, wenn man einen Lehnstuhl gewohnt war wie ich; es war freilich ein alter, aber so warm und weich."

„Warum haben Sie ihn denn nicht mehr?"

„Er gehört nicht mir, er gehört dem Kutscher; der setzt sich ja nie hinein und braucht ihn nicht, er gäbe ihn mir für die paar Jahre, die ich noch lebe, aber sie nicht!"

„Hat sie Ihnen die Bitte abgeschlagen?"

„Ich erbitte nichts von ihr, das ist eine stolze Person, die sich für etwas Besseres hält — aber ich will nichts gegen sie sagen, ich weiß ja, daß Sie große Stücke auf die Lene halten."

„Sagen Sie nur gegen die Lene alles, was Sie auf dem Herzen haben, es tut Ihnen wohl, wenn Sie sich einmal offen aussprechen, und ich weiß wohl, daß Lene auch ihre Fehler hat."

Wie vorhin der Base, so ging's nun Lene schlecht, auch an ihr wurde kein gutes Haar gelassen; was ihr aber mit der größten Erbitterung vorgeworfen wurde, das war, daß sie geizig und hochmütig sei.

Frau Reinwald hatte ganz ruhig den Strom der Mitteilungen über sich ergehen lassen. Nun hielt die Frau erschöpft inne und sah gespannt auf ihre stille Zuhörerin. Sie erwartete wohl, daß nun Lene entschuldigt und ihr selbst Vorwürfe gemacht würden, denn sie hatte doch Lene gegenüber kein gutes Gewissen. Aber es kam nichts von all dem.

Frau Reinwald sagte freundlich: „Die Hauptsache ist jetzt, daß Sie Ihren warmen Stuhl bekommen. Wenn ihn Lene selbst herüberbringt, ist's Ihnen dann recht?"

„Die? Die trägt so einer armen, alten Person wie mir keinen Stuhl nach."

„Und wenn sie's tut, geben Sie ihr dann ein gutes Wort?"

„Die tut's nicht."

„Und Sie wollen kein gutes Wort geben, das merke ich schon", sagte Frau Reinwald, „aber Sie sind doch alt und krank und möchten gewiß Frieden machen mit Gott und den Menschen, oder nicht?"

Die Alte blieb die Antwort schuldig.

Frau Reinwald faßte sie an der Hand und sagte bittend und dringend: „Geben Sie der Lene ein gutes Wort, wenn sie den Stuhl bringt?"

„So bin ich nicht, daß ich das nicht täte."

„Das ist recht", sagte Frau Reinwald, „ich muß jetzt heim, aber ich komme bald wieder; ich habe eine wollene Decke, die recht weich und warm ist, die bringe ich Ihnen mit oder schicke sie durch meine Tochter her."

Frau Reinwald ging und kehrte noch einmal bei Lene ein.

„Was hat die Bas alles über mich gesagt?" fragte Lene, „die wird bös über mich losgezogen sein."

„Sie hat Gichtschmerzen, Lene, das weißt du; sie hätte so gern euren alten Lehnstuhl, an den sie gewöhnt war. Wenn du ihr ihn bringen würdest; ihr braucht ihn ja nicht. Die paar Jahre, die sie noch lebt, könnt ihr ihn der Frau wohl leihen. Sie hat gemeint, du würdest das nicht tun; aber ich meine, du tust es."

„Sie hat's gerade nicht um mich verdient."

„Nein, aber wenn du's bedenkst, Lene, so wirst du sagen müssen: die alte Frau ist zu bedauern. Ganz allein, Tag und Nacht Schmerzen, keine Bequemlichkeit, keine Freude — der Lehnstuhl wäre eine Freude, eine große; an dem Tag dürftest du die Buben ruhig zu ihr lassen, da würde sie nichts Böses über dich sagen. Sie könnten dir den Stuhl tragen helfen; sie sollen sehen, daß du ihrer Bas gern eine Wohltat erweist. Es würde auch deinen Mann freuen, oder nicht?"

„Ihn schon."

„Und die Kinder?"

„Die Kinder freilich."

„Und die Base, und mich — ist's noch nicht genug, Lene? Gelt, du gehst und schaffst den Stuhl hinauf und sagst ein freundliches Wort dabei?"

„Ich bin's schon so gewohnt durch die vielen Jahre, Ihnen zu folgen; ich weiß schon, daß ich's tun muß. Den ganzen Tag geht's mir so, daß ich denken muß: Machst du das so oder so, wie würde deine Frau raten? Und so wie Sie sagen würden, muß ich dann tun."

„Und ich weiß, daß dich's mal wenigstens nicht reuen wird. Aber vergiß das freundliche Wort nicht, das gehört dazu! Leb' wohl, Lene, komm bald einmal zu mir!"

Gretchen erwartete die Mutter mit Ungeduld und war voll Teilnahme für ihren Bericht. „Wenn ich Zeit habe, bringe ich gleich morgen die Decke zur Base", sagte sie voll Eifer; „ich muß wissen, ob Lene den Stuhl hinübergetragen hat."

Am nächsten Tag fand Gretchen aber nicht die Zeit, und das war gut; denn Lene übereilte die Sache nicht. Am ersten Abend, als sie mit ihrer Tagesarbeit fertig war, dachte sie: „Jetzt könnte ich wohl den Stuhl hinübertragen, aber so arg eilt das nicht!" Und dabei blieb's. Am nächsten Tag hatte sie zu waschen, und die Arbeit dauerte bis spät am Abend, da kam sie wieder nicht dazu. Am dritten Tag, als sie eben ihre Wäsche im Hof aufhängte, hörte sie die Buben unter der offenen Stalltür miteinander reden. Sie verstand nur die wenigen Worte: „Sie sagt, sie habe schreien müssen vor Schmerz." Schnell wandte sich Lene zu den Buben: „Wer hat geschrien vor Schmerz? Die Bas?"

„Ja, sie sagt's."

Jetzt raffte sich Lene aber auf. „Wir bringen ihr den Lehnstuhl, daß sie weicher sitzt! Kommt, ihr könnt mir helfen tragen."

Die Buben sahen der Mutter mit unverhohlenem Erstaunen ins Gesicht; aber als sie sahen, daß es Ernst war, packten sie voll Vergnügen an. Mit einiger Mühe gelangte der schwerfällige Stuhl ins Nebenhaus, und dort bis in den oberen Stock. Der Jüngste sprang voraus und rief: „Bas, die Mutter kommt, und wir bringen dir den Lehnstuhl." Da standen sich die beiden Frauen gegenüber, Lene grüßte und schob den Stuhl in eine passende Ecke. Der Gegengruß der Base lautete: „Das hättet ihr wohl bleiben lassen können, ich sterb' ja doch bald; die letzte Nacht habe ich schon gemeint, es geh' zu End'."

Darauf entgegnete Lene: „Habt Ihr denn so arge Schmerzen?"

„Es wird wohl sein, aber um mich kümmert sich kein Mensch, niemand schaut nach mir."

Da platzte der älteste Bub heraus: „Bas, sind wir jetzt nicht gekommen? Wenn's Euch so nicht recht ist, dann können wir den Stuhl gleich wieder mitnehmen und können fortbleiben. Meint Ihr denn, das sei so ein Spaß, so einen Klotz von einem Stuhl da raufzuschleppen? Das hätt' ich doch nicht geglaubt, daß Ihr einem dafür kein gutes Wort vergönnt!"

Und wie ein Echo fielen die zwei Brüder ein: „kein gutes Wort vergönnt!"

Da stand die Base verwirrt. „Kein gutes Wort!" Und sie hatte doch Frau Reinwald versprochen, ein gutes Wort zu geben. Sie sah auf Lene; man merkte, daß sie mit sich selbst kämpfte. Jetzt aber wandte sie sich den Buben zu

und rief heftig: „Meint ihr, Buben, ihr dürft mir auch noch Grobheiten machen? Macht, daß ihr weiterkommt, ich brauch' euch nicht."

„Von Euch geht man gern fort", rief in großer Entrüstung der Älteste, und die Kleinen: „Ja, da geht man gern!" Und bald waren sie alle drei zur Tür hinaus und zur Treppe hinuntergepoltert. Lene aber zögerte. Sie hatte auch „das gute Wort" noch nicht angebracht, und vorher durfte sie nicht gehen.

„Bas", sagte sie, „ich hab' nicht gewußt, daß Ihr so arg leiden müßt, sonst hätte ich schon öfter nach Euch gesehen." Da brach die Alte in ein bitterliches Weinen aus, und unter Schluchzen kam es heraus: „Oh, ich kann's gar nicht aussagen, wie mich die Schmerzen quälen, und dazu die Einsamkeit."

Da faßte Lene ihre Hände, die von der Gicht ganz krumm gezogen waren, und strich sie ganz sanft. Das tat der alten Frau wohl, aber sie schluchzte noch immer. „Jetzt versucht's einmal mit Eurem alten Lehnstuhl, ob's in dem nicht besser wird", bat Lene. Und die Alte, die bisher auf ihrem hölzernen Stuhl gesessen hatte, erhob sich schwerfällig und humpelte mühsam durchs Zimmer. Als sie sich aber in den Stuhl niedergelassen hatte, kam ein Ausdruck des Behagens über ihr schmerzverzogenes Gesicht; sie lehnte sich zurück und sagte: „Ach, das tut wohl." Lene war befriedigt.

„Jetzt wünsch' ich Euch gute Besserung, und wenn's Euch recht ist, komm ich morgen wieder und bring' Euch Gichtwatt mit, das nimmt die Schmerzen; mein Vater selig hat's auch so gehabt wie Ihr, ich weiß schon, was da gut tut."

„Mir ist's recht, wenn Ihr wiederkommen wollt", antwortete die Base, und diesen Satz betrachtete sie als das

„gute Wort", das sie geben mußte; mehr konnte man von ihr bei so vielen Schmerzen nach ihrer Meinung nicht verlangen. — Lene ging leichteren Herzens, als sie gekommen war. „Wie bin ich doch so viel besser daran als der arme, verlassene Tropf da droben!" dachte sie bei sich.

Unten an der Treppe warteten die drei Verjagten auf sie. Das hatte Lene nicht erwartet, es freute sie. Die Jungen hatten die Base noch nie so schlimm gesehen, und die Mutter war ihnen daneben so gut vorgekommen! Zum erstenmal schlugen sie sich auf die Seite der Mutter. Lene fühlte es, ihr Herz wurde so fröhlich wie schon lange nicht mehr, und munter sagte sie zu ihren dreien: „Kommt, wir machen recht schnell und tun hurtig alle Arbeit, dann reicht's heute abend noch zu einer schönen Geschichte!" Und ganz jugendlich sprang die Mutter mit ihren drei Wilden durch den Hof.

Als Gretchen nach einigen Tagen die Base aufsuchte, saß die alte Frau behaglich im Lehnstuhl, ließ sich von ihr die warme Decke überbreiten und erzählte eine Viertelstunde lang von der Gicht. Gretchen hätte viel lieber von Lene gehört, um zu erfahren, ob ihr die Base jetzt nicht mehr zürne. Als die alte Frau aber gar nicht auf dies Gespräch zu bringen war, fragte sie geradeaus: „Nicht wahr, der Lehnstuhl tut Ihnen wohl? und Lene ist doch gut, daß sie ihn gebracht hat?"

Aber die unverbesserliche Alte entgegnete: „Der alte Stuhl war ihr wohl nicht mehr schön genug, den hat sie gern hergegeben."

Im nächsten Augenblick war Gretchen schon die Treppe hinunter — der Abschied mußte kurz gewesen sein.

Lehrerin und Schülerin

Die kleine Ruth war und blieb ein verschlossenes Kind. Einmal hatte sie ihre Zuneigung zu Gretchen verraten, in der Aufregung mit der Ringelnatter; aber seitdem war sie wieder so zurückhaltend wie vorher.

Das war für Gretchen eine Enttäuschung. Ihr war es Bedürfnis, die Menschen, mit denen sie zu tun hatte, zu lieben und von ihnen geliebt zu werden, sich ihnen mitzuteilen und auch ihr Vertrauen zu gewinnen; aber mit Ruth stand sie fast noch so wie am ersten Tag.

Heute war die Kleine noch matter als sonst; Gretchen wußte nicht, ob sie sich unwohl fühlte oder nur schlechter Laune war. Jedenfalls kamen die Antworten so langsam, so leise und spärlich, daß die Geduld der jungen Lehrerin auf eine harte Probe gestellt wurde. Zu der Aufgabe, die ihre kleine Schülerin zu lernen hatte, gehörten zehn neue Wörter. Diese wollte Gretchen nun abfragen, und während das Kind sonst seine Aufgaben immer gewissenhaft lernte, wußte sie heute die beiden ersten nicht, nach denen Gretchen fragte.

„Hast du denn deine Wörter heute nicht gelernt?" fragte sie. Die Kleine schwieg und ließ das Köpfchen hängen. Gretchen fragte das dritte Wort ab. Ruth wußte es so wenig wie die ersten. „Hast du sie diesmal vergessen zu lernen? Oder ist dir's nicht wohl?" — Keine Antwort.

„Hast du sie gestern gekonnt?" Auch nicht die geringste Antwort war herauszubringen. Das Kind blieb stumm. Da wird Gretchen von der Ungeduld übermannt: „So sei doch nicht so stockig und mockig", ruft sie zornig, und ehe sich's die Kleine versieht, hat sie eine Ohrfeige an der rechten Wange, und zwar eine tüchtige; denn was Gretchen tut, tut sie immer kräftig! Der Erfolg ist auch augenfällig: das stille Kind bricht in Tränen aus und — es blutet aus der Nase! Im Augenblick sieht das ganze Gesichtchen entstellt aus, die Tränen, die glühende Backe und das fließende Blut — Gretchen ist entsetzt über das, was sie angerichtet hat; sie will die Kleine trösten und ihr helfen — da tritt Fräulen von Zimmern ein.

„Was ist geschehen?" fragte sie erschreckt — und Gretchen antwortete tief beschämt: „Ich habe ihr eine Ohrfeige gegeben, und jetzt blutet sie." Fräulein von Zimmern sagte ruhig, aber mit einem Ton, der Unheil verhieß: „Schicke mir das Mädchen herauf mit kaltem Wasser, und du warte drunten vor meinem Zimmer auf mich."

Als Gretchen unten stand und wartete, war ihr unsäglich beklommen zumute. Wie hatte sie so etwas tun können? Wer ihr je gesagt hätte, daß sie das arme Tröpfchen schlagen würde! Es reute sie so bitterlich; aller Zorn gegen das Kind, das sie so gereizt hatte, war verflogen; aber mit sich selbst zürnte sie wie noch nie. Lange, lange stand sie vor der Zimmertür und wartete in wachsender Angst; denn sie dachte sich, daß Fräulein von Zimmern das Kind doch entlassen hätte, wenn das Nasenbluten gestillt wäre? Wenn Ruth krank würde, krank durch ihre Schuld? Da hörte sie oben eine Tür gehen und vernahm Fräulein von Zimmerns Stimme. In liebevollem Ton sagte sie: „Und nun geh' recht langsam heim, mein Kind, und erhitze dich nicht." Die Kleine kam allein, langsam und leise die Treppe herunter. Sie blutete nicht mehr und sah wieder sauber aus, nur einige verräterische Spuren waren an dem Kleid zurückgeblieben. Ganz stille wäre sie an Gretchen vorbeigegangen, aber diese konnte sie so nicht ziehen lassen. Sie umschlang sie mit beiden Armen, küßte sie auf die geschlagene Wange und flüsterte ihr zu: "Weißt du, ich habe dich doch lieb, wenn ich dir auch weh getan habe!" Ein freundlicher Blick aus den Kinderaugen, und es hatte fast den Anschein, als wollte auch ein Wort kommen; aber in diesem Augenblick hörte Gretchen die Tritte von Fräulein von Zimmern; rasch ließ sie die Kleine los, und bald stand sie in dem Raum, der Vorsteherin gegenüber, die noch nie so ungnädig auf sie geblickt hatte wie jetzt.

"Ich will nun ganz genau hören, was vorgefallen ist", sagte Fräulein von Zimmern, und Gretchen erzählte den Hergang getreu und aufrichtig, wie es ihre Art war. Zuletzt bat sie um Verzeihung.

"Wenn nur mit dem Verzeihen alles wieder gutgemacht wäre", entgegnete Fräulein von Zimmern, "dies ist aber hier nicht der Fall. Man kann nicht wissen, welchen Schaden das schwache Kind durch den Schlag erlitten hat; es sind mir Fälle bekannt, in denen Kinder dadurch das Gehör verloren oder eine Gehirnerschütterung erlitten haben. Deshalb ist eine solche Strafe in allen Schulen verboten, und daß in meiner Schule überhaupt jede körperliche Züchtigung ausgeschlossen ist, das weißt du aus langjähriger Erfahrung. Nie hat ein bei mir angestellter Lehrer gegen diesen Grundsatz gehandelt; du bist es, die zum erstenmal meine Schule durch so etwas in schlechten Ruf bringt. Und wem gegenüber?

Eltern gegenüber, die mir dies Kind als ein besonders zartes Pflänzchen ans Herz gelegt haben und denen ich mein Wort gab, daß alles geschehen würde, um das verschüchterte Kind durch Liebe zu gewinnen." Gretchen fühlte sich tief unglücklich; nicht nur dem Kind hatte sie unrecht getan, auch der Vorsteherin, die sie so hoch verehrte, hatte sie Leid zugefügt. Aber war denn das nicht zu ändern, mußte denn Fräulein von Zimmern darunter leiden?

„Wenn Ruths Eltern erfahren, daß ich ganz allein schuld bin, und wenn man ihnen verspricht, daß künftig statt meiner eine andere die Nachhilfestunden geben wird, dann können sie doch nicht mit der Schule zürnen?"

„Natürlich werde ich ihnen mitteilen, wie sich die Sache zugetragen hat, und daß du ihr Kind in Zukunft nicht mehr unterrichten wirst — denn dieses Recht hast du verwirkt. Aber so, wie ich die Leute kenne, werden sie in ihrer Entrüstung sofort das Kind aus der Schule nehmen."

„Oh, ich will zu Ruths Mutter hingehen und mich entschuldigen!" rief Gretchen.

„Kennst du sie?"

„Nein, aber ich weiß, wo sie wohnt, ich gehe gleich heute abend noch hin, sogleich; ich sage, daß noch gar nie irgendein Kind geschlagen worden ist in unserer Schule, und daß ich ganz allein die Schuld habe."

„Die Schuld trifft mich doch mit, denn die Vorsteherin ist verantwortlich für die Lehrkräfte, die sie verwendet; ich hätte auch nie gedacht, daß du mit deinem liebevollen Herzen einem Kind wehe tun könntest, aber ich hätte es wissen sollen, denn du bist ungeduldig; ich hatte schon früher Gelegenheit, das zu bemerken."

„Fräulein von Zimmern, bitte, lassen Sie mich zu Ruth

gehen; ich kann es nicht ertragen, daß durch mich etwas auf die Schule kommt! Ich muß es wieder gutmachen."

„So versuch es; aber geh zuerst zu deinen Eltern und sag es ihnen. Ich möchte dich ohne ihr Wissen nicht in ein fremdes Haus schicken."

„Oh, die Eltern würden sofort sagen, ich solle mich entschuldigen; ich kann gut ohne ihr Wissen gehen. Aber freilich —" Gretchen stockte und errötete.

„Was ist's?"

„Mit den Schulhandschuhen kann ich nicht Besuch machen, sie sind zerrissen", sagte Gretchen etwas verlegen.

„Das sollte nie sein, Gretchen; fünf ausgebesserte Finger an jedem Handschuh, wenn du willst, aber keinen zerrissenen."

„Ich renne zu Hermine hinauf und lasse mir ihre Handschuhe leihen; die wohnt ja in der Nähe."

„Nein, Kind, du gehst heim, wie ich gesagt habe; das Widersprechen ist eine unfeine Gewohnheit, die ich an dir schon öfters getadelt habe. Und nun geh zu deinen Eltern und laß dir von ihnen raten."

Gretchen reichte Fräulein von Zimmern die Hand und sagte stockend: „Bitte, verzeihen Sie mir doch, es tut mir ja so leid."

„Das weiß ich, und ich verzeihe dir, mein Kind. Du hast einen sauren Gang vor dir, das wollen wir als Sühne betrachten."

Gretchen eilte heim. „Ist die Mutter zu Hause und kein Besuch bei ihr?" fragte sie Franziska, die ihr die Tür öffnete.

„Sie ist zu Hause, und ich darf auch keinen Besuch einlassen, weil Frau Reinwald heftiges Kopfweh hat."

Dies war für Gretchen eine unwillkommene Mitteilung.

Sie mochte die Mutter, wenn sie leidend war, nicht aufregen; aber dann blieb ihr nichts anderes übrig, als mit dem Vater zu sprechen.

Sie überlegte. Viel lieber hätte sie mit der Mutter gesprochen, aber nein, das ging nicht an; also nur keine Zeit verlieren. Sie überwand die Scheu und trat bei ihrem Vater ein. „Darf ich dich stören Vater, ich habe eine schlimme Geschichte angestellt und ich möchte sie der Mutter ersparen, solange sie Kopfweh hat."

Herr Reinwald legte die Feder aus der Hand. „Was ist's?" fragte er.

Gretchen erzählte alles, der kleinen Ruth Benehmen, ihr eigenes, Fräulein von Zimmerns schreckliche Äußerungen über die möglichen schlimmen Folgen einer Ohrfeige und ihre Befürchtungen für den Ruf der Schule; zuletzt den Entschluß, Abbitte bei Ruths Eltern zu tun.

„Das letztere ist jedenfalls das beste, was in dieser Sache geschehen kann, und für meine ungestüme Tochter eine heilsame Buße", sagte Herr Reinwald; „ich denke übrigens, daß damit die Sache auch beigelegt sein wird, Fräulein von Zimmern sieht wohl zu schwarz."

„Meinst du? O Vater, so schrecklich mir's ist, daß ich als Lehrerin so abgesetzt werde, und daß auf die Schule ein schlechtes Licht fällt, so ist es mir doch noch viel, viel ärger, wenn ich denke, daß die Kleine vielleicht einen dauernden Schaden erlitten hat, taub wird oder so etwas!"

„Nun, nun, so schlimm ist die Sache nicht! Die Fälle sind doch gottlob selten! Die Kinder sind im allgemeinen so eingerichtet, daß ihnen eine Ohrfeige mehr gut tut als schadet." Diese Worte beruhigten Gretchen etwas.

Herr Reinwald sah auf seine Uhr. „Wenn du jetzt gleich

gehst, wirst du die Mutter des Kindes vermutlich allein treffen. Der Vater ist nämlich bis sechs Uhr auf seiner Kanzlei, und ich denke mir, es ist dir lieber, wenn du nur mit der Mutter zu tun hast."

„Kennst du denn die Eltern, Vater?" fragte Gretchen erstaunt.

„Nicht persönlich, ich habe nur von ihnen reden hören. Er ist erst dieses Jahr als Forstrat hierhergekommen, muß ein sehr tüchtiger Beamter sein, aber ein wenig heftig. Besser ist's du sprichst bloß mit der Frau. Er wird von der Angelegenheit wohl noch gar nichts wissen; kommt er dann heute abend zu seiner Familie, so wird die Frau dich wohl entschuldigen."

Gretchen war gerührt, daß der Vater ihr die Sache so erleichtern wollte. Sie küßte ihn und dankte ihm. Als Herr Reinwald allein war, schritt er in seinem Zimmer auf und ab: „Daß ihr auch gerade mit dem Kind dieser Leute so etwas vorkommen muß! Der Forstrat, der Hitzkopf, wird nicht übel aufbrausen! Aber Gretchen ist auch ein Hitzkopf! Wie konnte es ihr nur sogleich in die Hand fahren, daß sie dem Kinde einen solchen Schlag gibt! Schön ist's aber, daß sie so tapfer geht, Abbitte zu tun; ich möchte es ihr gönnen, daß der Alte nicht da wäre!"

„Franziska", sagte Gretchen, während sie gute Handschuhe anzog, „wenn die Mutter nach mir fragt, so sagen Sie ihr, ich müsse geschwind noch zu der kleinen Ruth gehen."

„Ja, ich muß aber später auch noch fort, das große Paket dort auf die Post schleppen!"

„O Franziska, ich wollte lieber zehn solcher Pakete forttragen, als den Gang machen, den ich machen muß!" rief

Gretchen im Fortgehen, und Franziska sah verwundert ihrem jungen Fräulein nach.

Gretchen hatte einen weiten Weg zu machen bis zu dem Hause des Forstrats, und sie eilte, so sehr sie konnte, denn um sechs Uhr wollte sie wieder auf dem Heimweg sein. Als sie ihr Ziel erreicht hatte und in das fremde Haus eintrat, klopfte ihr doch das Herz, und leise huschte sie an der Tür des ersten Stockwerkes vorbei, die die Anschrift trug: „Kanzlei". Sie folgte der gemalten Hand, die nach der oberen Treppe zur Wohnung des Forstrats wies. Einen Augenblick hielt sie inne, ehe sie auf die Klingel drückte. „In einer Viertelstunde ist's überstanden", sagte sie sich, und nun drückte sie herzhaft auf den Knopf. Einen Augenblick später stand sie im Besuchszimmer und stellte sich der Frau Forstrat vor.

Diese war eine auffallende Erscheinung, eine große, hagere Gestalt mit blassem, krankhaftem Gesicht, in das schwarze Haare ungeordnet hereinfielen. Die dunklen Augen blickten unstet, die Hände waren fortwährend in zitternder Bewegung. Gretchen war sehr betroffen über diese ungewohnte Erscheinung, sie faßte sich aber und begann die kleine Rede, die sie sich unterwegs überlegt hatte. „Frau Forstrat", sagte sie, „ich möchte Sie um Verzeihung bitten, daß ich heute Ihre Ruth so unfreundlich behandelt habe, und Fräulein von Zimmern läßt Ihnen sagen, daß so etwas nie mehr vorkommen wird, und daß Ruth künftig nicht mehr von mir, sondern von einem andern Mädchen Stunden bekommen wird."

„Ach, Fräulein, das war heute nachmittag eine Aufregung!" begann die Frau Forstrat. „Als das Kind heimkommt und ich die Blutflecken sehe und auch merke, daß die Kleine verstört ist, frage ich sie aus. Sie hat's nicht sagen wollen, ich habe alles erraten müssen; endlich, als ich's heraus habe, nehme ich sie an der Hand und ziehe sie mir nach, hinunter in die Kanzlei, und sage zu meinem Mann: ,Da siehst du, wie man unser Kind behandelt; blutig geschlagen haben sie das arme Ding in der Schule, weil's ein paar Wörtchen nicht gekonnt hat! Da sieh, wie sie verschwollene Augen hat vom Weinen!' Nun hätten Sie aber meinen Mann sehen sollen in seinem Zorn! Nur die drei Worte hat er hervorgestoßen: ,Wer hat's getan?', aber so laut, daß die Kleine gleich wieder angefangen hat zu weinen vor Angst. ,Die französische Lehrerin', sagte ich, und ich wollte noch mehr sagen, aber er hat uns hinausgetrieben, wir konnten nicht schnell genug aus der Tür kommen. Der Kleinen aber hat er noch zugerufen: ,Du mußt nie mehr in die Schule zu Fräulein von Zimmern.' "

„Ich glaube", sagte Gretchen, „daß sich's Herr Forstrat nach Ihrer Beschreibung viel schlimmer vorstellt, als es in Wirklichkeit war —"

„Ja, nicht wahr? Das glaube ich auch. Er sollte das Kind auch nicht gleich aus der Schule nehmen, es gibt ja hier doch keine bessere."

„O bitte, Frau Forstrat, legen Sie doch ein gutes Wort ein bei Ihrem Mann."

„Ich? Was meinen Sie, da darf ich nicht dreinreden, er hat auch gewiß schon an Fräulein von Zimmern geschrieben, das dürfen Sie glauben. Er hat das Kind gar lieb, wenn er es auch oft erschreckt durch seine Heftigkeit, und er verzeiht's nicht, wenn man dem Kind etwas tut."

Eine große Wanduhr schlug im Nebenzimmer sechs Uhr. Gretchen erschrak. Jeden Augenblick konnte der Forstrat kommen. Sie erhob sich mit dem traurigen Gefühl, gar nichts erreicht zu haben. „Ich muß jetzt gehen", sagte sie. „Wollen Sie mir verzeihen und mich bei Herrn Forstrat entschuldigen?"

„Ich kann von dieser Sache nicht mehr reden", antwortete die Frau Forstrat, „und Ihnen möchte ich raten, daß Sie fortgehen, ehe mein Mann von der Kanzlei heraufkommt."

Da sagte Gretchen kein Wort mehr und ging. Als sich die Treppentür hinter ihr geschlossen hatte, fühlte sie sich viel unglücklicher als eine Viertelstunde vorher. Sie hatte gar nichts ausgerichtet bei dieser Frau, und so, wie diese ihrem Mann die Sache dargestellt hatte, mußte er natürlich aufgebracht sein gegen die Schule. Er würde sein Kind herausnehmen, und so würde Fräulein von Zimmern Ärger und Schande haben durch ihre Schuld.

Bekümmert ging Gretchen die Treppe hinunter. Als sie an der Kanzlei im ersten Stock vorbeikam, ging eben die Tür auf und zwei junge Leute, die wohl als Schreiber beschäftigt waren, kamen heraus und gingen die Treppe hinunter. Durch den Türspalt hatte sie einen großen, stattlichen Herrn gesehen — das mußte der Forstrat sein, der nur noch allein in seiner Kanzlei war. Gretchen ging die Treppe hinunter, aber nur zwei Stufen, dann blieb sie stehen, denn auf einmal wurde es ihr klar: Ich muß zu dem Mann hinein, ich kann's nicht ertragen, daß er so falsch denkt über Fräulein von Zimmern. Wenn er auch zornig ist über mich, was macht's? Höchstens bekomme ich auch eine Ohrfeige wie seine Ruth von mir, dann sind wir quitt! Ohne weiter zu überlegen, kehrte Gretchen um, klopfte an der Kanzleitür und trat ein. Das erste, was sie bemerkte, war, daß der Forstrat doch nicht allein war; ein junger Bursche stand schreibend an einem Pult. Das war Gretchen eine unangenehme Entdeckung, aber jetzt konnte sie nicht mehr zurück. Sie ging auf den Herrn zu, der sich nach ihr umwandte, und sagte deutlich, aber mit einer Stimme, die doch leise bebte: „Ich möchte Sie um Verzeihung bitten, weil ich heute in der Schule gegen die kleine Ruth so unfreundlich war."

Der Mann hatte kaum diese Worte gehört, als sich seine Stirn in finstere Falten zog. Er wandte sich zu dem jungen Schreiber. „Machen Sie Schluß!" rief er. Der legte sofort seine Feder weg, ging aber nicht auf die Tür zu, sondern nach einem andern Pult, auf dem einige geschlossene Briefe lagen. Ungeduldig fuhr ihn der Forstrat an: „Wird's bald?"

„Soll ich nicht die Briefe —"

Da unterbrach ihn der Forstrat und donnerte ihn an: „Nichts sollen Sie, fort sollen Sie, Schluß!" Der junge Mann riß seinen Mantel vom Nagel, gönnte sich aber nicht mehr die Zeit, ihn anzuziehen, sondern drückte sich eilends zur Tür hinaus.

Inzwischen hatte Gretchen sich überlegt, was sie sagen wollte: nur vor allem das, was zu Fräulein von Zimmerns Rechtfertigung nötig war; wenn sie nur das sagen konnte, ehe vielleicht ihr, wie dem unschuldigen Schreiber, die Tür gewiesen wurde! Herzhaft redete sie den Forstrat an: „Ich gehe gleich wieder, aber ich muß Ihnen sagen, daß Fräulein von Zimmern ganz und gar nichts für das kann, was heute vorgefallen ist. Sie hat mir gleich gesagt, wie arg es ihr sei, und daß ich künftig die Stunden nicht mehr geben darf."

„So?" rief der Forstrat, „wenn Fräulein von Zimmern so etwas ‚arg' ist, warum stellt sie dann solche Mädchen als Lehrerinnen an wie Sie, die selbst noch halbe Kinder sind? Ist das auch in der Ordnung und erlaubt?"

Er trat dicht vor Gretchen hin und rief immer lauter: „Wie alt sind Sie eigentlich? Haben Sie überhaupt schon Ihr Examen bestanden? Können Sie sich vor einer Klasse Respekt verschaffen? Haben Sie das Recht, zu lehren? Das ist die heillose Sucht der jungen Mädchen heutzutage, daß sie Geld verdienen wollen, wenn sie kaum aus der Schule entlassen sind! Wenn dann so einer jungen Lehrerin die Sache zu schwierig wird, dann reißt ihr die Geduld, und die Kinder werden blutig geschlagen, wie das meinige heute. Das könnte Fräulein von Zimmern wissen, sagen Sie ihr das!" Ungestüm lief der erregte Mann im Zimmer auf und ab, während er so seinem Zorn Luft machte.

Gretchen war ganz bestürzt über all die Vorwürfe, aber sie faßte sich schnell und sagte: „Ich habe das Kind nicht blutig geschlagen, ich habe ihm in der Ungeduld, weil es durchaus nicht Ja und nicht Nein geantwortet hat, einen einzigen Schlag auf die Backe gegeben, und dann hat die Kleine Nasenbluten bekommen. Fragen Sie nur Ruth, sie wird Ihnen sagen, daß es so war." Der Forstrat hatte bei den letzten Worten seinen Marsch eingestellt und machte halt vor Gretchen. „Nasenbluten, sagen Sie? War's so? Ja? Dann hat man mir ganz falsch erzählt!"

„Ja, und es ist auch falsch, wenn Sie meinen, ich sei eine Lehrerin und werde bezahlt. Ich gehe doch selbst noch in die Schule, in die Oberklasse; ich gab nur Ruth die Nachhilfestunden, und von jetzt an darf ich das auch nicht mehr."

„Sind Sie denn nicht die französische Lehrerin, Fräulein Bertrand?"

„Nein, o nein", rief Gretchen. „Fräulein Bertrand ist eine rechte Lehrerin, ganz, ganz anders als ich! Ich bin bloß Gretchen Reinwald."

„Sie sind Gretchen Reinwald?" rief der Forstrat mit ganz verändertem, heiterem Ton. „Dann sind Sie das Mädchen, das umsonst meiner Kleinen seit einem Vierteljahr nachhilft? Dann sind Sie die Heldin, die die Schlangen fängt, von der meine Kleine alle Tage so schwärmt? Die sind Sie?" — Gretchen lachte.

„Alle Wetter, das ist was ganz anderes! Dann tut es mir leid, daß ich Sie so hart angefahren habe", sagte der Forstrat und schüttelte Gretchen herzlich die Hand. „Ihnen verzeihe ich gerne, wenn Sie einmal ungeduldig geworden sind! Wegen einer Unfreundlichkeit werde ich doch nicht die viele Freundlichkeit vergessen, die Sie meinem Kinde schon erwiesen haben! Sie hängt mit ihrem ganzen Herzen an Ihnen, sie hat es Ihnen gewiß schon oft gesagt."

„O nein, Herr Forstrat, sie sagt eben gar so wenig, und das hat mich heute auch so in Verzweiflung gebracht; sie war so stumm, kein Wort konnte ich aus ihr herausbringen."

„Ja, ja", sagte der Forstrat zustimmend, „so ist unsere Kleine, herzensgut, aber ängstlich. Das können Sie natürlich nicht begreifen, aber Sie sind auch bei anderen Eltern aufgewachsen."

„Kennen Sie meine Eltern?"

„Nein, aber ich weiß es doch. Wer so herzhaft zu einem fremden Mann aufs Zimmer kommt, und sagt: Ich hab's getan und bitte um Verzeihung, der ist anders geleitet worden als mein armes, schüchternes Dinglein! Es ist vieles bei uns nicht so, wie es sein sollte — doch ich kann darüber mit Ihnen noch nicht sprechen. Sie sind noch zu jung, aber", fügte er sehr freundlich hinzu, „doch schon so groß, daß ich Sie zu Ihrem Schaden für Ruths Klassenlehrerin gehalten habe."

„Darf ich Fräulein von Zimmern sagen, daß Sie nicht böse auf sie sind, weil sie doch so gar nichts dafür kann?"

„Tausend noch einmal, das ist jetzt eine dumme Geschichte!" rief der Forstrat. „An Fräulein von Zimmern habe ich gleich im ersten Zorn geschrieben, und der Brief ist schon fort!"

„Vielleicht liegt er doch noch dort?" fragte Gretchen und deutete auf das Pult, denn sie hatte wohl bemerkt, daß der junge Schreiber vor seinem Weggehen die Postsachen mitnehmen wollte, wozu ihm der Forstrat nicht Zeit gelassen hatte.

„Wirklich, ja, da sind sie", rief er vergnügt, „da will ich nur den gleich beiseite schaffen", und Gretchen sah mit großem Vergnügen, wie ein an Fräulein von Zimmern gerichtetes Schreiben zerrissen und in den Ofen geworfen wurde. Sie sah mit strahlendem Gesicht zu, und der Forstrat, als er sich unvermutet nach ihr umwandte und ihr vergnügtes Gesicht sah, lachte und rief: „Das freut jetzt das Gretchen Reinwald, nicht wahr? Nun ist die Sache wieder gut!"

„Ja, wenn es nur ganz gewiß der Kleinen nicht geschadet hat", sagte Gretchen, „Fräulein von Zimmern hat mir so Angst gemacht!"

„Darüber machen Sie sich keine Sorgen; Nasenbluten bekommt meine kleine Ruth oft und Ohrfeigen manchmal. Nein, darüber brauchen Sie sich nicht zu beunruhigen."

Gretchen ging, vom Forstrat aufs freundlichste verabschiedet. Als sie vor der Kanzleitür war, kam eben die Frau Forstrat die Treppe herunter. Sobald sie bemerkte, daß Gretchen aus der Kanzlei kam, rief sie in förmlicher

Bestürzung: „Um aller Heiligen willen, Fräulein, wo kommen Sie denn her?" Und mit heller, fröhlicher Stimme ertönte die Antwort: „Vom Herrn Forstrat!" Und nicht wie eine Lehrerin, sondern recht wie ein Schulmädel, das nach langem Zwang der Freiheit wieder zueilt, sprang Gretchen die Treppe hinunter und fröhlichen Laufes heim, heim zu den lieben, treubesorgten Eltern.

Schulstunden

Am nächsten Morgen machte sich Gretchen etwas zeitiger als sonst auf den Weg zur Schule, denn sie wollte vor Beginn des Unterrichts Fräulein von Zimmern von ihren gestrigen Erlebnissen berichten. Getrosten Herzens trat sie heute in das Gemach, das sie gestern so zerknirscht verlassen hatte. Heute konnte sie Gutes berichten.

Gretchen erzählte genau, und Fräulein von Zimmern unterbrach sie nicht, sie kannte ja ihre Schülerin und wußte, daß sie die reine und die ganze Wahrheit reden würde. Im stillen freute sich Fräulein von Zimmern, daß Gretchen den Mut gehabt hatte, den Forstrat in seiner Kanzlei aufzusuchen; sie ersah daraus, wie sehr es ihrer Schülerin am Herzen gelegen hatte, nichts Schlimmes auf die Schule kommen zu lassen.

Als Gretchen ihren Bericht beendet hatte, sagte Fräulein von Zimmern: „Du bist der Meinung, ich hätte keinen Brief in dieser Angelegenheit erhalten, aber du irrst, es ist doch einer gekommen."

„Doch?" rief Gretchen in schmerzlicher Enttäuschung.

„Ja, hier ist der Brief, du darfst ihn lesen." Der kleine Brief war von einer Kinderhand geschrieben, die Gretchen gut kannte, von Ruth an Fräulein von Zimmern gerichtet. Sein kurzer Inhalt lautete: „Papa sagt, ich solle Ihnen schreiben, daß ich lieber keine neue Lehrerin möchte. Bitte, lassen Sie mir meine alte."

Gretchen, die schon das Schlimmste erwartet hatte, war sichtlich erleichtert und gab mit glücklichem Lächeln den Brief zurück.

„Du hast es nun zwar gar nicht verdient", sagte die gestrenge Vorsteherin, „und es ist meines Wissens das erstemal, daß ich eine verhängte Strafe zurücknehme, aber ich möchte dem Kind die Bitte nicht versagen, die von seinem Vater unterstützt wird. Du kannst also deinen Unterricht wieder aufnehmen. Vor Tätlichkeiten wird deine kleine Schülerin in künftigen Stunden wohl sicher sein?"

„Ja, ganz gewiß", sagte Gretchen im Tone tiefster Überzeugung, „ich glaube überhaupt nicht, daß ich je in meinem Leben wieder irgendeinem Kind etwas tue."

„Und du übernimmst gerne wieder den Unterricht der Kleinen?" fragte Fräulein von Zimmern.

„O ja, wenigstens hätte ich nicht gewollt, daß er so ein plötzliches Ende nähme; aber eine andere Schülerin hätte ich doch lieber."

„Andere haben wieder andere Schattenseiten, mit jedem Menschen muß man Geduld haben."

„Ach, aber andere Kinder sprechen doch! Ich glaube, gar keine Eigenschaft kann mich so in Verzweiflung bringen, als wenn Kinder nicht antworten! Was soll ich eigentlich tun, wenn sie mir wieder einmal gar keine Antwort gibt? Bitte, sagen Sie mir, wie ich mich dann verhalten soll."

„Du wirst bald deine Schülerin soweit kennen, daß du weißt: So darf ich nicht fragen, denn darauf bekomme ich keine Antwort. Kann sie wieder einmal ihre Aufgabe nicht, so frage nicht: warum?, gib ihr ruhig das Buch in die Hand und sage: Lerne jetzt deine Wörter. Sie ist ein gewissenhaftes Kind, es wird nicht oft vorkommen."

Der gestrige Tag hatte noch eine Nachwirkung. Als eine Stunde später Gretchen in der Klasse saß und Fräulein Weber, die Handarbeitslehrerin, Unterricht erteilte, trat unerwartet Fräulein von Zimmern ein. Sie erkundigte sich nach dem Stand der Handarbeiten. „Wir kommen schön vorwärts", sagte Fräulein Weber, „fast alle sind nun bis auf die Ärmel mit dem Nachthemd fertig."

„Wer ist noch nicht an den Ärmeln?"

„Gretchen Reinwald. Sie hatte etwas falsch gemacht, und das Auftrennen hat sie aufgehalten, doch wird sie nun auch bald soweit sein."

„Ich muß heute eine kleine Unterbrechung im Weißnähen veranlassen. Ich habe bemerkt, daß unter Ihren Schülerinnen welche sind, die zerrissene Handschuhe tragen. So etwas sollte in diesem Alter nicht mehr vorkommen, und ich möchte Sie bitten, die Handschuhe unter Ihrer Aufsicht ausbessern zu lassen. Legt die Näharbeit weg, holt eure Handschuhe herbei und zieht sie an."

Diese unerwartete Aufforderung erregte teils Heiterkeit, teils Entsetzen.

„Nehmt eure Plätze wieder ein", sagte Fräulein von Zimmern, nachdem die Mädchen ihre Handschuhe angezogen hatten, „und legt alle eure Hände auf den Tisch. — Nicht so, keine eingeklemmten Finger und verbogenen Daumen! Alle zehn Finger möchte ich sehen."

Da kamen die behandschuhten Hände alle auf dem grünen Tisch zum Vorschein, und manches weiße Fingerspitzchen blitzte durch die aufgetrennte Naht hindurch. Fräulein von Zimmern ging von einer Schülerin zur andern.

„Eine Naht ausbessern. Zwei Knöpfchen fehlen. Zwei Fingerspitzen zustopfen. Ganz tadellos neue Lederhandschuhe? Das ist schade für den Schulgebrauch, da liegen gewiß daheim noch welche, die geflickt und getragen werden sollten. Fünf ausgebesserte Stellen und kein Loch, das lobe ich. Zwei ungleiche Handschuhe, ei, ei!"

Nun kam sie an Gretchen. „Die deinigen sehen aus, als wenn sie eben geflickt worden wären", sagte sie.

„Ja, gestern abend", antwortete Gretchen, und ein Blick stillen Einverständnisses wurde zwischen Lehrerin und Schülerin ausgetauscht. „Ich bitte Sie, Fräulein Weber, diese Durchsicht in ungleichen Zwischenräumen zu wiederholen. Hier ist ein Pack Wirrfaden und Seide und alte Knöpfchen, sie stehen zur Verfügung. Macht euch gleich an die Arbeit."

Fräulein von Zimmern ging; Gretchen war sehr vergnügt, daß sie an ihrer Weißnäherei weiterarbeiten konnte und nicht noch mehr in Rückstand kam; die andern aber flüsterten sich zu: „Wie ist wohl Fräulein von Zimmern auf diesen Einfall gekommen?" Und Ottilie erklärte: „Sicherlich müssen wir das nächstemal die Stiefel ausziehen und uns die Strümpfe mustern lassen!"

Niemand als Hermine Braun erfuhr den Zusammenhang. Mit ihr wandelte Gretchen manchmal in der Pause auf den großen Gängen des Schulhauses in traulichem Gespräch auf und ab, und so auch heute wieder. „Gretchen", sagte Hermine, nachdem sie zuerst mit aller Teilnahme die Erlebnisse der Freundin angehört hatte, „ich habe Angst, daß Ottilie zwischen uns kommt!"

„Wieso?"

„Daß sie die Zweite wird und du die Dritte. Sie ist mit

73

der Handarbeit weiter als du, und sie hat in den meisten Fächern seit dem Herbst ebenso gute Noten wie du."

„Woher weißt du das nur immer so genau? Ich weiß es nie."

„Weil du dich immer nicht darum kümmerst; mir wäre es aber ganz schrecklich, wenn wir nicht noch das letzte Schuljahr hindurch wie die zwei vorigen nebeneinander säßen. Du mußt die Zweite bleiben, du darfst Ottilie nicht über dich hinaufkommen lassen!"

„Ich muß mich immer so riesig anstrengen, damit ich neben dir bleibe", sagte Gretchen. „Du könntest auch einmal herunterrutschen, dann hätte ich's bequemer. Ottilie die Erste, du die Zweite, ich die Dritte, so wären wir auch wieder nebeneinander, und das wäre zur Abwechslung ganz nett."

„Das kannst du aber im Ernst nicht von mir verlangen, ich müßte ja absichtlich Fehler machen!"

„Das denke ich mir ganz leicht, oder nicht?"

„Aber Gretchen, wie kannst du so etwas nur sagen, das geht doch nicht!"

„Nun, dann muß ich mich eben wieder anstrengen, aber habe ich denn nicht im Englischen bloß einen Fehler gehabt und Ottilie drei?"

„Nein, gerade umgekehrt war's, wie du nur so etwas vergessen kannst!"

„Dann war's im Französischen so."

„Im Französischen hast du zwei und sie drei Fehler gehabt. Im Aufsatz hast du ja die beste Note, aber ich habe Angst, daß Fräulein von Zimmern dir die Geschichte mit der Ohrfeige für eine schlechte Note anrechnet. Du weißt ja, daß sie so etwas immer mit in Betracht zieht."

„Das wäre aber ungerecht, denn wer weiß, ob Ottilie an meiner Stelle nicht zehn Ohrfeigen gegeben hätte. Wenn man keine Schülerin hat, ist es keine Kunst, daß man sie nicht mißhandelt. Da sei nur ganz ruhig, das kommt bei meinen Noten gewiß nicht in Betracht."

„Aber gelt, du tust dein möglichstes. Denke, wenn nun Ottilie, die ohnehin schon so hochmütig ist, über dich käme! Mir gefiele es dann gar nicht mehr in der Schule. Wenn's noch eine andere wäre, aber gerade die einzige, die dich nicht mag."

„Mag sie mich denn nicht?"

„Ihr steht doch ganz schlecht miteinander!"

„So? Das habe ich eigentlich noch gar nicht bemerkt."

„Aber Gretchen, das wissen doch alle!"

„Nun ja, dann wird's ja wohl so sein, aber ich habe ihr doch nie etwas getan."

„Aber sie dir."

„Was denn?"

„Weißt du nicht mehr, wie sie dir einmal absichtlich falsch vorgesagt hat und wie sie dich verklagt hat?"

„Ach, das war ja schon voriges Jahr, ja, wenn du so weit zurückdenkst, da kann viel vorgekommen sein, das sind doch alte Sachen."

„Nun ja, aber sie ist doch noch dieselbe, und sie soll nicht zwischen uns kommen."

„Nein, nein, ich will also mein möglichstes tun, ich möchte ja doch auch neben dir sitzen, lieber als neben irgendeiner andern, das weißt du ja!"

Der heutige Schultag brachte wieder die Stunde, die monatlich nur einmal wiederkehrte; um elf Uhr erschien Pfarrer Kern, und man konnte es ihm und den Mädchen anmerken, daß sich alle des Wiedersehens freuten. Fräulein von Zimmern, die ihn seit vielen Jahren als den treuesten Freund ihrer Schule schätzen gelernt hatte, empfand selber Lust, der Stunde beizuwohnen, geleitete ihn ins Zimmer ihrer „Großen" und rückte sich einen Stuhl in eine der Fensternischen, wo sie halb verborgen saß. Nachdem der Pfarrer in seiner heiteren, freundlichen Weise die einzelnen Schülerinnen begrüßt hatte, sagte er: „Ich habe euch beim Beginn des Schuljahres gesagt, daß es mich freuen würde, wenn ihr selbst mir durch Fragen Gelegenheit geben würdet, über solche Dinge zu reden, die euch beschäftigen. In den ersten Stunden ist dies nicht geschehen. Diesmal aber ist mir von einer meiner Schülerinnen, die sich nicht genannt hat, eine Frage zugeschickt worden. Ich habe mich darüber gefreut und möchte die Frage nun beantworten.

Bei diesen Worten erhob sich Fräulein von Zimmern leise von ihrem Platz und ging der Tür zu. Als sie an dem Pfarrer vorbeikam, sagte sie: „Wer kann wissen, ob die Fragestellerin nicht gerechnet hat, mit Ihnen und den Freundinnen allein zu sein? Ich will die Traulichkeit dieser Stunde nicht stören", und sie verließ das Zimmer.

„Ich glaube, wir hätten unseren Gegenstand genauso gut in Gegenwart von Fräulein von Zimmern besprechen können", sagte der Pfarrer, „aber ihr habt ein schönes Beispiel von Zartgefühl und Takt erlebt."

Er nahm nun aus seinem Buch ein Blättchen Papier, und sagte, indem er hineinsah: „Die Frage, die mir gestellt wurde, lautet: ‚Wir haben viele Romane, die ich gerne lesen möchte, aber jemand hat mir gesagt, es sei eine Sünde, Romane zu lesen. Ist das wohl wahr?' Darauf möchte ich

nun zuerst sagen: Ich muß annehmen, daß meine Fragestellerin vierzehn oder fünfzehn Jahre alt ist. In diesem
Alter ist die erste Regel: Willst du ein Buch lesen, so frage
die Eltern um Erlaubnis. Wollen sie es dir nicht gestatten,
so wäre es Sünde, das Buch zu lesen, wie jeder Ungehorsam
Sünde ist. Und sie werden dir's wohl nicht gestatten, denn
viele Romane sind für Erwachsene geschrieben und passen
deshalb nicht für Mädchen eures Alters. Es ist aber oft
sehr schwer und fordert viel Selbstüberwindung, etwas
nicht zu lesen, was verlockend scheint. Ich kann mich da
an ein Beispiel aus meiner eigenen Jugendzeit lebhaft erinnern, das ich euch nun erzählen möchte: Die Zeitung,
die täglich in unser Haus kam, brachte in jeder Nummer
einen Abschnitt aus einem Roman. Die Eltern hatten uns
Kindern gelegentlich das Blatt weggenommen, wenn sie
bemerkten, daß unser Blick auf diesen Teil der Zeitung
fiel und darauf haftete, und so wußte ich eigentlich schon,
daß die Erzählung nichts für uns war. Einmal aber las
ich ganz gedankenlos einige Sätze in dem neben mir lie-
genden Blatt. Was ich las, kam mir sehr fesselnd vor, und
ich las und las immer eifriger; da plötzlich, als die Sache
am spannendsten war, hieß es: ‚Fortsetzung folgt', und
der Roman war unterbrochen. Ich mußte mich immer
besinnen, wie es wohl weitergehen werde, und überlegte,
wie ich am nächsten Tag wieder Gelegenheit finden könnte,
die Fortsetzung zu lesen. Den ganzen nächsten Tag war
ich begierig darauf. Abends, als die ganze Familie am
Tisch saß und ich meine Aufgaben machte, sah ich, wie
die Mutter die Zeitung, nachdem sie ein wenig darin ge-
blättert hatte, neben sich legte. Unbemerkt zog ich das
Blatt näher zu mir her und blickte hinein. Aber der Vater

bemerkte es und sagte zu der Mutter: ‚Laß doch die Zeitung nicht auf dem Tisch liegen; ich will nicht, daß die Kinder darin lesen.‘ Die Mutter aber erwiderte: ‚Das wissen die Kinder, und deshalb werden sie's auch nicht tun.‘ Doch legte sie die Zeitung beiseite. Ich gab die Geschichte schon für verloren, denn am frühen Morgen wurde das Blatt von einem Mitleser abgeholt. Da geschah etwas, das mir merkwürdig vorkam: die Zeitung wurde am nächsten Morgen nicht abgeholt, und meine Mutter trug gerade mir auf, sie dem Mitleser nach der Schule ins Haus zu bringen. So bekam ich das Blatt in die Hände und hatte Zeit und Gelegenheit genug, die Fortsetzung meiner spannenden Geschichte zu lesen. Aber nun will ich's euch sagen: Ich las sie nicht. Es kam mir in den Sinn, wie die Mutter so vertrauensvoll gesagt hatte: ‚Die Kinder wissen es, daß sie's nicht lesen sollen, und darum tun sie's nicht.‘ Es kostete mich einen furchtbar schweren Kampf, aber ich las nicht, und ich kann euch sagen: nachdem ich das Blatt abgegeben hatte, stürmte ich mit einem wahren Siegesgefühl heim. Ich hatte eine ganz andere Meinung von mir, eine Selbstachtung, die mir vorher ganz fremd gewesen war, und wenn in der Folge die Zeitung mit ihrem verlockenden Roman neben mir lag, hatte ich für sie nur einen verächtlichen Blick, wie für einen überwundenen Feind, und ich dachte: du kriegst mich nicht daran.

Dieses beglückende Gefühl der berechtigten Selbstachtung möchte ich euch allen wünschen. Ihr sollt es euch auch erkämpfen, und ich hoffe und erwarte das von euch, meine Schülerinnen. Aber meine Fragestellerin wird noch nicht von meiner Antwort befriedigt sein; denn sie will nicht nur wissen, ob das Romanlesen für euer Alter ein Unrecht ist.

Es wird ja für euch bald die Zeit kommen, wo ihr nicht mehr als Kinder einfach den Eltern folgen dürft, sondern wo ihr selbst wissen müßt, was gut oder nicht gut ist, und so will ich euch auch über diesen Punkt sagen, wie ich denke. Es ist ein sehr großer Unterschied zwischen den Büchern, die wir Romane heißen, es gibt schlechte und gute. Aber wie ihr leicht spüren werdet, ob ein Mensch für euch ein guter oder schlechter Umgang ist, so könnt ihr auch erfahren, wes Geistes Kind das Buch ist, das ihr lesen wollt, und danach entscheidet euch. Ein schlechtes Buch in die Hand zu nehmen müßt ihr euch schämen, es ist euer unwürdig, ihr begebt euch damit in schlechte Gesellschaft und werdet durch sie heruntergezogen. Einen guten Roman könnt ihr im reiferen Alter getrost in die Hand nehmen, er wird euch edlen Genuß bereiten und euch Leben und Menschen kennen lehren. Zwischen den guten und schlechten liegt aber die große Masse der mittelmäßigen Bücher, und ich möchte euch ans Herz legen, von dieser recht wenig Gebrauch zu machen. Diese leichte Unterhaltung verdirbt euch den Geschmack für gute, gehaltvolle Bücher, an denen sich Geist und Gemüt erfreuen können. Wenn ihr solch ein gutes Buch lest, ich will sagen die Lebensbeschreibung eines bedeutenden Menschen, ein gutes geschichtliches Werk oder dergleichen, so seid ihr nachher mehr, als ihr vorher waret; es ist euch für manches, das euch fremd war, das Verständnis aufgegangen, und ihr fühlt selbst, daß ihr eure Zeit zur eigenen Vervollkommnung ausgenützt habt. Solch ein Buch kann man auch zu rechter Zeit wieder aus der Hand legen, während der Roman oft so etwas Spannendes hat, daß schon große Selbstüberwindung dazu gehört, nie länger darin zu lesen, als Zeit und Umstände gerade erlauben. Übt diese Selbstüberwindung schon jetzt an euren oft recht fesselnden Jugenderzählungen. Wenn ihr euch sagen müßt: ich habe jetzt nur eine halbe Stunde Zeit zu lesen und nicht mehr, so schlagt das Buch auch an der spannendsten Stelle zu, wenn diese halbe Stunde vorbei ist Unterbricht euch jemand, fordert eure Mutter einen kleinen Dienst von euch, so laßt euch nicht anmerken, wie unwillkommen die Störung ist; fort mit dem Buch, her mit der Arbeit! — Diese gute Selbstzucht wird euch in späteren Jahren zustatten kommen. In diesen kleinen Dingen muß sich bei euch, meinen Schülerinnen, der christliche Geist bewähren; wenn er euch recht erfüllt, so wird er immer und überall aus den kleinsten Handlungen eures Lebens hervorleuchten."

Am Schluß dieser Stunde gab es noch etwas zu schreiben. Der Pfarrer hatte sich eine ganze Anzahl von Büchern aufgeschrieben, die er seinen Schülerinnen für die nächsten Lebensjahre empfehlen wollte, und einige Bemerkungen über ihren Inhalt und Umfang. Dies alles teilte er ihnen zur Niederschrift mit.

Als er sich heute wieder für einen Monat verabschiedete, sagte er: „Wollt ihr so taktvoll sein wie eure Vorsteherin, so forscht nie nach der Fragestellerin, denn wenn sie genannt sein wollte, würde sie sich wohl von selbst nennen."

Sie nannte sich nicht und blieb unbekannt.

Ausgeliehen

Der Weihnachtsmonat brachte den „Großen" angenehme
Überraschungen in der Schule. Fräulein von Zimmern erklärte ihnen, daß im Dezember nicht nur in der Handarbeitsstunde Weihnachtsarbeiten gemacht werden dürften,
sie gab auch die Erlaubnis, sie mit in die Literaturstunde zu
bringen. Was waren das für schöne Stunden, wenn man
häkelnd, stickend oder strickend um den grünen Tisch saß
und Fräulein von Zimmern, die die Literaturstunden selbst
gab, dabei „Hermann und Dorothea" vorlas. Eine andere
Überraschung gab es, als verkündet wurde, daß die Mädchen
zur Hilfe der vielbeschäftigten Mütter schon von Mitte
Dezember an Weihnachtsferien bekommen sollten. Sie fühlten sich recht als große Töchter, und da ihnen Fräulein von
Zimmern zur Pflicht machte, sich auch nach Kräften zu
Hause nützlich zu machen, so kamen sie alle mit wahrem
Tatendurst am vierzehnten Dezember aus der letzten Schul-
stunde heim.

In großen Familien, wie bei Hermine Braun, gab es auch
alle Hände voll zu tun, mehr als in kleinen wie bei Reinwalds, und doch sollte gerade Gretchen diesmal vielleicht
mehr als alle anderen zu tun bekommen. Ahnungslos saß
sie noch am fünfzehnten mit den Eltern am Mittagstisch;
ohne große Teilnahme sah sie den Brief, den Franziska ihrer
Mutter übergab und den die Mutter ruhig während des
Essens beiseite legte mit der Bemerkung: „Vorgestern hat die

Tante erst meinen Brief erhalten, und heute antwortet sie schon." Nach Tisch ging Gretchen in die Küche und Speisekammer, denn es war ihr übertragen, die Reste des Mittagessens aufzubewahren und den Kaffee herauszugeben. Sie war noch damit beschäftigt, als die Mutter sie hereinrief. Der Vater hielt den Brief in der Hand. „Gretchen", sagte die Mutter, „der Brief der Tante geht dich am meisten an. Er enthält keine guten Nachrichten. Es ist eine böse Scharlachepidemie ausgebrochen, und die Tante schreibt sehr besorgt, da von ihren vier Kindern noch keines diese Krankheit hatte und nun Hugo, der Älteste, davon ergriffen ist. Sie hat sich mit ihrem Kranken ins Gaststübchen im oberen Stock gebettet, damit die anderen Kinder nicht angesteckt werden, und pflegt ihn dort. Im unteren Stock bei dem Onkel und den drei Kindern ist nun bloß das Küchenmädchen, und die Kinder sind recht viel allein. Da ich zufällig der Tante geschrieben habe, daß ihr schon von heute an Ferien habt, so fragt sie an, ob du nicht auf eine Woche zu ihren drei gesunden Kindern kommen könntest. Von Weihnachten an hofft sie eine Aushilfe für längere Zeit zu bekommen.

Gespannt hatte Gretchen zugehört. Es war ihr anzusehen, daß sie schon während des Berichts erraten hatte, wie er wohl schließen würde. Nun fragte sie, wie man um die Erfüllung eines großen Wunsches bittet:

„Darf ich hin?"

„Du möchtest also gerne?" fragte der Vater dagegen.

„Natürlich möchte ich, Vater; noch niemals hat sich mir etwas Besonderes geboten, und ich habe es mir ja längst gewünscht!"

„Gar so angenehm wird das nicht sein; mit den Kindern

wirst du deine Not haben, der Onkel ist nicht viel daheim, und die Tante im oberen Stock."

„Oh, das macht gar nichts, dann schließen sie sich besser an mich an; Mutter, gelt, es wird gehen?"

„Ich meine, es muß gehen", sagte die Mutter, „wenn die Tante sich so in der Not an uns wendet. Sie bekommt nicht so leicht eine Hilfe, wenn man hört, daß Scharlach im Hause ist; viele Mädchen fürchten die Ansteckung, du aber hast die Krankheit erst vor zwei Jahren durchgemacht und bist wohl sicher davor. Sieh, der Vater zieht schon den Fahrplan aus der Tasche."

„Ja wirklich!" rief Gretchen sehr erfreut; „Mutter, nimm mir's nicht übel, wenn ich mich so über den Scharlach freue; es tut mir ja schrecklich leid für Hugo und für die Tante, aber für mich ist's herrlich!"

„Nun, dann kannst du ja die Reise als Weihnachtsgeschenk betrachten, wenn du etwa nicht zum Heiligen Abend hierher zurückkommst", meinte der Vater.

„Doch, zum Heiligen Abend kommt sie!" „Doch, da komme ich", riefen gleichzeitig Mutter und Kind.

„Ich hoffe auch", sagte der Vater. „Und nun meine ich, wir telegraphieren der Tante, daß du morgen früh um zehn Uhr mit dem Schnellzug kommst."

Der Vater ging, das Telegramm zu besorgen, und im Haus gab's nun einen bewegten Nachmittag. In aller Eile wurde das Nötige an Kleidern herbeigesucht, der Handkoffer gepackt und dabei viele mütterliche Ratschläge gegeben. Gretchen wurde es unbehaglich, als sie sah, daß es die Mutter so ernst nahm. „Mutter", sagte sie, „traust du mir's nicht recht zu, und wirst du dir all die Tage Sorge machen, bis ich heimkomme?"

„Ich traue dir's allerdings nicht recht zu, weil du noch so unerfahren bist, und ich denke, du wirst einiges Lehrgeld zahlen müssen als stellvertretende Hausfrau. Aber ich will mir keine Sorge machen, denn bis ins Kleinste hinein haben wir Christen eine Richtschnur für unser Tun und Lassen, und wir können nicht wesentlich fehlen, wenn wir in stetem Verkehr mit Gott stehen."

„Ich kann mir nicht denken, daß für die kleinen Dinge im Haus und mit den Kindern, wie ich sie zu tun bekomme, das Christentum meine Richtschnur sein kann."

„Das wäre schlimm, denn die kleinen Dinge machen schließlich den größten Inhalt des Lebens aus. Du bist dir bisher nur noch nie so bewußt worden, was für einen klar vorgezeichneten Weg diejenigen gehen, die mit Gott gehen, denn wir Eltern waren dir Gottes Stellvertreter, wir sagten dir, was du tun und lassen sollst. Sowie du von uns fort bist, ist das anders. Du mußt selbst auf Gottes Stimme achten."

„Ich wollte, es wären viel mehr einzelne Vorschriften über das, was recht und unrecht ist, in der Bibel."

„Wenn auch viele Tausende von Vorschriften darin stünden, so wäre es doch nicht genug für all die Zeiten und Länder, für all die Völker und Altersstufen, die sich danach richten wollten. Aber den Geist der Liebe und der Wahrheit, den müssen wir in unser Herz aufnehmen; wer den erfaßt, der weiß auch das Rechte zu tun ohne einzelne Vorschriften. Von ihm laß du dich leiten, mein Kind, dann kann auch ich ganz ruhig sein!" —

Es war noch stockfinster, als Gretchen am nächsten Morgen in Begleitung ihres Vaters auf den Bahnhof ging. Noch nie war sie im Winter so frühzeitig unterwegs gewesen,

ganz fremd erschienen ihr die sonst so belebten und glänzend erleuchteten Straßen. Schweigsam ging Gretchen neben dem Vater her und hüllte sich fest in den Mantel, der kaum die feuchtkalte Morgenluft abhalten konnte. In der Nähe des Bahnhofs wurde es lebhafter. Die Wagen aus den Gasthäusern kamen angefahren, und schlaftrunkene Hausdiener geleiteten einzelne Reisende in die Bahnhofshalle.

Gretchen war es wie ein Traum, als sie eine Viertelstunde später im Abteil saß, gegenüber einer älteren Dame in buntseidenem Mantel, die, sobald sich der Zug in Bewegung setzte, sich in ihrer Ecke zum Schlafen einrichtete und ihre junge Mitreisende nicht beachtete.

Heute, in der nüchternen Morgenstunde, kam Gretchen das ganze Unternehmen nicht mehr so reizvoll vor wie am Abend zuvor; hätten die Eltern in diesem Augenblick die Frage an sie gerichtet, ob sie dem Ruf der Tante folgen wolle, so wäre sie nicht so schnell mit der Antwort bei der Hand gewesen.

Aber auch die längste Winternacht hat schließlich ein Ende, auch am 16. Dezember ward es endlich Tag, und mit dem Tageslicht kam Gretchen wieder die Reiselust. Sie sah hinaus in die Landschaft, die ihr fast fremd war, denn nur einmal, vor Jahren, hatte sie mit der Mutter diese Fahrt gemacht. Damals hatte sie Onkel, Tante und deren Kinder kennengelernt; aber sie waren nur kurz beisammen gewesen. An Onkel und Tante sowie ihren ältesten Vetter Hugo, der jetzt krank war, konnte sie sich noch sehr gut erinnern, aber Oskar und die zwei Kleinen, Rudi und Betty, kannte sie noch nicht. So erwartete sie mit steigender Ungeduld das Ende der Fahrt. Bald sah sie durchs Fenster, ob von dem Fluß noch nichts zu sehen sei, über den sie ein paar

Stationen vorher kommen mußte, dann zog sie den Fahrplan heraus und verglich die Zeitangaben mit ihrer Uhr oder studierte die Eisenbahnkarte, die an der Wand hing.

„Liebes Fräulein", sagte plötzlich ihre stille Mitreisende, „seit einer Viertelstunde nützen Sie Ihren Fahrplan und ihr Uhrtäschchen ab, wenn Sie nur irgend etwas Nützliches tun wollten."

Gretchen war ganz verblüfft über diesen unverhofften Überfall ihrer bisher so stillen Begleiterin. Diese war in Sprache und Erscheinung fremdartig. Klein und dick, bekleidet mit auffallendem, bunt schillerndem Reisemantel und einem schreiend gelben Samthut, war sie eher eine abschreckende als eine Vertrauen erweckende Persönlichkeit, und ihre Aufforderung, etwas Nützliches zu tun auf der Fahrt in der Bahn, kam Gretchen wunderlich vor. „Was kann man in der Bahn Nützliches tun?" fragte sie.

„Können Sie Spanisch?" war die Gegenfrage der Dame.

„Nein, Spanisch kann bei uns niemand", erwiderte Gretchen.

„Ich kann es, ich war zwölf Jahre in Südamerika und komme eben von dort her. Ich werde Sie die reine Aussprache lehren. Setzen Sie sich neben mich. Wollen Sie nicht lernen?"

„Doch, aber jetzt gerade Spanisch!"

„Warum nicht, man muß nur immer irgend etwas Nützliches tun, es ist ganz gleich, was. Sehen Sie, hier habe ich ein Kärtchen von Spanien, nun werde ich Ihnen die richtige Aussprache von all den Städten und Flüssen beibringen; denn es ist mir ein Greuel, wie die Deutschen das alles so falsch aussprechen."

Gretchen wußte gar nicht, wie ihr geschah. Sie war plötzlich Schülerin geworden, und ihre Lehrerin entwickelte großen Eifer. Ganz fremdartig und klangvoll lauteten die geographischen Namen im Munde der Dame, die nicht nachließ, bis auch Gretchen ganz den richtigen Ton gefunden hatte. „Sie sind ein recht begabtes Mädchen", sagte sie, „und nun werde ich Ihnen zum Schluß eine spanische Canzonetta vorsingen." Sie erhob sich und sang vor ihrer erstaunten Zuhörerin mit viel Kunstfertigkeit ein eigenartiges Lied. Gretchen wußte gar nicht, was sie von ihrer wunderlichen Reisegefährtin denken sollte; aber als der Zug kurz darauf in die Bahnhofshalle einfuhr, überreichte ihr die Dame eine Besuchskarte und sagte: „Bitte, empfehlen Sie mich in Ihrem Bekanntenkreis, ich möchte mich hier niederlassen und will Unterricht geben in Gesang und spanischer Sprache; ich wohne im Europäischen Hof, General X. kann mich empfehlen. Und nicht wahr, sagen Sie nie mehr Cordóva, sondern Córdova."

„Ja, Córdova", sagte Gretchen, und schon hielt der Zug. Gretchen wurde von ihrem Onkel erwartet und sah eben noch beim Verlassen des Bahnsteigs, wie ihre Begleiterin in den Wagen des Europäischen Hofes einstieg. Gretchen hatte ihren Onkel gleich wiedererkannt, und er war auch leicht zu erkennnen. Herr van der Bolten war ein noch jüngerer, schlanker Mann mit hellen blauen Augen. Unter seinem großen Schlapphut kam eine Fülle von langen blonden Haaren hervor. Er stammte aus einer niederländischen Künstlerfamilie, war selbst auch Künstler und hatte als Landschaftsmaler einen guten Namen. Er empfing Gretchen sehr freundlich, und während er sie nach Hause geleitete, erzählte er von Frau und Kind. „Es ist eine böse Sache", sagte er. „Susi muß mit Hugo abgesperrt sein von uns andern, und das ist das Schlimmste von allem; der Bub macht es schon durch, um ihn habe ich keine Sorge. Aber Susi fehlt hinten und vorne, ohne sie geht's bei uns absolut nicht; du mußt nun sehen, wie du zurechtkommst!"

„Darf ich auch nicht zu der Tante?" fragte Gretchen.

„Ach so, du sagst natürlich Tante zu Susi, das habe ich ganz vergessen, entschuldige. Nein, es darf niemand ins Krankenzimmer, das ist ja eben die Sache, die andern Kindern könnten sonst angesteckt werden; aber diese Trennung ist unausstehlich, für mich und die Kinder am meisten, aber auch für Susi." Gretchen mußte still vor sich hinlächeln, daß der Onkel schon wieder Susi sagte; wie war er doch so ganz anders als ihr Vater!

Sie kamen ans Haus. Mit jugendlich leichten Schritten, gelegentlich ein paar Stufen überspringend, eilte Herr van der Bolten voran die Treppe hinauf. Oben an der geschlossenen Tür drückte er dreimal auf die Glocke. Auf dieses Zeichen wurde augenblicklich von einem Hausmädchen geöffnet, das aber sofort wieder verschwand und sich nicht um Gretchens Gepäck kümmerte. Unter der Zimmertür erschien das kleine Geschwisterpärchen, zuvorderst Rudi, der fünfjährige, ein strammer, kleiner Gesell, und hinter ihm ein wenig schüchtern Betty, die vierjährige, die mit großen blauen Augen voll Verlangen den beiden Ankommenden entgegensah, die sie aber nicht zu begrüßen wagte, während Rudi unaufgefordert die Hand zum Gruß reichte.

„Willst du mir auch die Hand geben?" fragte Gretchen die Kleine, und Rudi antwortete für sie: „Das tut sie schon, sie ist nur noch so dumm, sie ist unsere Jüngste. Betty, gib die Hand." Und als die Kleine sich noch besann, sagte Rudi entschuldigend zu Gretchen: „Weißt du, sie hat dich kleiner gedacht; denn die Rieke hat gesagt: jetzt kommt noch ein Kind, und wir haben doch sowieso schon genug Kinder!"

„Nun, schwätz nur nicht so viel", wehrte der Onkel und führte Gretchen in das Zimmer. Auf den ersten Blick wußte man beim Eintritt in dies Zimmer, daß hier die Kunst zu Hause war. Die beiden langen Wände rechts und links waren mit großen Ölgemälden geschmückt, Landschaften darstellend, die durch ihre frischen, warmen Farben das ganze Zimmer belebten. Gretchen war ganz entzückt von diesem Anblick. „Hast du das alles selbst gemalt, Onkel?" fragte sie. „Freilich, die gehören alle Susi; es sind ihre Geburtstagsgeschenke von mir; das heißt, sie gehören ihr für so lange, wie wir sie nicht brauchen. Weißt du, wenn schlechte Zeiten kommen, wenn kein Geld mehr im Haus ist, dann muß ab und zu eine Landschaft herunter und verkauft werden.

Gretchen sah den Onkel erstaunt an; sie wußte nicht, ob das Scherz oder Ernst sei. Er lachte. „Das ist dir wohl ganz fremd; was macht ihr denn, wenn euch das Geld ausgeht?" „Das weiß ich nicht", sagte Gretchen. „Es ist, glaube ich, immer welches da."

„So? Dann ist's bei euch anders als bei uns, da wechseln Ebbe und Flut. Aber in Zeiten der Flut geht es hoch her, das heißt, soweit es deine Tante erlaubt; sie legt dann zurück für die Zeiten der Ebbe. Wenn i c h dann nichts mehr habe, hat s i e immer noch etwas. Ja, deine Tante, die hält das Haus zusammen! Ist's bei euch nicht so?" „Von Geld weiß ich gar nichts, Onkel, ich habe die Eltern noch nie darüber reden hören."

„Ach so, dann hätte ich wohl auch gar nicht davon reden

sollen, Susi wird zanken. Überhaupt, sie hat gesagt, ich soll vor allem für deine Erquickung sorgen; hier hat Rieke etwas hergerichtet für dich, sieh, ob du etwas davon brauchen kannst. Setz dich, laß dir's wohl sein, und ihr Kinder", sagte er, indem er sich an die Kleinen wandte, die neugierig dabei standen, „seid folgsam und plagt euer Bäschen nicht zu Tod, solange ich fort bin; verstanden?"

„Gehst du aus, Onkel?"

„Ja", sagte Herr van der Bolten, „jetzt kann ich ja getrost wieder in mein Atelier, weil ich das kleine Volk versorgt weiß; nun sieh eben, wie du dich durchschlägst, mir ist alles recht, wie du es machst!" Herr van der Bolten ging. Gretchen wäre es doch lieber gewesen, wenn der Onkel ihr einige Anweisungen gegeben hätte. Wie sollte sie „das kleine Volk" versorgen? Nachdem sie sich unter Beistand der Kleinen etwas gestärkt und den Tisch abgeräumt hatte, wußte sie nicht recht, was sie tun sollte, auch nicht, wo sie eigentlich hingehörte, welches Zimmer für sie bestimmt war. Sie hätte gern ihr kleines Gepäck ausgepackt. „Wißt ihr, in welchem Zimmer ich heute nacht schlafe?" fragte Gretchen die Kleinen.

„Bei uns im Schlafzimmer", sagte Rudi. „Nein, Rudi", sagte Betty geheimnisvoll, „ich weiß, wo sie schlafen muß." „Wo denn?" Und ganz traurig antwortete die Kleine: „Sie muß im Garten schlafen!"

„Im Garten? Wer sagt denn das? fragte Gretchen. „Ich glaube doch, daß ich im Zimmer schlafe."

„Aber da wächst doch nichts", sagte Betty, „und Rieke hat doch gesagt, du sollst dahin, wo der Pfeffer wächst."

Gretchen lachte; sie konnte allmählich merken, daß Rieke, die Köchin, ihr nicht gut gesinnt war. Es stellte sich aber doch heraus, daß im Schlafzimmer, in das Rudi und Betty sie nun führten, ein drittes Bett stand, auf dem frische Bettwäsche offenbar zum Überziehen bereit lag. Nun kam es Gretchen ziemlich sicher vor, daß das für sie war; sie packte ihr kleines Köfferchen aus, band sich eine Hausschürze vor und überlegte, was sie nun tun sollte. Am besten wäre es wohl, sie überzöge ihr Bett; aber vorher mußte sie sich doch versichern, ob es auch für sie bestimmt sei, und dazu mußte sie Rieke fragen. Sie fühlte aber kein Verlangen, diese aufzusuchen.

„Einmal muß es doch sein, also am liebsten gleich", dachte sie und ging hinaus. Die Kinder, die ihr bisher auf Schritt und Tritt gefolgt waren, blieben auch hier nicht zurück. Aber Rieke wandte sich kaum nach ihr um, als sie in die Küche trat. „Ist das Bett, auf dem die Überzüge liegen, für mich bestimmt?" fragte Gretchen.

„Ja, aber mitten im Kochen kann ich's doch nicht überziehen", war die Antwort. „Und wann hätte ich's wohl tun sollen? Vielleicht heute morgen? Da habe ich geputzt und das Frühstück gemacht für unten und das Frühstück für oben, die Kleinen gewaschen und den Oskar für die Schule gerichtet und bin dann fortgerannt auf den Markt und heimgerannt, damit ich gewiß wieder da bin, ehe der Herr fortgeht; denn die Kleinen soll man ja keine Stunde allein lassen. Und als ich dann schnell die Überzüge herbeisuche und will überziehen, dann klingelt die Frau, es seien keine Kohlen mehr droben; dann muß ich wieder in den Keller und Kohlen hinaufschleppen bis ins Gastzimmer im oberen Stock, und dann ist's höchste Zeit zum Kochen. Nein, mehr kann man nicht verlangen; ich möchte wohl wissen, wann ich das Bett hätte überziehen sollen!"

92

Bei diesem stürmischen Ausbruch fuhr Rieke hin und her in ihrer Küche, daß man ihr gern aus dem Weg ging, und die Kleinen hielten sich vorsichtig außer Schußweite. Gretchen merkte, daß dieser Zorn eigentlich nicht ihr galt, sondern daß er sich von langer Zeit angesammelt hatte, wie es leicht geht, wenn die Arbeit die Kräfte übersteigt. „Sie sollen mein Bett nicht überziehen", sagte sie in dem freundlichen Ton, in dem sie ihre Mutter immer zu dem Mädchen sprechen hörte, „das kann ich schon tun."

„Oh, lassen Sie's nur, Sie kommen doch nicht damit zurecht, aber es wird ja so schrecklich nicht eilen, unsere Kinder schlafen nicht mehr nach Tisch, aber Sie vielleicht noch?" Das war grob! Aber Gretchen nahm sich zusammen. „Ich bin doch hierhergereist, um zu helfen, dann will ich nicht noch Mühe machen; ich überziehe mein Bett selbst", entgegnete sie, und da Rieke keine Antwort weiter gab, ging sie mit den Kindern hinaus. „Die Rieke ist eine alte Brummerin", rief der kleine Rudi sehr entrüstet; „wenn ich erst groß bin, dann leide ich das nicht."

Nach solch beruhigender Versicherung konnte ja Gretchen wohl an ihre Arbeit gehen. Betty wich ihr nicht von der Seite und verfolgte aufmerksam all ihr Tun. Und dies Tun war nicht so einfach. Die wollene Bettdecke mußte in das Leintuch eingeknüpft werden, aber Gretchen kam damit nicht zurecht. Es war so ganz anders als daheim; Knöpfe und Knopflöcher wollten gar nicht zusammenstimmen. Immer wieder mußte sie aufknöpfen, was sie soeben zugeknöpft hatte; das Leintuch sah schon ganz bedenklich verknittert aus, und Gretchens Backen wurden immer röter; ein leichtes Stampfen mit dem Fuß verriet, daß ihre Geduld am Ende war. Die kleine Betty verstand diese Sprache. Immer bedenklicher wurde der Ausdruck ihres Gesichtchens, als sie ihre neue Freundin so in Verlegenheit sah. Aber jetzt kam ihr ein Gedanke. Sie ging an ihr eigenes Bettchen und bemühte sich, ihre kleine Decke herauszuziehen. Sie schleppte mit aller Anstrengung die Decke bis zu Gretchen und sagte: „Ich schenke dir meine Decke, tu sie nur gleich in dein Bett."

„Du gutes Herz", sagte Gretchen gerührt, und indem sie dem Kind die unbequeme Last abnahm, bemerkte sie, daß das kleine Deckchen nach derselben Art eingeknöpft war, wie es bei der großen sein sollte; so brauchte sie sich nur nach diesem Vorbild zu richten. Wirklich, jetzt klappte alles. Gretchen war sehr befriedigt und der Kleinen dankbar, die ihr durch ihre Teilnahme zu Hilfe gekommen war, wenn auch anders, als sie gemeint hatte. Als Gretchen eben mit diesem schwierigen Werk fertig war, ertönte draußen dreimal nacheinander ein Glockenzeichen. „Das ist Papa", riefen die Kinder. Gretchen hörte, daß die Treppentür geöffnet wurde, aber gleichzeitig lautes Schelten der Köchin.

„Es ist nicht Papa gewesen, es ist Oskar, der aus der Schule kommt", sagte Rudi, „und Rieke zankt mit ihm, weil er so klingelt, wie nur Papa klingeln darf." Aus dem lauten Wortwechsel zwischen Rieke und Oskar entnahm Gretchen, daß der kleine Bursche seines Vaters Klingeln nachahmte, damit ihm rascher geöffnet würde. Rieke aber wollte dem Jungen nicht dasselbe Vorrecht einräumen wie ihrem Herrn.

„Mit Oskar haben wir solch eine Not, seit Mama nicht mehr bei uns ist", erklärte Rudi in seiner altklugen Weise; und in der Tat hörte Gretchen, daß ihr Vetter Oskar dem Mädchen sehr unbotmäßige Antworten gab. Im nächsten Augenblick aber trat er ganz vergnügt ins Zimmer. Er war schon einen Kopf größer als Rudi, ein strammer Schulbub und ein hübscher Bursche. Gretchen begrüßte er sehr fröhlich; dann wandte er sich an die Kleine: „Was gibt's zu Mittag? Heute bin ich hungrig."

Da dachte sich Gretchen, es werde wohl Zeit sein, den Tisch zu decken. Auf ihre Aufforderung waren die Kinder gern bereit, ihr zu helfen; und als Rieke mit den Tellern ins Zimmer kam und dies schon besorgt sah, machte sie doch ein gnädiges Gesicht. Als aber eine Viertelstunde um die andere verging, ohne daß der Herr zum Essen heimkam, war sie sehr ungehalten. Auch die Kinder wurden verdrießlich und verlangten einstweilen zu essen, und als Rieke nicht für sie allein anrichten wollte, wurde Oskar unartig gegen sie. Es war eine ungemütliche Stunde. Gretchen dachte daran, wie bei ihr zu Hause die Essenszeiten so pünktlich eingehalten wurden, und sehnte sich nach Hause. Endlich erschien Herr van der Bolten. Er gab für sein spätes Kommen keinen anderen Grund an, als daß er vergessen habe, rechtzeitig auf die Uhr zu sehen. Er war aber bei Tisch so liebenswürdig gegen Gretchen, so heiter mit den Kindern, daß sie bald alle in fröhlicher Stimmung waren. Nur Rieke machte noch beim Tischabräumen ein böses Gesicht.

Herr van der Bolten bemerkte es. „Immer Regenlandschaft, Rieke", sagte er, „oder gar Gewitterschwüle?"

Rieke war nicht zum Spaßen aufgelegt. „Es ist aber auch keine Ordnung mehr im Haus, seit die gnädige Frau nicht mehr da ist."

„Da haben Sie einmal ein ganz wahres Wort gesprochen", sagte Herr van der Bolten mit voller Überzeugung.

„Und dann soll man noch immer lachen und ein freundliches Gesicht machen, wenn man so viel zu tun hat wie ich und immer putzen muß."

„So machen Sie sich's eben leichter, Rieke", sagte Herr van der Bolten gutmütig.

„Das ist schnell gesagt, aber wie sieht's dann aus im Haus? Spinnweben in allen Ecken!"

„Spinnweben? Das ist etwas sehr Malerisches, Rieke, die lassen Sie nur alle stehen und wühlen sie nicht immer im Staub. Setzen Sie sich manchmal ein Stündchen hin und sehen Sie die illustrierten Zeitschriften an, dann werden Sie gleich heiterer aussehen."

Gretchen machte große Augen bei diesem Vorschlag, Rieke fast noch größere. „Ach", rief sie, „der gnädige Herr versteht doch schon rein gar nichts!" und damit ging sie hinaus. Herr van der Bolten lachte nur, er nahm das nicht übel.

Kaum war das Essen abgetragen, als er das Klavier aufschlug und ein paar laute Akkorde spielte. „Das ist unser Zeichen", erklärten die Kinder, „Mama hört es droben in der Krankenstube und dann kommt sie an das Kammerfenster und schaut zu uns herunter in den Hof."

Die ganze Gesellschaft begab sich nun hinunter, Gretchen mit Betty an der Hand. Die Kleine hatte vielleicht am meisten von den Kindern die Mutter vermißt; denn sie kam nicht recht zur Geltung neben den Brüdern, und nun gab sie sich gerne unter den Schutz von Gretchen und schmiegte sich innig an sie an.

Drunten im Hof war's kalt. „Ich hätte den Kleinen etwas Warmes anziehen sollen", sagte Gretchen und war eben daran, Betty das Taschentuch um den Hals zu binden, als die Kinder riefen: „Die Mama!"

Im oberen Stock war ein Fenster geöffnet worden,

freundlich winkend und grüßend sah Frau van der Bolten herunter, und die kleine Betty streckte verlangend die Arme nach ihr aus. Gretchen hatte die Tante anders in Erinnerung gehabt, sie war eine schöne, blühende Frau gewesen, und jetzt sah sie zart und schmächtig aus, fast wie Frau Reinwald, deren Schwester sie war. Sie erinnerte Gretchen so lebhaft an die Mutter, daß sie fast ebenso verlangend hinaufblickte wie die Kleinen.

„Wie gut, daß du gekommen bist!" rief die Tante.

„Und wie geht es Hugo?" fragte Gretchen.

„Er ist recht unruhig heute mittag und hat mehr Fieber als bisher. Achte doch recht darauf, Gretchen, wenn etwa eines der Kinder sich unwohl fühlt, nicht wahr? Es müßte dann gleich von den andern getrennt werden." — „Ja, Tante, ich will recht aufpassen und jetzt gleich mit den Kindern hinaufgehen, es ist zu kalt für sie, morgen ziehe ich sie wärmer an."

„Und dich selbst auch, Gretchen! Sorge auch für dich, du bist jetzt die Stütze des Hauses; wie groß bist du geworden, ich kenne dich kaum mehr!"

Gretchen ging mit den Kindern ins Haus, ihr Onkel blieb noch zurück. Er sprach zu seiner Frau italienisch; Gretchen verstand die Sprache nicht; aber sie hörte, daß er in liebevollem Ton redete, und lange harrte er aus in dem kalten Hof.

Gretchens erster Bericht nach Hause lautete günstig, aber nicht alle Tage sollten so friedlich verlaufen wie die ersten. Eines Tages, kurz nach zwölf Uhr, wurde dreimal geklingelt, und Rieke, die überzeugt war, daß Oskar wieder das Glockenzeichen seines Vaters mißbrauchte, öffnete die Tür nicht. Zum zweiten Male ertönte die Klingel in derselben Weise, nur heftiger und lauter — ohne anderen Erfolg, als daß Rieke hinausrief: „einmal, oder ich mache dir nicht auf." Gretchen besann sich, ob sie sich dareinmischen solle, sie wollte Oskar nicht in seiner Unart bestärken und fand Riekes Benehmen gerechtfertigt, und doch konnte man das Läuten, das sich zum drittenmal immer lauter wiederholte, gar nicht recht mit anhören. Da plötzlich gab es ein furchtbares Geklirr. Gretchen eilte hinaus und sah eben, wie Oskar durch das Fenster der Glastür hereinsteigen wollte, das er in seinem Zorn mit dem Schulranzen zerschlagen hatte. Sie öffnete rasch die Tür, damit sich der Junge in seiner blinden Wut nicht noch beim Einsteigen an den Glasscherben verletze. Kaum war er eingelassen, so stürzte er auf Rieke zu und wollte nach ihr schlagen; die schob ihn nicht eben freundlich beiseite, die kleine Betty fing laut an zu weinen, es war ein richtiger Tumult, in den Rudi hineinrief: „Es kommt Besuch die Treppe herauf!"

So unangenehm allen diese Mitteilung war, so war sie doch geeignet, die Gemüter zu besänftigen. Rieke und Oskar gingen nach verschiedenen Seiten ab, die Kleine wurde still, und Gretchen fragte nach dem Begehr des fremden Herrn, der vor ihr stand. Er wollte Herrn van der Bolten sprechen und fragte, ob er wohl nachmittags zu treffen wäre. Gretchen versprach, ihrem Onkel auszurichten, daß der Herr um drei Uhr wiederkäme.

Sie schämte sich, daß dieser Herr das Durcheinanderschreien Riekes und der Kinder vermutlich gehört hatte, und wie sah auch das zerschlagene Fenster so häßlich aus!

Über die Unart ihres Vetters war Gretchen sehr empört, und als nun Rieke mit Schaufel und Besen kam, um die

Scherben aufzukehren, half sie ihr dabei. Rieke entnahm daraus, daß Gretchen auf ihrer Seite stand, und das tat ihr wohl.

„Bemühen Sie sich nicht mit den Scherben", sagte sie, „die werde ich schnell beisammen haben; aber daß ich nun wieder mitten von der Arbeit weg zum Glaser laufen muß, damit uns der vor Nacht das Fenster noch macht, das ärgert mich."

„Oskar soll hingehen, er ist schuld daran. Weiß er wohl den Weg zum Glaser?"

„Freilich, aber der geht doch nicht! Da könnte ich zu ihm sagen, was ich wollte, und er ginge nicht!"

„Ich will's ihm vorstellen, daß das seine Schuldigkeit ist; ich werde ihn schon dazu bringen."

„Da werden Sie schön ankommen, den bringt niemand zurecht, nur die gnädige Frau, die kann's in ihrer lieben Art mit allen Menschen."

„Ich will's auch mit Liebe versuchen", sagte Gretchen. Sie kannte diese Art gar wohl, es war ja die ihrer eigenen Mutter. Es kam ihr auch nicht schwer vor; Oskar hatte sich gewiß inzwischen selbst schon besonnen, sein Gewissen mußte ihm sagen, daß er unrecht getan hatte. Wie elend mußte ihm nun zumute sein; er war jetzt am meisten zu bedauern.

Als Gretchen ins Zimmer trat, um mit ihrer ganzen Liebe dem reuigen Sünder entgegenzukommen, saß dieser am Tisch, ließ sich gemütlich sein Butterbrot schmecken und sagte eben lachend zu Rudi: „Gelt, das hat lustig geklirrt? So einen Streich könntest du nicht machen!"

Im Nu war Gretchens mitleidige Stimmung in hellen Zorn verwandelt. „Oskar", rief sie in höchster Entrüstung,

„wie kannst du so reden, und wie kannst du dich jetzt gemütlich hinsetzen und essen!" Und dabei nahm sie ihm mit festem Griff das Brot aus der Hand. „Augenblicklich gehst du fort zum Glaser und bittest ihn, daß er heute noch das Fenster wieder macht. Vorher bekommst du keinen Bissen zu essen, ich kann dich gar nicht begreifen —!" Aber Weiteres war überflüssig, denn Gretchens sittliche Entrüstung hatte etwas so Überwältigendes, daß Oskar seine Mütze nahm und fortrannte — zum Glaser!

Einen Augenblick nachher streckte Rieke neugierig ihren Kopf zur Tür herein. „Ist er fort? Wirklich? Zum Glaser? Ich hätt's nie geglaubt. Nun will ich nur sehen, ob er klingelt, wie sich's gehört, wenn er heimkommt, oder ob er lieber durchs Fenster steigt und sich blutig reißt."

Es geschah aber weder das eine noch das andere; denn geduldig im Eckchen des Vorplatzes wartete Betty, die gute, kleine Seele, auf ihren Bruder, und als sie ihn heraufkommen hörte, machte sie ihm schnell die Tür auf, um allem Übel vorzubeugen.

Gretchen war noch ganz erfüllt von diesem Erlebnis, als Herr van der Bolten heimkam. Er wurde sehr ärgerlich beim Anblick des zerbrochenen Fensters, und Oskar erhielt wohl einen Denkzettel; aber daß Herr van der Bolten fast ebenso ärgerlich über Rieke war, ja, daß er sogar Gretchen vorwarf, sie hätte so etwas vermeiden sollen, das konnte sie gar nicht begreifen. Wenn doch nur Oskar unartig war, warum wurden die andern auch und noch dazu in dessen Gegenwart getadelt? Sie war gar nicht gewohnt, einen ungerechten Vorwurf zu bekommen, und es fiel ihr daher sehr schwer, ihn hinzunehmen. Wie gerecht war ihr Vater immer trotz aller Strenge!

Über diesen Dingen hatte Gretchen vollständig den Auftrag des fremden Herrn vergessen, und als ihr Onkel um
zwei Uhr ausging, hatte er keine Ahnung, daß um drei Uhr
nach ihm gefragt würde. Noch vor drei Uhr klingelte es,
und Rieke kam zu Gretchen. „Der Herr ist wieder da, der
heute mittag schon hier war; er sagt, er sei auf drei Uhr
angesagt. Kommt denn der gnädige Herr so bald heim?"

Gretchen wurde über und über rot vor Schrecken und
Scham. „Ach, das habe ich vergessen auszurichten!" rief
sie ganz entsetzt.

„Was soll ich jetzt sagen? Der Herr sei verhindert, aber
morgen sei er zu sprechen?"

„Nein, Rieke", sagte Gretchen kläglich, „er ist ja nicht
verhindert, wir können das doch nicht sagen!"

„Aber jedenfalls kann man den Herrn nicht so lange vor
der Tür stehenlassen."

„Ich muß um Entschuldigung bitten", sagte Gretchen
und ging mit einem schweren Seufzer hinaus. Tief errötend
erschien sie vor dem Fremden und stammelte: „Es tut mir
leid, ich habe vergessen, es meinem Onkel zu bestellen."

Der Fremde schien ärgerlich. „Ich habe keine Zeit, zum
drittenmal herzukommen. Ich muß mit dem Schnellzug
wieder abreisen und habe hier mit meiner Frau einen Tag
Aufenthalt genommen, um bei Herrn van der Bolten eine
große Bestellung zu machen."

Als Gretchen dies hörte, tat es ihr noch viel mehr leid.
„Das wird meinem Onkel so arg sein!" sagte sie; „meine
Tante ist eben nicht da, sonst wäre so etwas nicht vorge-
kommen, und heute morgen, als Sie kamen, war gerade das
Unglück geschehen mit dieser Scheibe da, und darüber habe
ich es vergessen auszurichten."

„Wissen Sie vielleicht, wo Ihr Herr Onkel ist? Dann könnten Sie ihn benachrichtigen und bitten, daß er uns vor fünf Uhr im Bahnhofshotel aufsucht, vielleicht reicht es dann noch, das Nötige zu besprechen." Der Herr übergab seine Besuchskarte.

„Ich will gleich in sein Atelier schicken und nach ihm fragen lassen", sagte Gretchen.

„Dort war ich selbst schon, weil ich gern Gemälde von ihm gesehen hätte; es war aber geschlossen."

„Oh, hier im Hause sind auch Gemälde, wollen Sie diese nicht ansehen?" fragte Gretchen; und nun führte sie den Fremden ins Zimmer und sah mit Stolz, wie sehr er die Landschaften bewunderte. „Ist's gar nicht möglich, daß Sie hier übernachten?" wagte Gretchen zu fragen, und setzte ganz zerknirscht hinzu: „Wenn ich schuld wäre, daß Sie meinen Onkel nicht sehen, täte es mir so furchtbar leid."

„Heute muß ich unbedingt abreisen", sagte kopfschüttelnd der Herr; „ich kann Ihnen leider nicht helfen, wenn der Herr Onkel böse auf Sie wird. Aber vielleicht kommt er doch noch rechtzeitig zu uns."

Der Fremde ging. Gretchen dachte daran, wie die Mutter so besorgt gewesen war in der Furcht, Gretchen sei ihrer Aufgabe nicht gewachsen. Ach, sie hatte recht gehabt! Sie mußte nun eben des Onkels Vorwürfe hinnehmen. Aber die Mutter sagte ja immer: erst sich in ein Übel ergeben, wenn man alles versucht hat, es abzuwenden. Was war zu versuchen? Wenn der Onkel nicht im Atelier war, wo konnte er dann sein? Sie fragte Rieke. „Das kann kein Mensch wissen", meinte diese; „vielleicht im Café, oder im Museum, bei Bekannten oder auf einem Spaziergang, unmöglich, ihn zu finden!"

„O Rieke", bat Gretchen, „wenn Sie es doch versuchen würden, ob Sie den Onkel nicht zufällig da oder dort treffen, ich wäre so dankbar! Ich ginge gewiß gern selbst, aber ich kenne mich gar nicht aus in der Stadt."

Rieke wollte zwar nicht; sie fand es zwecklos, so ins Unbestimmte in der Stadt herumzulaufen, aber Gretchen ließ nicht nach mit Bitten und Versprechen; die schönste Schürze, die sie habe, wolle sie Rieke schenken und ihr helfen, soviel sie könnte, solange sie hier bliebe. Da endlich löste Rieke ihre Schürzenbänder und machte Anstalt, sich für den Ausgang zu richten. Inzwischen saß Gretchen im Zimmer und schrieb mit fliegender Eile wohl auf fünf Zettel die Worte: Herr van der Bolten möchte so bald wie möglich in das Bahnhofshotel zu Kommerzienrat Frick kommen. „Rieke", bat Gretchen, „geben Sie doch die Zettel da und dort ab, wo Sie etwa meinen, daß mein Onkel hinkommt; dann, wenn Sie ihn nicht treffen, bekommt er doch vielleicht noch rechtzeitig so einen Zettel "

Rieke wollte die Papiere nicht nehmen. „Sie machen uns rein lächerlich in der Stadt", sagte sie kopfschüttelnd. „Was sagen da die Leut'!"

Aber Gretchen ließ nicht nach mit Bitten, bis Rieke mit ihren Zetteln fortging. Oskar war in der Schule, aber Rudi und Betty hatten mit großer Teilnahme die aufregende Angelegenheit verfolgt, und alle drei standen nun am Fenster und sahen hinaus, wie Rieke die Straße entlangging, viel langsamer, als Gretchen gewollt hätte; und als sie ihnen endlich aus den Augen schwand, gingen sie miteinander in die Küche, die Rieke noch nicht fertig aufgeräumt hatte; Gretchen wollte des Mädchens Arbeit tun, so sie konnte.

Nach vier Uhr kam Rieke zurück. Sie hatte ihren Herrn vergeblich gesucht. „Und die Zettel?" „Die habe ich abgegeben, einen im Atelier, einen im Kaffeehaus, einen beim Friseur, zwei habe ich den Briefträgern angehängt; aber, Fräulein Gretchen, alle haben gelacht über mich, und ein andermal will ich nimmer zum Gespött der Leute werden! Helfen werden die Zettel doch nichts, es ist mir erst unterwegs eingefallen, daß der Herr wahrscheinlich vor der Stadt draußen ist, er malt doch den ‚Winterabend' und schaut sich alle Tage draußen den Schnee an."

Mit Bangen verbrachte Gretchen den Nachmittag. Wie würde der Onkel ihr zürnen, wenn sie ihn vielleicht um einen wertvollen Auftrag gebracht hatte! Mit Recht könnte er sagen, wenn sie nicht hierhergekommen wäre, so wäre es viel besser gewesen; denn Rieke hätte die Bestellung gewiß nicht vergessen. Sie machte sich die bittersten Vorwürfe, und es wurde ihr von einer Stunde zur andern unbehaglicher zumute; denn sogar wenn der Onkel noch glücklich mit dem Fremden zusammenträfe, ihre Vergeßlichkeit blieb deswegen doch bestehen. Sie fragte Rieke, sie fragte Oskar, wann der Onkel vermutlich heimkäme, sie wußten es nicht. Als es später als sechs Uhr wurde, fing Gretchen an zu hoffen, daß der Onkel mit dem Fremden an die Bahn gegangen sei. Es schlug sieben Uhr, Gretchen hatte die Kleinen zu Bett gebracht, und in der Stille, die nun eintrat, konnte sie die Spannung nicht mehr aushalten. „Oskar", sagte sie, „klopf auf dem Klavier herum so gut du kannst, vielleicht hört es deine Mama, ich gehe hinunter in den Hof, ich muß sie sprechen!"

Es war schon finster und kalt, als Gretchen in den verschneiten Hof trat. Aber welche Überraschung! An der

Mauer lehnte eine dunkle Gestalt, die weichen Laute der italienischen Sprache klangen in Gretchens Ohr und wurden erwidert von einer sanften Stimme von oben.

„Onkel, bist du da?" rief Gretchen in höchster Erregung.

„Ich bin natürlich da", rief lachend Herr van der Bolten, „aber du, was willst du in Schnee und Eis? Möchtest du die Tante etwas fragen? Susi, da ist unser Hausmütterchen."

Aber das freundliche Wort tat Gretchen nur weh, wie wenig verdiente sie es gerade heute!

„Es ist doch keines von den Kindern unwohl?" rief die Tante ängstlich.

„Nein, nein, sie sind ganz munter, ich wollte nur fragen, wann wohl der Onkel heimkommt."

„So, ist's denn schon so spät?" fragte diese verwundert. „Ich komme gleich mit dir."

Während Gretchen pochenden Herzens mit ihm die Treppe hinaufging, und ihr das schwere Geständnis auf den Lippen schwebte, redete ihr Onkel sie plötzlich an: „Ei, Gretchen, du hast ja einen famosen Einfall gehabt, daß du Zettel nach mir in alle Winde gestreut hast. Wie hast du das nur so schlau gemacht? Überall wurde ich aufgehalten und bekam deine Aufforderung, einmal vom Briefträger, einmal im Kaffeehaus, es war köstlich!" Gretchen horchte hoch auf. „Hast du es auch noch rechtzeitig erfahren?" fragte sie ängstlich. „Hast du den Herrn gesprochen?"

„Ja, freilich; aber du hast dir wohl Sorge gemacht, daran hätte ich denken sollen; der Herr hat mir gesagt, daß es dem jungen Fräulein sichtlich leid getan hätte. Gretchen, du bist eine kapitale Person, daß du auf den Einfall kamst, ihm meine Gemälde zu zeigen; wir wären sonst in so kurzer Zeit nicht ins reine gekommen. Der Mann hat eine

prächtige Bestellung gemacht, Susi ist ganz entzückt darüber. Wenn die großen Gelder dafür einlaufen, sollst du
auch nicht vergessen werden. Wieviel Zettel hast du eigentlich nach mir abgefeuert? Fünf? Geniale Idee!"

Der Onkel lachte laut, und Gretchen wußte gar nicht, wie
ihr geschah, als alles Gefürchtete sich in so reine Heiterkeit
auflöste. Ja, bei den Eltern war's anders, da wurde man
ganz nach Verdienst behandelt; bei dem Onkel hingegen
kamen unverdiente Vorwürfe, während die wohlverdienten
ausblieben. Da mußte man eben eins ins andere rechnen!

Schwierigkeiten

Gretchen hatte scherzhaft an Hermine geschrieben, sie habe
angefangen, Spanisch zu lernen, und sie wolle ihr nur mitteilen, daß man Córdova sagen müsse und nicht Cordóva.
Sofort kam als Antwort auf ihren Brief ein von Herminens
Hand überschriebenes Päckchen, und als Gretchen es sehr
begierig öffnete, fiel ihr entgegen, was sie am wenigsten
erwartet und gar nicht begehrt hatte: ihre englische Grammatik. Aber ein langer, liebevoller Brief der Freundin ent-
schädigte sie für die Enttäuschung. Hermine legte Gretchen
ans Herz, sie möge doch über dem Studium des Spanischen
nicht die Schulfächer versäumen, sie würde sonst gewiß
ihren zweiten Platz nicht behaupten können. In der Grammatik fand Gretchen alles rot angestrichen, was ihr die für-
sorgliche Freundin zum Wiederholen für die nächsten Klas-
senarbeiten empfahl.

Gretchen war sehr belustigt über den Schrecken, den ihr
halbstündiges Studium des Spanischen der Freundin ein-
geflößt hatte; sie widmete sich von nun an jeden Abend
eine Zeitlang ihrer englischen Grammatik und beruhigte
Hermine bald durch ein möglichst sorgfältig geschriebenes
englisches Briefchen. Die Abendstunden waren freilich die
einzig ruhigen, die Gretchen zur Verfügung hatte; denn
den ganzen Tag waren die Kleinen um sie. Sie freute sich
aber, so oft die Kinder gesund erwachten und sie ihre

Pflegebefohlenen der Tante vom Hof aus zeigen konnte. Denn die Erkrankungen an Scharlach nahmen immer mehr zu in der Stadt, auch Hugo war noch nicht außer Gefahr. Die Tante selbst war sehr angestrengt von der Pflege, und da es sehr viele Kranke in der Stadt gab, konnte sie nicht so oft, wie es nötig gewesen wäre, Hilfe durch Diakonissinnen bekommen.

Seitdem Gretchen einmal so entschieden ihrem Vetter Oskar gegenüber aufgetreten war, hatte sie keine besonderen Schwierigkeiten mehr mit ihm gehabt, aber es kam ein Tag, an dem ein Wendepunkt in diesem Verhältnis eintrat und der kleine Schlingel über seine junge Erzieherin den Sieg davontrug.

Oskar war nicht sehr fleißig in der Schule, und es war notwendig, seine Schulaufgaben daheim zu überwachen. Als sich nun Gretchen einige Male darum gekümmert hatte, merkte sie, daß Oskar ihre Hilfe durchaus nicht wünschte, sondern ihr lieber mit seinen Schulsachen aus dem Wege ging, wie einer, der kein gutes Gewissen hat. Heute, als sie rasch an den Tisch trat, an dem er saß, bemerkte sie, wie er hastig etwas zu verdecken suchte. Vor ihm lag ein Rechenheft, aber halb verdeckt durch Bücher lag daneben noch ein anderes Heft, und auf dessen Deckel stand der Name eines Mitschülers. Bald hatte Gretchen herausgefunden, daß Oskar die Rechenaufgaben, die er für den nächsten Tag machen sollte, von dem Heft eines Schulkameraden abschrieb. Oskar, der sonst so trotzige, kleine Bursche, fing nun an, ganz rührend zu bitten, Gretchen möge es seinem Vater nicht verraten und versprach ihr, nie mehr abzuschreiben. Sie beruhigte sich dabei; denn es war ihr lieb, wenn sie den Onkel nicht mit Klagen über die Kinder beschweren

mußte. Sie war auch überzeugt, daß Oskar sein Versprechen halten würde.

Am nächsten Tag aber fiel es ihr auf, daß er seine Schultasche nicht ins Zimmer hereinbrachte, auch lag sie an keinem der Plätze, wo er sie sonst gelegentlich ablegte. Sie wollte ihn nicht fragen; denn sie hätte ihr Mißtrauen gar nicht zeigen mögen. Später führte ein Zufall sie in das Zimmer, in dem Oskar schlief, und da sah sie seine Schultasche hinter dem Bett verborgen liegen, und wie am Tage vorher waren wieder zwei Rechenhefte darin. In dem Augenblick, als sie die Tasche in der Hand hielt, kam Oskar in das Zimmer und war betroffen, als er Gretchen an seinem Versteck sah.

„Oskar", fragte sie, „hast du doch wieder abschreiben wollen?"

Trotzig antwortete der Junge: „Ja, aber es geht dich nichts an, du hast dich nicht um meine Sachen zu kümmern!" — „Aber Oskar, was hast du mir gestern versprochen! Nun muß ich's deinem Vater sagen!"

„Wenn du's dem Vater sagst, dann springe ich zum Fenster hinaus!" rief ganz außer sich der Junge, und im Nu schwang er sich auf den Sims des offenen Fensters, trat auf den äußersten Rand desselben, bereit hinauszuspringen. Gretchen war keine ängstliche Natur, sie ließ sich nicht leicht einschüchtern, aber bei diesem Anblick wich ihr alles Blut aus den Wangen.

„Oskar, Oskar", rief sie flehend, „komm herunter, ich bitte dich!" Er aber schwang die Arme, wie um den Sprung zu wagen, es war ein schrecklicher Anblick. Gretchen war ans Fenster gesprungen, aber sie wußte wohl, daß sie ihn nicht festhalten konnte. „Oskar, tu das deinen Eltern nicht an, komm herein, o komm, ich bitte dich!"

„Sagst du dem Vater nichts?" rief Oskar.

„Nein, komm nur, komm!"

„Und der Mutter, und Rieke, und den Kleinen?"

„Nein, nein, komm doch herein, ich kann's nicht mehr sehen!"

„Erst versprich mir's ganz fest!" Und Gretchen versprach's; denn dem unbändigen Knaben war alles zuzutrauen. Jetzt endlich verließ er seinen gefährlichen Posten, nahm seine Schultasche und ging aus dem Zimmer. Als Gretchen, noch ganz erschüttert von der Aufregung, ihm kurz darauf folgte, fand sie ihn ganz ruhig am Tisch sitzend und von dem Heft abschreibend, das zu verdecken er nicht mehr für nötig hielt. Sie war entrüstet, daß sie das mit ansehen und dulden sollte, aber sie fühlte sich gebunden durch das Versprechen, das Oskar ihr abgenötigt hatte, und ihre Macht über ihn war verloren.

Von diesem Erlebnis an begann Gretchen sich im stillen heimzusehnen und die Tage zu zählen bis zum Weihnachtsfest. Es waren nicht mehr viele. Schon hatte die Kinderfrau, die für diese Zeit bestellt war, ihren Koffer geschickt, den Gretchen als willkommenes Unterpfand ihrer baldigen Ablösung oft mit verborgener Freude betrachtete. In der Zeit, die sie noch vor sich hatte, wollte sie ihr möglichstes tun für ihre Pflegebefohlenen. Sie half Rieke so gut sie nur konnte bei den Vorbereitungen aufs Fest, die freilich aufs allernötigste beschränkt werden mußten. Sie setzte sich im Wohnzimmer hinter den Ofenschirm, nähte Kleidchen für Bettys Puppen und sang dabei unverdrossen mit den Kleinen Weihnachtslieder. Vom Hof zum Kammerfenster hinauf und herunter gab es manche Beratung zwischen Tante und Nichte; denn so sehr die Tante durch die Krankheit ihres

Ältesten in Anspruch genommen war, so wollte sie doch nicht, daß die Kinder ganz um die Weihnachtsfeier kämen.

Auf einen Samstag fiel der Heilige Abend, am Freitagmorgen sollte die Kinderfrau kommen, und am selben Nachmittag wollte Gretchen abreisen. Nun war es Donnerstag. „Nur noch ein Tag", sagte sich Gretchen und packte schon einiges in ihr Handköfferchen, weil sie es gar nicht mehr recht erwarten konnte. „Nur noch ein Tag", wiederholte sie sich, „und den will ich noch recht ausnützen." Sie überlegte sich alles, was etwa noch zu tun war; Rieke hatte den Christbaum besorgt. Gretchen holte noch Nüsse, Äpfel und Zuckerstückchen und legte alles ordentlich zusammen, daß es ihr Onkel nur an den Baum zu hängen brauchte. Am Abend, als sie die Kleinen zu Bett legte, war es ihr halb freudig und halb wehmütig, als sie sich sagte: „zum letztenmal!", denn die Kinder waren rührend anhänglich an sie geworden.

Am Freitagmorgen, nach dem Frühstück, als Herr van der Bolten eben ausgegangen war und Oskar sich für die Schule richtete, fiel es Gretchen auf, daß sein Frühstücksbrot noch unberührt war. „Nimm dein Brot mit, wenn du jetzt nicht essen willst", sagte Gretchen.

„Ich mag nicht, es tut mir beim Schlucken weh", war die Antwort. Gretchen sah ihn an; er hatte nicht das frische, lebhafte Aussehen, das man an ihm gewohnt war. Gretchens erster Gedanke war: er wird krank, er bekommt Scharlach! Es war naßkaltes Wetter, sie wollte ihn nicht in die Schule lassen, wollte den Arzt abfassen, wenn er hinaufginge zu Hugo. Aber Oskar hatte keine Lust, daheim zu bleiben, und Rieke, die zu Rate gezogen wurde, fand nichts Auffallendes an ihm. Sie hatte auch nicht Zeit, ihn jetzt in der Schule zu entschuldigen, und erklärte Gretchens Sorge für übertrieben. So überstimmt, ließ Gretchen Oskar zur Schule gehen.

Aber kaum war er fort, so bereute sie es. Ihr hatte die Tante die Kinder ans Herz gelegt, nicht Rieke; sie durfte nicht gegen ihr besseres Wissen handeln, lieber sollten Oskar und Rieke auf sie zürnen und sie wegen ihrer Ängstlichkeit verlachen. Flink sprang sie die Treppe hinunter, sie wollte ihn einholen auf der Straße, er konnte nicht weit sein. Nein, weit war er allerdings nicht! Da saß er auf der untersten Stufe der Treppe. „Oskar, was ist dir?" fragte Gretchen.

„Ich weiß nicht, es ist mir schwindelig geworden, aber jetzt ist es mir schon wieder besser", sagte er und schickte sich an, fortzugehen.

„Du bist ja ganz blaß", sagte Gretchen und faßte ihn mütterlich an der Hand. „Komm du nur wieder mit mir herauf, gib mir deine schwere Schultasche, ich trage sie dir." Und Oskar widerstrebte nicht mehr, er ließ sich ganz willig hinaufführen. Droben wurden vor allem Rudi und Betty aus dem Wege geschafft und Oskar ins Bett gelegt, so sehr auch Rieke diese Maßregeln als unnötig mißbilligte. Eine Stunde später kam der Arzt, und zwei Stunden später brachte man dem armen, geplagten Mütterlein zu ihrem ersten Scharlachkranken noch einen zweiten! Herr van der Bolten trug ihn die Treppe hinauf — zum erstenmal kam er bei dieser Veranlassung wieder zu seiner Frau und zu Hugo. Während ihm Gretchen mit Tränen der Teilnahme nachsah, kam die Treppe herauf ein Dienstmann. Er brachte einen Zettel, und auf diesem stand, daß die Kinderfrau in dieser Nacht an einer Lungenentzündung erkrankt sei und in den nächsten Wochen nicht kommen könne! In sprachloser Bestürzung stand Gretchen vor der Tür und starrte auf das

Papier. Dann ging sie zu Rieke; sie hatte ja sonst niemand, mit dem sie die Hiobspost besprechen konnte.

„So ist's recht!" rief in aufloderndem Zorn die Köchin. „Das gibt ein Weihnachtsfest! Jetzt darf ich auch noch zu allem hin die Kindsmagd sein und kann keinen Schritt zum Haus hinaus in den Feiertagen! Es kommt immer besser!"

„Rieke, wir müssen jemand finden, der statt der Kinderfrau kommt; wissen Sie gar niemand? Ich mag die Tante gar nicht fragen, sie dauert mich so!"

„Es hat auch keinen Wert, sie zu fragen; vor Neujahr bekommt man niemand, jetzt vollends nicht, wo so viele Kranke in der Stadt sind. Unsere Näherin ist krank, die Wäscherin hat kranke Kinder; es ist schon so, an mir bleibt alles hängen."

Ein weinendes Kinderstimmchen drang an Gretchens Ohr; rasch ging sie ins Zimmer. Betty saß ganz allein mit der Puppe im Arm im Eckchen und weinte.

„Was gibt's, kleine Maus, warum weinst du?" fragte Gretchen.

„Ich bin so ganz allein", klagte schluchzend die Kleine.

„Wo ist denn dein Rudi?"

„Der ist krank und liegt im Bett!"

„Auch der?" rief Gretchen und eilte entsetzt an Rudis Bettchen. Er war bis über den Kopf zugedeckt. Sachte zog Gretchen die Decke weg. Da kam ein Gesichtchen zum Vorschein, so frisch und lustig, wie man sich's nur wünschen konnte, und unter lautem Lachen rief der kleine Schelm: „Ich spiele ja nur Scharlach!" Nachdem Gretchen den kleinen Schlingel aus dem Bett getrieben hatte, erzählte sie den Kindern, daß die Kinderfrau krank sei und nicht kommen könne. Bei Betty flossen die kaum versiegten Tränen wieder.

„Bist du dumm", fuhr Rudi sie an, „wein doch nicht; wenn die Frau nicht kommt, dann bleibt doch Gretchen bei uns!" Da leuchtete es hell auf in dem kleinen Gesicht, aber Gretchen wollte nicht falsche Hoffnungen erwecken und entgegnete sehr bestimmt: „Nein, nein, ich muß heute nachmittag abreisen; denn bei uns ist morgen die Bescherung, und das Christkind hat alle meine Sachen zu meinen Eltern gebracht."

Jetzt wurde auch Rudis Gesicht betrübt. „Wer ist dann bei uns und richtet unsere Bescherung her?" Kleinlaut antwortete Gretchen: „Papa tut es mit Rieke." Aber Rudi entgegnete: „Papa ist jetzt droben bei Mama, und Rieke ist immer in der Küche; ich glaube, daß wir gar kein Weihnachten haben."

„Oh, kein Weihnachten", wiederholte Betty schluchzend.

Wie sollte Gretchen sie trösten? Sollte sie denn bleiben? Wieder auspacken, während sie sich so unsäglich auf ihr Heimkommen heute abend gefreut hatte und auf das Weihnachtsfest bei den Eltern? Sie hörte nicht mehr auf der Kinder Geplauder, sie trat ans Fenster und sah sehnsüchtig hinaus ins Freie. „Was soll ich tun? Ich weiß es nicht. Wenn doch die Mutter mir raten könnte! Sie hat gesagt, wir hätten immer eine Richtschnur und wüßten, was wir tun müßten. Gott lieben, und den Nächsten wie sich selbst. Ja, wenn ich die Kinder so lieb hätte wie mich selbst, dann wüßte ich schon, was ich täte, denn sie sind zwei und ich bin eins; ich müßte ihnen zuliebe bleiben. — Dann käme auch noch Rieke in Betracht, weil sie in den Feiertagen nicht Kindermädchen sein möchte. Auch Onkel und Tante wären froh, wenn sie wüßten, daß ich bei den Kindern bleibe. Die alle miteinander sollte ich doch so liebhaben wie mich allein?

Ich fürchte, ich muß hier bleiben! Das ist die Richtschnur, die du gemeint hast, Mutter; ja, ich weiß, ich muß bleiben, wenn niemand anders an meine Stelle kommen kann!" Gretchen ging noch einmal in die Küche. „Rieke", fragte sie, „ist Ihnen gar niemand eingefallen, der zu den Kindern kommen könnte, wenn ich gehe?"

„Vor Neujahr kommt niemand!"

„Dann, denke ich, will ich bei meinen Eltern anfragen, ob ich bleiben darf bis Neujahr."

„Ja, Fräulein Gretchen, das müssen Sie schon tun", sagte Rieke eifrig, „man kann die Kinder doch nicht immer allein lassen, und ich habe wirklich keine Zeit, mich um die Kinder zu kümmern. Für Sie ist's doch eins, bleiben Sie nur da!"

Gretchen dünkte es, als ob Rieke wohl das Opfer höher anschlagen dürfte, das sie brachte; aber es geschah ja nicht, um Lob und Dank zu ernten, sondern um Liebe zu erweisen. „Wenn ich bleiben will, muß ich gleich telegraphieren und daheim anfragen, ob es denn Eltern recht ist, denn sie erwarten mich ja heute abend."

„Soll ich aufs Postamt und das Telegramm besorgen?" fragte Rieke, die doch sonst um keinen Preis vom Kochen wegging, nun auf einmal sehr diensteifrig.

„Bleiben Sie nur in der Küche und sehen Sie manchmal nach den Kleinen, ich finde schon den Weg zur Post", antwortete Gretchen. Mit schwerem Herzen setzte sie auf einem Papier das Telegramm an ihre Eltern auf: „Soll ich hierbleiben? Oskar krank, Kinderfrau kann nicht kommen." Auf dem Weg zum Postamt dachte sich Gretchen aus, wie herrlich es wäre, wenn nun die Eltern zurücktelegraphieren würden: „Nein, komme sofort!", und es schien ihr gar nicht so unwahrscheinlich, daß solch ein Bescheid kommen würde, denn ihre Eltern mußten ja wissen, wie sehnlich sie wünschte, Weihnachten daheim zu feiern. Mit Gretchens Nächstenliebe war es noch nicht ganz so bestellt, wie es sein sollte, sonst hätte sie eine andere Antwort von den Eltern gewünscht. Sie fühlte das selbst, und als sie auf die Post kam, änderte sie mit großer Selbs⁺überwindung den Wortlaut des Telegramms. Es hieß nun nicht mehr: „Soll ich", sondern: „Darf ich hierbleiben?" und sie wußte, daß nun das „Ja" viel wahrscheinlicher war.

Das Telegramm war abgefertigt, Gretchen machte sich auf den Rückweg. Sie war kaum einige Schritte weit gegangen, als sie zwischen den Menschen, die vor ihr hergingen, einen gelben Samthut auftauchen sah. Sofort erkannte sie darunter das Gesicht ihrer Reisegefährtin wieder, der kleinen, dicken Dame, die sie Spanisch gelehrt hatte. Gretchen hatte manchmal an diese eigentümliche Reisebekanntschaft gedacht, und nun beschleunigte sie ihre Schritte, um die Fremde einzuholen. Als sie dicht hinter ihr war, sagte sie halblaut vor sich hin: „Nicht Cordóva, sondern Córdova." Wie wenn sie bei Namen gerufen wäre, so rasch wandte sich die Dame um und ging sofort mit freundlichem Gruß auf Gretchens Scherz ein. Fräulein Trölopp sah heute auch nicht viel anmutiger aus als auf der Reise, und ihre Kleidung war fast noch auffallender als damals. Sie erkundigte sich aber sehr teilnehmend nach dem Ergehen ihrer jungen Reisegefährtin, und da sie ein weites Stück den gleichen Weg hatten und es Gretchen wohltat, von dem zu sprechen, was ihr Herz bewegte, so erzählte sie ganz ausführlich, weshalb sie hier sei, was sie bei ihren Verwandten erlebt habe und zuletzt die Ereignisse des heutigen Tages. Fräulein Trölopp warf manche Frage dazwischen, sie wollte alles ganz genau wissen.

„Aber liebes Kind", sagte sie nun, „das ist alles ganz verkehrt gemacht worden, und ich begreife Ihren Onkel nicht. Wie kann denn Ihre Tante oben in dem Fremdenzimmer, getrennt von der Küche und allen Bequemlichkeiten, zwei Kranke pflegen? Wie soll denn das arme Frauchen das aushalten? Und wozu nützt diese Art Absperrung? Der Verkehr zwischen oben und unten ist doch nicht vollständig abgeschnitten, das Dienstmädchen trägt alles hinauf und herunter, die Kleinen können jeden Tag angesteckt werden; es ist alles ganz verkehrt!"

Gretchen war sehr erstaunt über diese Rede. Sie konnte nicht fassen, wie Fräulein Trölopp sich diese Verhältnisse so klar und richtig vorstellen konnte, als wenn sie die ganze Hauseinrichtung und die Bewohner längst gekannt hätte. „Uns tut die Tante auch schrecklich leid", sagte Gretchen, „aber wie hätten wir das anders einrichten können?"

„Wie? Vor allen Dingen sagen Sie mir, warum sind Sie denn nicht zu mir gekommen? Haben Sie vergessen, daß ich im ‚Europäischen Hof' wohne?"

„Nein, aber ich wollte doch jetzt keine Singstunden oder spanische Stunden."

„Törichtes Kind, wer spricht von Stunden? Sie wußten, daß ich frei über meine Zeit verfüge, und hätten mich zur Hilfe bitten sollen." — „Das hätte ich nicht gewagt; ich glaubte, Sie seien Lehrerin."

„Freilich bin ich Lehrerin, aber vor allem bin ich ein Mensch, der gern etwas Nützliches tut. Singen oder kehren, Spanisch lehren oder kochen, das gilt mir ganz gleich, wenn es nur gerade im Augenblick nützlich ist."

„Aber", sagte Gretchen ehrlich, „wir kennen Sie ja gar nicht."

„Das ist richtig, aber deshalb habe ich Ihnen schon in der Bahn gesagt, daß mich General X. empfiehlt. Haben Sie es Ihrem Onkel nicht erzählt?"

„Alles habe ich ihm erzählt, nur den General habe ich vergessen."

„Dann haben Sie das Wichtigste vergessen. Wenn man, wie ich hier, ganz fremd ist, und überdies von der Natur so ausgestattet ist, daß man mehr einem Frosch als einem Menschen gleicht, dann braucht man schon die Empfehlung einer Exzellenz! Aber nun hören Sie, wie das gemacht werden muß. Sie sprechen jetzt gleich mit Ihrem Onkel, sagen ihm, daß ich morgen zu ihm komme und sein ganzes Hauswesen übernehme, und zwar muß das so eingerichtet werden: die zwei jüngsten Kinder müssen sofort aus dem Haus, die nehmen Sie mit heim zu Ihren Eltern, morgen mit dem Nachmittags-Schnellzug. Ihre Eltern sind gesund, nicht wahr?"

„Ja aber —"

„Gut; sobald Sie mit den Kindern abgereist sind, zieht Ihre Tante herunter aus ihrer Verbannung; die zwei Kranken trage ich in Decken gehüllt herunter, das schadet ihnen nicht im geringsten. Ich helfe die Kranken pflegen und pflege zugleich das arme Frauchen; denn das kenne ich schon: die Kinder sind nach einem Vierteljahr wieder auf dem Damm, aber die Mütter, die bringt man schwer in die Höhe, wenn sie erst einmal recht drunten sind! Dem Hausmädchen werde ich das Kochen für die Kranken abnehmen; denn es war die letzten Wochen überarbeitet, dann werden sie mürrisch und kündigen zur Unzeit; das können wir nicht brauchen. Und nun sagen Sie mir, welchen Beruf hat Ihr Onkel?"

„Er ist Künstler, Landschaftsmaler."

„Künstler, so, nun ja. Sagen Sie ihm, daß ich keinen Anspruch auf Gehalt mache; ich bin froh, wenn ich nicht länger unnütz dasitze! So wäre die Sache besprochen, nicht wahr?"

„Ja", sagte Gretchen, „und mir käme es herrlich vor; aber bis morgen geht es doch wohl nimmer, ich muß erst an die Eltern schreiben, ob ich die Kleinen bringen darf."

„Schreiben? Wie umständlich! Wir telephonieren oder telegraphieren, und bis zum Abend ist alles im reinen. Ist das Ihres Onkels Haus?" fragte Fräulein Trölopp, als Gretchen stehenblieb.

„Ja, da wohnen wir, und wollen Sie nicht lieber gleich mit heraufkommen und den Onkel selbst sprechen?"

„Bewahre, Kind, so geht das nicht; zuerst muß die Exzellenz, General X., noch wirken. Brächten Sie mich jetzt so unangemeldet vor Ihren Onkel, so würde er sagen: Was bringst du mir da für eine fremdländische Kröte ins Haus!"

„O nein!" rief Gretchen, „Sie sind so gut, das merkt man gleich."

„Also, Kind, merken Sie wohl auf: Um zwölf Uhr trifft Ihr Onkel General X., um zwei Uhr bin ich im ,Europäischen Hof' zu sprechen, morgen früh um acht Uhr komme ich zu Ihnen. Auf Wiedersehen!" Der gelbe Samthut verschwand.

Gretchen war es wie in einem Traum, die schönsten Hoffnungen zogen durch ihr Gemüt. Doch noch zum Heiligen Abend heimkommen, die zwei herzigen Kleinen mitnehmen, die Tante aufs beste versorgt wissen, den Onkel mit „Susi" vereinigt, Rieke entlastet, alles so herrlich, daß es kaum wahr werden konnte. Wenn Onkel und Tante nur auch einwilligten, ihre abenteuerliche Reisebekanntschaft zu sich zu nehmen! Wenn diese nur nicht gar so wunderlich aussähe!

Herr van der Bolten war, seit er Oskar krank hinaufgetragen hatte, nicht wieder heruntergekommen. Er konnte sich nicht so schnell von Frau und Kind trennen. Ungeduldig erwartete ihn Gretchen, und als sie ihn endlich herunterkommen hörte, nahm sie ihn gleich mit ihren Neuigkeiten in Beschlag: zuerst die Hiobspost, daß die Kinderfrau abgesagt habe, dann ihren Entschluß, an die Eltern zu telegraphieren, die Begegnung mit Fräulein Trölopp und deren Vorschläge. Gretchen vermutete, daß Onkel und Tante sich ungern zur Aufnahme einer ihnen ganz fremden Dame entschließen würden, und so sagte sie zu deren Gunsten, was sie nur irgend konnte. Herr van der Bolten unterbrach sie in ihrem Eifer: „Was braucht es da noch vieler Worte und Überlegung, wenn du meinst, daß deine Eltern unsere Kleinen aufnehmen? Dein Fräulein nehme ich natürlich mit tausend Freuden an, damit Susi wieder herunterkommen kann."

Gretchen war freudig überrascht. „So gehst du zu General X.?" fragte sie. „Wozu soll ich erst noch zu dem General gehen? Wenn mir jemand sagt: ‚ich komme euch zur Hilfe, und noch dazu umsonst‘, dann antworte ich: ‚je eher, je lieber‘." „Aber Onkel, eines muß ich dir doch sagen, Fräulein Trölopp sieht anders aus, als du sie dir vorstellst, sie ist gar nicht schön."

„Ich muß sie ja nicht malen", war die heitere Antwort. Gretchen war hochbeglückt, daß ihr Onkel ohne jegliche Bedenken auf den Plan einging; aber weil er sich die Sache gar nicht weiter überlegte, kam es ihr vor, als hätte sie dann die ganze Verantwortung. „Onkel", sagte sie, „wollen wir nicht die Tante vorher fragen?"

„Ja, freilich, da hast du recht, das soll gleich geschehen."
Um zwölf Uhr war Herr van der Bolten auf dem Weg zu
General X. Seine Frau hatte doch allerlei Bedenken vorgebracht gegen Gretchens Reisebekanntschaft und wollte
sicher gehen. Gretchen war äußerst gespannt auf das Ergebnis der Unterredung. Herr van der Bolten blieb lange
aus. Rieke brummte. Sie ahnte nicht, daß die Sache, die ihren
Herrn abhielt, rechtzeitig zum Essen zu kommen, sie so nahe
anging. Endlich ertönte das wohlbekannte, dreimalige
Glockenzeichen. Gretchen war es ordentlich bang, da die
Entscheidung nahte. Rudi und Betty sprangen ihrem Vater
entgegen. „Papa, wir haben so lange gewartet und wollten
nicht ohne dich essen, du kommst so spät!" „So?" sagte Herr
van der Bolten und hob seine Kleinste zärtlich auf seine
Arme. „Habt ihr hungern müssen? Da geht ihr lieber zu
Papa Reinwald, der kommt pünktlich zum Essen, wollt ihr
zu ihm, gleich morgen?" Die Kinder wußten nicht, was sie
von dieser Frage halten sollten, aber Gretchen verstand. „O
Onkel", rief sie, „wird denn etwas daraus? Ich vergehe ja
vor Ungeduld! Was hat denn der General gesagt?"

„Nur Gutes, Gretchen. Er meinte, wir könnten uns glücklich preisen, wenn sie zu uns käme. Die Dame hat sich in
den verschiedensten Stellen in Südamerika glänzend bewährt. Sie ist in den vornehmsten Häusern mit Tausenden
von Dollars bezahlt worden und hat ebenso bei den Ärm-
sten freiwillig ausgeholfen und die Tausende in ihren Hütten
gelassen. Sie soll das Häusliche meisterhaft verstehen und
dabei großartige Anlagen des Geistes und Gemütes besitzen.
Nur das Äußere muß allerdings ganz zu kurz gekommen
sein, auch der Geschmack für die Kleidung. Aber was kümmert uns das?"

„Also willst du sie bitten, Onkel?"

„Natürlich, fußfällig, wenn es sein muß! Aber Gretchen, das Wichtigste ist jetzt, wie wir uns die Erlaubnis deiner Eltern verschaffen, ihnen diese kleinen Rangen zu bringen?"

„Oh, damit bemühe dich nicht, Onkel! Wenn du zu Fräulein Trölopp gehst, so sagt sie dir gleich, wie wir das am schnellsten fertigbringen, sie nimmt alles in die Hand!"

Noch am Mittagstisch erhielt Gretchen ein Antwort-Telegramm auf ihre Anfrage, ob sie bleiben dürfe: „Ausharren solange wie nötig!"

Rieke, die von den neuesten Plänen nichts wußte, war die einzige, die noch mit Spannung auf den Inhalt dieses Telegramms wartete. Gretchen sah ihr an, daß sie nur ungern aus dem Zimmer ging, ehe es gelesen war, deshalb sandte sie bald danach Rudi vom Tisch weg in die Küche, wo er ganz nett seinen Auftrag ausrichtete: „Rieke, du darfst am Christfest in die Kirche und am Feiertag spazierengehen." Und Riekes Antwort? Es seien noch Apfelsinen in der Speisekammer, ob sie die nicht zum Nachtisch bringen dürfe, Fräulein Gretchen habe noch nie etwas Gutes bekommen!

Während Gretchen in dem festen Vertrauen, daß Fräulein Trölopp alles ins reine bringen werde, seelenvergnügt ihrer Abreise entgegensah, herrschte in ihrem Elternhause trübe Stimmung. „Wollen wir denn den Christbaum putzen, wenn unser Kind doch nicht zum Fest kommt?" fragte Frau Reinwald ihren Mann. „Putze ihn immerhin, vielleicht kommt sie bis Neujahr und freut sich dann noch daran."

„Ich denke mir, daß sie am Heiligen Abend recht Heimweh bekommt."

„Ich hätte es auch gedacht, doch heißt es in ihrer Draht-nachricht: ‚darf ich bleiben‘, so scheint sie sich doch der Verlängerung zu freuen.“

Frau Reinwald schüttelte den Kopf. „Es heißt allerdings so, aber doch glaube ich, daß sie sich von ganzem Herzen sehnt, Weihnachten mit uns zu feiern.“

Franziska trat ins Zimmer und meldete Herrn Reinwald: „Der Hausherr läßt sagen, daß jemand am Fernsprecher nach Ihnen fragt.“

„Das wird Gretchen betreffen“, sagte Herr Reinwald zu seiner Frau und ging hinunter zum Hausherrn. Fräulein Trölopp war es, die Herrn Reinwald zu sprechen wünschte. „Ich soll im Auftrag Ihrer Verwandten fragen, ob Gretchen morgen mit Rudi und Betty zu Ihnen kommen dürfe?“

Herr Reinwald war sehr überrascht. „Gretchen hat heute morgen angefragt, ob sie länger bleiben dürfe, und wir haben uns damit einverstanden erklärt.“

„Wohl, aber inzwischen wurde es anders beschlossen. Die Kleinen müssen aus dem Haus. Können Sie die Kinder auf-nehmen?“

„Für wie lange?“

„Für einige Wochen.“

„Die Kleinen sind vielleicht schon angesteckt, dann be-kommen wir die Bescherung ins Haus!“

„Möglich, aber nicht wahrscheinlich.“

„Bitte, wer sind Sie eigentlich?“

„Sara Trölopp, neunundvierzig Jahre alt, ledig, Ersatz für die erkrankte Kinderfrau.“

„Danke, ich werde mit meiner Frau sprechen, in drei Minuten bin ich wieder hier.“ Nach kurzer Frist wurde das Gespräch wieder aufgenommen. „Meiner Frau sind die kleinen Gäste von Herzen willkommen, auch auf die Gefahr hin, daß sie hier ihren Scharlach durchmachen müssen. Sie will gern ihrer Schwester etwas abnehmen."

„Das ist nur natürlich. Ihre Tochter wird also nachmittags drei Uhr mit den Kindern hier abreisen." — —

Gretchen war in der glücklichsten Stimmung, und diese teilte sich auch den Kindern mit. Alle drei konnten kaum einschlafen vor Freude. Auch Rieke zeigte sich einverstanden mit den neuesten Plänen, doch sagte sie vorsichtig: „Es kommt erst noch darauf an, was das für eine Dame ist; denn es gibt solche, die sind nicht einmal so viel wert wie Fräulein Gretchen, an die man nun doch schon gewöhnt war." Aus Riekes Mund mußte Gretchen das schon als Lobspruch betrachten.

Am nächsten Morgen erschien Fräulein Trölopp frühzeitig auf ihrem Posten. Sie schien alles von selbst zu wissen. „Wir packen zuerst der Kinder Reisegepäck", sagte sie, „damit heute nachmittag nichts fehlt, und dann richten wir das große Zimmer als Krankenzimmer ein." Gretchen war voll Eifer und ging Fräulein Trölopp in allem zur Hand. Als es aber galt, schwere Möbel teils anders zu stellen, teils aus dem Zimmer zu schaffen, mußte Rieke helfen. Manche Anordnung wollte Rieke nicht passen, aber Fräulein Trölopp schien ihr Widerstreben nicht zu bemerken. Allmählich machte Rieke ein ganz böses Gesicht und schien manchen Befehl, den ihr Fräulein Trölopp ganz unbekümmert erteilte, zu überhören. Plötzlich hielt Fräulein Trölopp inne, stellte sich vor Rieke und fragte: „Wie alt sind Sie?" „In den Zwanzigern", entgegnete Rieke mürrisch. „Und ich bin bald fünfzig. Sie dienen vielleicht seit zehn Jahren, und ich seit dreißig. Da ist's klar, daß ich befehle und Sie gehorchen.

Sie werden auch einmal fünfzig und stehen dann über der Zwanzigjährigen, wenn Sie nämlich tüchtig sind. Ich will nun alles so einrichten, wie es für die kranken Kinder und ihre Mutter am besten ist, und ich habe da meine Erfahrungen. Wir dürfen jetzt nicht an uns denken, sondern bloß an die Familie. Wenn alles in gutem Gang ist, dann erst kommen wir an die Reihe. Wenn ich für die Kranken gesorgt habe, dann werde ich auch an Sie denken. Ich werde sorgen, daß Sie ausgehen können, werde Ihnen behilflich sein, Ihre Kleider instand zu setzen, und für bessere Leistungen werde ich Ihnen ein Geschenk vermitteln. Zuerst aber müssen Sie mir ihren ganzen guten Willen, Ihre volle Kraft zur Verfügung stellen. Wir zwei müssen zusammenhalten. Unnützes werde ich nicht verlangen. Packen Sie an, das Sofa muß hinaus, Polstermöbel taugen nicht ins Krankenzimmer!" Und Rieke packte fest an, sie fügte sich dem starken Willen, sie fühlte: da gab es kein Widerstreben.

Bei dem ersten gemeinschaftlichen Mittagsmahl mit Fräulein Trölopp schien Herr van der Bolten etwas gestört. Für sein Künstlerauge war die neue Tischgenossin kein Labsal. Sie saß an dem Platz, den sonst seine feine, liebliche Gattin einnahm. Er war schweigsamer als sonst und vermied, Fräulein Trölopp anzusehen. Fühlte sie es, oder war es Zufall, daß sie zu Herrn van der Bolten sagte: „Morgen mittag wird schon Ihre Gemahlin an meinem Platz sitzen, und ich werde über Mittag bei den Kranken bleiben, damit Sie beide Ruhe haben während des Essens, es wird Ihnen gut tun." Da leuchtete Herrn van der Boltens Gesicht hell auf, mit dankbarem Blick erwiderte er die guten Worte, bot Fräulein Trölopp die Platte und sagte: „Sorgen Sie auch für sich selbst, nicht nur für andere."

Am Heiligen Abend, als es schon dunkelte und da und dort in den Häusern die ersten Christbäume angezündet wurden, kam unser Gretchen mit ihren zwei Pflegebefohlenen fröhlich und wohlbehalten zu Hause an. Sie hatte ja schon ganz darauf verzichtet gehabt, Weihnachten daheim feiern zu dürfen, und nun sollte es zu Hause eine schönere Feier geben als je durch die kleinen Gäste, die sie mitbrachte. Frau Reinwald, die tags vorher gar nicht an eine Bescherung denken mochte, hatte nun einen größeren Tisch zu decken als sonst, und tat es voll Vergnügen. Das kleine Pärchen fühlte sich gleich ganz wie zu Hause, Gretchen war ihnen ja vertraut und die Tante so ähnlich der Mutter, und wie hätte man Heimweh bekommen können in einem Haus, in dem man gleich von dem brennenden Christbaum begrüßt wird? Ja, das war ein glücklicher Abend, und als die Kleinen zur Ruhe gebracht waren und Gretchen allein mit den Eltern blieb, durfte sie von allen ihren Erlebnissen berichten. Auch Oskar kam an die Reihe. „Mit ihm konnte ich nicht fertig werden", schloß Gretchen, nachdem sie erzählt, wie er sie in Schrecken versetzt und zum Nachgeben gezwungen hatte mit seiner Drohung, sich aus dem Fenster zu stürzen.

„Ja, einem solch leidenschaftlichen Knaben bist du noch nicht gewachsen", sagte Frau Reinwald.

„Aber auch die eigenen Eltern können doch nichts machen, wenn ein Kind so unbändig ist!" meinte Gretchen.

„Oho, das wäre schlimm!" entgegnete ihr der Vater.

„Man kann es aber doch nicht darauf ankommen lassen, ob er wirklich zum Fenster hinausspringt oder nicht, oder hätte ich nicht nachgeben sollen?" fragte Gretchen.

„Doch, im Augenblick konntest du nicht anders handeln,

und auch ich hätte ihm wohl zunächst den Willen getan, damit er seinen gefährlichen Posten verlasse. Aber dann hätte ich ihm gesagt, wie unrecht dies Ertrotzen ist, und hätte ihn dafür so durchgeprügelt, daß er es nicht zum zweitenmal versucht hätte."

„Aber so etwas kann ein Mädchen in deinem Alter nicht tun", fügte Frau Reinwald hinzu, „und darum ist's diesem jungen Hausmütterchen auch so wohl, daß es seine Würde ablegen und wieder selbst Kind sein darf statt andere Kinder zu erziehen."

Ja, Gretchen war es leicht und wohl zumute, heute und in den folgenden Tagen. Die ganze Verantwortung für die Kinder übernahm die Mutter, und für sie blieb die ungetrübte Freude an den herzigen Kleinen. Von der Tante kam fleißig Nachricht; die beiden Jungen waren ernstlich krank, aber ihre Mutter konnte wieder aufatmen, und die ganze Haushaltung ging ihren geordneten Gang. Dies hörte Gretchen immer wieder mit besonderer Befriedigung und sagte mit Stolz: „Wenn ich auch sonst nicht viel geleistet habe, so habe ich doch Fräulein Trölopp entdeckt!"

Heimlichkeiten

Am 7. Januar begann die Schule wieder, aber in jeder Klasse fehlten Schülerinnen, und auch die Lehrerinnen konnten nicht alle zur rechten Zeit mit dem Unterricht beginnen; denn es gab überall viele Kranke. Das ganze Land litt unter einem nassen, ungesunden Winter.

Als Gretchen und Hermine am ersten Schultag in der Freizeit die Treppe hinuntersprangen, um sich, wie sie manchmal taten, eine Brezel zu kaufen, sahen sie unter der Schultür eine fremde Erscheinung, eine hübsche, fein gekleidete Dame, die fast noch zu jung aussah für eine Lehrerin. „Bitte, wie lange dauert die Freizeit? redete die junge Dame die beiden Mädchen an.

„Eine Viertelstunde.“

„Kann ich wohl in dieser Zeit bis zur Ringstraße kommen und wieder zurück? Ich bin hier noch fremd und weiß die Entfernung nicht so genau zu bemessen.“ Gretchen und Hermine meinten, die Ringstraße sei zu weit entfernt. „Ich fürchte es auch“, sagte die junge Dame, „doch wäre ich gern rasch in meine Wohnung gegangen, um mir ein Stückchen Brot zu holen. Ich wußte gar nicht, daß das Unterrichten so Hunger macht, ich habe heute zum erstenmal in einer Klasse unterrichtet.“

„Man kann hier unten Brot und sonst noch allerlei kaufen“, sagte Gretchen, und Hermine fügte freundlich

hinzu: „Wir wollen es Ihnen zeigen." „Sie sind sehr nett",
sagte die junge Dame, „wenn man so fremd ist, tut einem
jedes freundliche Wort wohl." Die drei gingen nun miteinander die Treppe hinunter, das Fräulein voran. Sie war
eine elegante und dabei auch liebliche Erscheinung; ihre
Bewegungen und auch ihre reine Sprache zeigten, daß sie
aus gutem Hause stammte. Von den beiden Freundinnen
wurde sie nun in den unteren Stock geleitet, wo um diese
Zeit mancherlei zur Stärkung und Erquickung stand und
von einem jungen Mädchen verabreicht wurde.

„Hier kann man alles kaufen, was man braucht", sagte
Gretchen. Die junge Dame griff in ihre Tasche, aber sie
zog die Hand leer heraus. „Ach", sagte sie, „das ist ärgerlich, ich habe meine Geldbörse daheim gelassen, so muß
ich auf das Einkaufen wohl verzichten." Hermine hatte
Geld bei sich, wagte aber nicht, es anzubieten. Hinter dem
Rücken der Lehrerin zeigte sie es Gretchen. Diese war nicht
so schüchtern. „Meine Freundin hat Geld bei sich und leiht
es Ihnen gern", sagte sie.

„Nein, bitte, ich möchte unsere Bekanntschaft nicht gleich
zum Geldentnehmen ausbeuten, auch habe ich nur noch eine
Stunde zu geben, so lange kann ich warten." Hermine
drängte nun unter schüchternem Erröten und freute sich,
als die junge Lehrerin endlich nachgab und etwas aus dem
Beutelchen nahm, das ihr Hermine darbot. Sie machte
ihren Einkauf und fragte dann: „Gehen wir noch ein wenig
miteinander in den Gängen spazieren?" Die beiden Mädchen fühlten sich geehrt, daß die junge Lehrerin sich zu
ihnen gesellte, und wandelten mit ihr durch die Gänge.
Sie erfuhren nun, daß ihre neue Bekannte Fräulein Geldern
hieß und als Aushilfslehrerin angestellt sei für die

erkrankte Lehrerin der dritten Klasse, zu der auch Hermines Schwester Mathilde und die kleine Ruth gehörten. Als das Zeichen gegeben wurde für den Wiederbeginn der Klassen, schied Fräulein Geldern mit dem Gruß: „Auf Wiedersehen, meine lieben, jungen Freundinnen!"

„Sie ist ganz reizend, ja entzückend!" sagten Gretchen und Hermine und freuten sich schon auf das nächste Zusammentreffen. „Wie gut, daß du ihr etwas leihen konntest", meinte Gretchen, „das wird sie dir morgen zurückgeben, und bei dieser Gelegenheit sprechen wir sie wieder." Fräulein Geldern kam auch wirklich am nächsten Tag während der Freizeit gleich auf ihre jungen Freundinnen zu; sie erwähnte zwar das Geld nicht, aber Hermine war weit entfernt, es übel zu nehmen, daß sie diese Kleinigkeit zu vergessen schien; im Gegenteil freuten sie und Gretchen sich um so mehr, daß Fräulein Geldern auch ohne äußeren Anlaß zu ihnen kam und mit ihnen verkehrte wie mit ihresgleichen.

Gretchen erzählte den Eltern von der neuen Bekannten. „Sie scheint noch sehr jung zu sein nach deiner Beschreibung", sagte Frau Reinwald, „deshalb fühlt sie sich wohl zu euch mehr hingezogen als zu den andern Lehrerinnen, die ihr natürlicher Umgang wären."

Das Schulleben hatte für Gretchen und Hermine einen neuen Reiz gewonnen durch die tägliche Begegnung mit Fräulein Geldern. Sie waren glücklich, so oft sie mit ihr zusammentrafen, und beneideten die Kleinen, die täglich in der Klasse mit ihrer schönen Freundin beisammen waren. Eines Morgens nahm Hermine Gretchen beiseite und sagte geheimnisvoll zu ihr: „Ich habe etwas erfahren über ‚sie‘, was eigentlich niemand wissen darf; meine Schwester

Mathilde hat es verraten. Denke dir, in der Arbeitsstunde hat sie den Kindern ganz rührend erzählt von einer Armen, die gar nichts zu essen habe, kein Stückchen Brot. Sie hat eine Tasche an den Kleiderhaken gehängt, in diese dürfen nun die Kleinen alle Tage ‚opfern‘. Die meisten von ihnen legen die Hälfte von ihrem Brot, oder was sie sonst haben, hinein. Sie dürfen es aber niemand erzählen; denn sie sagt: die rechte Hand dürfe nicht wissen, was die linke tut. Sie nimmt alle Tage die volle Tasche mit sich und bringt den Inhalt den Armen. Ist sie nicht eine gute Seele?"

„Ja", sagte Gretchen, „aber ich möchte doch wissen, ob es Fräulein von Zimmern recht wäre, wenn sie hörte, daß die Kinder das heimlich tun und zu Hause nichts davon sagen sollen."

„Aber Gretchen, Gutes darf man doch heimlich tun, man soll ja doch gar nicht darüber reden!"

„Ja, das ist wahr. Ich kann's nur nicht leiden, das Heimliche; ich weiß selbst nicht, warum. Aber natürlich ist's recht, wenn sie es tut."

An diesem Tag und am folgenden bekamen unsere Freundinnen die junge Lehrerin nicht zu sehen. Voll Verlangen gingen sie am dritten Tag in der Freistunde hinunter und suchten Hermine auf. „Wo ist Fräulein Geldern?" fragten sie. „Ich weiß es nicht", antwortete Mathilde, „ich denke aber, sie ist droben in der Kammer, wo die Handarbeiten aufgehoben werden, sie trägt sie in den letzten Tagen immer selbst hinauf."

„Wir wollen sie droben suchen", sagte Gretchen und ging mit Hermine hinauf bis an die Kammer. Die Tür war zu. „Sollen wir anklopfen?" fragte Hermine. Gretchen lachte. „An der Kammertür klopft man doch nicht! Man hört ja auch nichts, wenn die Kinder alle so auf den Treppen herumpoltern." Sie öffnete die Tür.

Vorn, am Fenster, stand Fräulein Geldern und hatte vor sich auf dem Gesimse eine offene Tasche mit großen und kleinen Stückchen Brot aller Art, und eines von diesen Stücken war eben auf dem Weg von der Hand in den Mund. Fräulein Geldern fuhr zusammen beim Anblick der Eintretenden, die sie nicht augenblicklich gehört hatte, das Brot fiel ihr aus der Hand, und tiefe Röte ergoß sich über ihr ganzes Gesicht. Gretchen und Hermine waren starr vor Staunen und blieben in ratloser Verlegenheit stehen. Gretchen faßte sich zuerst, leise sagte sie zu Hermine: „Komm, wir gehen!" Aber das brachte Fräulein Geldern zu sich. Sie eilte auf die Mädchen zu: „Bitte", rief sie, „gehen Sie nicht fort, ich bin verloren, wenn Sie mich verraten! Ich wollte Ihnen ja längst alles sagen, aber ich hatte den Mut nicht. Jetzt, wo Sie mein Elend doch entdeckt haben, muß ich Ihnen alles anvertrauen. Machen Sie die Tür zu, daß uns niemand hört, und versprechen Sie mir, daß Sie keiner Seele etwas sagen von meinem Unglück!" Die beiden Mädchen versprachen es. „Sie haben entdeckt, daß ich geschenktes Brot esse. Die Kinder brachten es mir für eine Arme. Ach, ich bin selbst die Arme! Diese geschenkten Brocken waren in den letzten Tagen fast meine einzige Nahrung, ich habe kein warmes Essen mehr gehabt; oh, ich kann Ihnen nicht sagen, wie ich verlange nach einem Teller Suppe, einem Stück Fleisch! Es ist ja viel, was mir die guten Kinder bringen, aber ich war so ganz anderes von zu Hause gewohnt!" Bitterlich schluchzte die Unglückliche. Die Mädchen waren sehr ergriffen.

„Haben Sie denn keine Eltern mehr?" fragte Gretchen.

Ausweichend antwortete Fräulein Geldern: „Fragen Sie nicht nach meiner Familie, ich kann darüber nicht sprechen, ich kann Ihnen nur sagen: kein Mensch unterstützt mich, ich bin ganz allein auf meinen Verdienst angewiesen und habe keine andere Einnahme als das, was ich für die Stunden in dieser Schule erhalte. Am ersten Februar bekomme ich mein erstes Gehalt, bis dahin habe ich nichts, rein nichts!"

„Fräulein von Zimmern würde es Ihnen gewiß gerne vorausbezahlen", wandte Hermine schüchtern ein.

„Ich mag sie nicht darum bitten."

„Ich will für Sie bitten", rief Gretchen eifrig.

„Nein, nein, Fräulein von Zimmern würde Sie ausfragen und sie darf nichts, gar nichts von meiner Lage erfahren, sie würde mir sonst den Abschied geben. Vergessen Sie nicht, daß Sie mir versprochen haben, keinem Menschen ein Wort von all dem mitzuteilen."

„Aber", wandte Gretchen ein, „wir könnten Ihnen viel besser helfen, wenn wir es wenigstens meiner Mutter sagen dürften."

„Sie können mir gewiß auch ohne Wissen Ihrer Eltern helfen, Sie tun ja nur ein gutes Werk. Ich traue auf Ihre Hilfe und auf Ihre Verschwiegenheit, meine lieben, jungen Freundinnen!"

Das Zeichen für den Wiederbeginn der Stunden war schon gegeben worden. Ganz erregt kamen Gretchen und Hermine in ihre Klasse, sie hatten Mühe, ihre Aufmerksamkeit dem Unterricht zuzuwenden. Beide hatten nach Schluß der Stunde das Bedürfnis, allein miteinander zu sprechen. Die Mitschülerinnen fingen an, ungehalten über sie zu werden. Ottilie spottete: „Ihr beide seid ganz ungenießbar, seit ihr so für Fräulein Geldern schwärmt. Ich möchte nur wissen, was ihr eigentlich mit ihr habt." Aber nicht nur die Mädchen waren unzufrieden. Als Gretchen und Hermine die Treppe herunterkamen, wurden sie in das Zimmer der Vorsteherin gerufen. „Ich habe bemerkt", sagte diese, „daß ihr euch von den andern absondert. Wo waret ihr in der Freizeit?"

„Wir waren in der großen Kammer", sagte Gretchen mit leiser Stimme.

„Ganz allein? Nein? Mit wem? Warum laßt ihr mich so lange fragen?"

Gretchen und Hermine mußten nun Fräulein Geldern nennen, und sie wurden von Fräulein von Zimmern recht ungnädig und mit der bestimmten Weisung entlassen, künftig ihre Freizeit mit den andern Schülerinnen zuzubringen und sich nicht abzusondern.

Auf dem Heimweg von der Schule konnten Gretchen und Hermine endlich ungestört besprechen, was sie beide ganz erfüllte. Sie wollten so gerne der armen Lehrerin aus ihrer Not helfen, aber wie sollten sie das tun ohne Wissen der Eltern? „Wenn sie doch nicht verlangte, daß wir es geheimhalten", rief Gretchen, „es ist doch keine Schande, arm zu sein. Warum erzählt sie es nicht Fräulein von Zimmern, und warum dürfen wir nicht zu Hause für sie bitten!"

„Ich weiß es auch nicht, aber ich denke, es steckt ein großes Geheimnis dahinter; sie will ja auch uns nichts über ihre Familie sagen. Sie ist im Unglück und natürlich unverschuldet. Ach, wie hat sie mich gedauert, als sie so die geschenkten Brote aß. Gretchen, wir müssen helfen!"

„Heimlich?"

„Ja, heimlich, wenn's nicht anders geht."

„Ich muß immer denken, das ist unrecht."

„Aber Gretchen, ich begreife dich gar nicht, es ist doch nicht unrecht, wenn wir einer Armen Gutes tun, ohne daß es unsere Eltern wissen!"

„Doch, ich meine, es ist unrecht."

„Warum denn aber?"

„Ich weiß nicht, warum, so etwas spürt man bloß." Hermine wurde nachdenklich. Eine Weile waren die Freundinnen still nebeneinander hergegangen, da rief Gretchen: „Oh, ich weiß etwas. Wir fragen in der nächsten Stunde unseren Pfarrer, ob man heimlich Gutes tun darf?"

„Schriftlich, meinst du? Ohne Unterschrift?"

„Ja, natürlich, dann kann er unmöglich etwas von dem Geheimnis erraten." Hermine war damit einverstanden; gleich am nächsten Tag sollte die Freundin zu ihr kommen, und dann wollten sie den Wortlaut des Zettels beraten, der an Pfarrer Kern geschickt werden sollte. „Aber bis zu dem Tag, wo wir die Stunde haben und Antwort auf unsere Frage bekommen, bis dahin können wir Fräulein Geldern nicht hungern lassen."

„Nein, so lange will auch ich ihr heimlich helfen", versprach Gretchen, „aber wie?"

Das Ende der Beratung, die nun folgte, war, daß die beiden Freundinnen am Nachmittag aus ihrer Sparkasse gemeinsam einen Einkauf machten und heimlich durch einen Dienstmann Fräulein Geldern Wurstwaren zuschickten. Und Herr Pfarrer Kern erhielt durch die Stadtpost einen Brief mit verstellter Schrift folgenden Inhalts: „Zwei Ihrer Schülerinnen bitten Sie um Antwort auf die Frage: Ist es wohl immer unrecht, wenn man etwas heimlich tut, und soll man jemanden lieber in Armut und Not lassen als ihm helfen, wenn er sich nur heimlich helfen lassen will?"

Gretchen war es ganz leicht ums Herz, als dieser Brief abgegangen war. Fröhlich spielte sie an diesem Abend mit den Kleinen, die nie vergnügter waren, als wenn Gretchen sich ihnen widmete. Viel Muße fand sich nicht dazu; denn jeden Tag hatte sie ein paar Stunden mit ihren Aufgaben zu tun, und die Eltern sorgten dafür, daß die Schularbeiten nicht unter den kleinen Gästen zu leiden hatten; Herr Reinwald räumte ihr ein Plätzchen in seinem Zimmer ein, wo sie ungestört vom Kindergeplauder lernen konnte. Kam sie dann nach getaner Arbeit wieder ins Familienzimmer, so wurde sie von den Kleinen umjubelt.

Ruths Stunden hatten auch wieder begonnen. Gretchen hatte einmal die Beobachtung gemacht, daß ihre kleine Schülerin einige Bildchen, sorgfältig in Seidenpapier eingeschlagen, bei sich hatte. Auch Gretchen hatte früher Freude an solchen Bildern gehabt und besaß noch viele. Sie suchte einige der schönsten heraus, um sie Ruth mitzubringen. „Ich bin begierig", sagte sie zu ihrer Mutter, „ob sich Ruth darüber freut. Ich an ihrer Stelle hätte gerade hinausgejubelt, wenn mir jemand so viele schöne Bilder auf einmal gebracht hätte!" „Auf Jubel darfst du wohl bei dieser Kleinen nicht rechnen", sagte Frau Reinwald, „aber freuen wird sie sich trotzdem."

Als Gretchen an diesem Tag von ihrer Stunde heimkam, fragte die Mutter: „Nun, haben die Bilder Eindruck gemacht?" Aber Gretchen schüttelte den Kopf. „Ein Wörtchen hat sie gesagt: danke. Ich glaube wenigstens, es sollte danke heißen; denn so laut hat sie doch nicht gesprochen, daß man sie deutlich hätte verstehen können!"

„Tut dir's leid um deine hübschen Bilder?"

„O nein, das nicht; denn ich glaube, daß sie sich darüber gefreut hat; sie wurde auch ganz rot und sah gar nicht aus, als wäre es ihr gleichgültig; aber viel, viel netter wäre es, wenn sie nicht so stumm wäre!"

„Versuch es doch einmal auf andere Art, verlange eine Gefälligkeit von ihr. Es gibt Menschen, die zeigen sich erst von ihrer guten Seite beim Geben, nicht beim Nehmen."

„Was könnte ich aber von Ruth verlangen?"

„Erzähle ihr ein wenig von Rudi und Betty, sag ihr, daß es dir an schönen Geschichten- oder Bilderbüchern für die Kleinen fehlt, und frag sie, ob sie dir vielleicht eines leihen könnte."

„Das will ich tun; aber weißt du, wie sie's dann macht? Sie sagt in dieser Stunde ‚ja' und in der nächsten ‚da', schiebt mir das Buch hin und geht."

„Es kann ja sein, dann laß sie eben schweigen und hab sie so lieb, wie sie ist; du kannst sie nicht ändern, das schüchterne Ding ist dabei am meisten zu bedauern.

Gleich in der nächsten Stunde befolgte Gretchen den Rat ihrer Mutter, und Ruth erfüllte Gretchens Voraussage, sie sagte: „ja". Vielleicht hätte sie noch ein Wörtchen zugegeben, aber Fräulein von Zimmern, die ihnen fast in jeder Stunde einen kleinen Besuch abstattete, erschien eben, und in ihrer Gegenwart war Ruth womöglich noch einsilbiger als sonst.

Auf dem Heimweg von der Stunde, als Gretchen um die Ecke bog, stand unvermutet die schöne Gestalt von Fräulein Geldern vor ihr.

„Ich habe Sie hier abgepaßt, meine liebe Freundin", sagte Fräulein Geldern; „denn wir können uns in der

Schule nicht mehr sprechen, Fräulein von Zimmern sieht es nicht gern. Ich kann aber nicht auf den einzigen Trost verzichten, den ich in dieser schweren Zeit habe, ich muß mit meinen lieben Freundinnen verkehren! Ich danke Ihnen tausendmal für das, was Sie mir geschickt haben; aber eines möchte ich Sie bitten: wenn Sie mir je wieder eine solche Freundlichkeit zugedacht haben, schicken Sie es mir nicht in meine Wohnung, sondern übergeben Sie es mir doch bitte selbst."

„Ist es denn nicht sicher, daß Sie es erhalten?"

„Ich weiß das nicht, aber es ist mir peinlich, wenn meine Hausfrau es bemerkt. Denken Sie, neulich — ich mußte meinen schönen Muff und Pelz verkaufen, um die Miete vorauszahlen zu können — neulich sagte die Frau zu mir, sie habe keine Freude an einem Fräulein, das mit dem kostbarsten Pelzwerk ausgehe und ohne dasselbe heimkomme. So beobachtet sie mich und macht mir noch unangenehme Bemerkungen, ach, es war mir doch ein bitterer Entschluß gewesen, mitten im Winter mein Pelzwerk wegzugeben!"

Gretchen, die einen warmen Muff an der Hand trug, sah voll Mitleid auf Fräulein Geldern, die feine, aber leichte Handschuhe trug. „Friert es Sie?" fragte sie. „Mich hungert und friert den ganzen Tag, ich weiß das schon gar nicht mehr anders."

„Wenn ich das meiner Mutter erzählen dürfte", sagte Gretchen bittend. Aber Fräulein Geldern wollte davon nichts wissen. „Nur bei jungen Seelen finde ich Verständnis", sagte sie, „deshalb, wenn Sie mich ein wenig lieb haben, so sprechen Sie mit keinem Menschen über mich, aber verlassen Sie mich nicht!"

„Aber wir können uns gar nicht mehr sprechen, weil Fräulein von Zimmern es nicht will!"

„Das läßt sich schon einrichten. An den Nachmittagen, wo Sie Ihrer kleinen Schülerin Stunde geben, da kommen Sie eine Viertelstunde vorher in die große Kammer. Fräulein von Zimmern gibt um diese Zeit Unterricht und kann es unmöglich bemerken."

Mit schwerem Herzen ging Gretchen auf diesen Vorschlag ein. „Und noch eins, mein lieber Engel in der Not", sagte Fräulein Geldern zögernd. „Wenn Sie oder Hermine es möglich machen können — oh, ich schäme mich zu Tode, es zu sagen — bringen Sie mir etwas Geld, ich muß sonst zugrunde gehen!"

„Mein ganzes Taschengeld bringe ich Ihnen", rief Gretchen, „und Hermine denkt ebenso wie ich, das weiß ich!" Die beiden schieden voneinander, Gretchen halb beglückt, halb bedrückt. Sie hatte es sich immer als das Schönste gedacht, jemandem aus großer Not zu helfen, und gerne hätte sie nun alles, was sie besaß, daran gegeben; aber daß sie es den Eltern nicht sagen durfte, und daß sie trotz Fräulein von Zimmerns Verbot wieder heimlich in der Schule mit Fräulein Geldern zusammenkommen sollte, das verdarb ihr die ganze Freude. Sie zählte die Tage bis zu der Stunde, in der ihre Bedenken und Fragen von dem Pfarrer beantwortet werden sollten.

In den nächsten Tagen fehlte Hermine in der Schule, auch sie war krank, und man durfte sie nicht besuchen; so mußte Gretchen ganz im stillen tragen, was sie so sehr beschäftigte.

Am Nachmittag ging sie, wie sie versprochen hatte, eine Viertelstunde früher zu Ruths Stunde ins Schulhaus. Als sie an die Klasse kam, in der um diese Zeit Fräulein von Zimmern unterrichtete, schlich sie mit bösem Gewissen an der Tür vorbei; denn was hätte sie sagen sollen, wenn sie zufällig gesehen worden wäre? Oben angelangt, wurde sie für diese peinliche Stimmung entschädigt. Fräulein Geldern erwartete sie in dem um diese Zeit ganz verlassenen Stockwerk. „Meine Getreue", rief sie ihr entgegen, „kommen Sie wirklich zu mir? O, wie mir das wohl tut!"

„Ich habe Ihnen etwas mitgebracht, aber Hermine ist leider krank, und ich darf nicht zu ihr, sonst wäre es wohl mehr." Gretchen wollte ihr Täschchen öffnen.

„Kommen Sie hier herein, daß man uns nicht sieht", sagte Fräulein Geldern und ging voran in die Kammer. Dort übergab ihr Gretchen den ganzen Inhalt ihrer Spardose und ein Stück Kaffeekuchen, das sie sich am Munde abgespart hatte.

Fräulein Geldern war nicht wie Ruth, sie kargte nicht mit ihrem Dank, sie war überschwenglich in ihren Ausdrücken, und Gretchen durfte die Wonne empfinden, von einem armen Menschen als rettender Engel gepriesen zu werden. Aber sie wurde aus dieser süßen Empfindung aufgeschreckt, sie glaubte Schritte vor der Kammer zu hören und sah ängstlich nach der Tür.

„Es wird Zeit sein für meine Stunde", sagte sie, „wenn mich nur Fräulein von Zimmern nicht aus dieser Kammer herauskommen sieht!"

„Warten Sie noch ein wenig", riet Fräulein Geldern, „ich höre jemand die Treppe heraufkommen!" Gespannt lauschten die beiden. O wie fremd war Gretchen diese Angst, die von einem bösen Gewissen kommt! Fräulein Geldern sah sie mitleidig an. „Törichtes Kind", flüsterte sie, „Sie tun ja nur Gutes, haben Sie doch auch den Mut dazu!" Aber Gretchen, die sonst so Tapfere, hatte hier keinen Mut. Mit Herzklopfen horchte sie. Draußen wurde eine Tür aufgemacht — dann wieder geschlossen, und jetzt war es still. „Nun gehen Sie rasch", sagte Fräulein Geldern, „ich bleibe noch einen Augenblick, damit man uns nicht beisammen sieht." Leise öffnete sie die Kammertür, Gretchen schlüpfte hinaus und eilte die Treppe hinunter bis vor die Tür des Klassenzimmers, in dem sie Ruth die Stunden gab. Die Klasse war noch besetzt und Gretchen mußte vor der Tür warten. Ein paar Minuten später huschte Fräulein Geldern an ihr vorbei und flüsterte ihr im Vorübergehen zu: „Auf Wiedersehen, mein Engel!"

Bald darauf entleerte sich das Schulzimmer, die Kinder sprangen an Gretchen vorbei die Treppe hinunter, nur Ruth blieb zurück. Bisher hatte sie sich immer stillschweigend an den Platz gesetzt, der ihr in der ersten Stunde angewiesen worden war. Heute aber ging sie an den Kleiderhaken, nahm von dort eine Tasche, brachte sie herbei, packte sie aus und — o Wunder — sie nahm einen Anlauf und sprach einen ganzen Satz: „Da habe ich zwei Geschichtenbücher mitgebracht und ein Bilderbuch." Gretchen freute sich und schilderte der Kleinen, wie vergnügt Rudi und Betty darüber sein würden; da wurde die kleine Ruth förmlich übermütig; denn sie sprach noch einen zweiten Satz. „Wir haben noch mehr Bücher, ich kann noch viele bringen." Und am Schluß dieser Stunde geschah etwas Ungewöhnliches; Ruth fragte: „Soll ich Ihnen die Bücher bis an Ihr Haus tragen?" Über diese Artigkeit war Gretchen fast bestürzt, und sie hatte schon auf der Zunge zu antworten: „Nein, ich danke, ich kann sie schon selbst tragen", als ihr gerade noch einfiel, daß die Mutter zu ihr gesagt hatte: „Verlange einmal eine Gefälligkeit von ihr", und so antwortete sie: „Ja, bitte, trage sie mir, wenn du nicht meinst, daß du zu spät nach Hause kommst."

„O nein, Papa selbst hat gesagt, ich soll Ihnen die Bücher tragen." Diese freundliche Gesinnung freute Gretchen sehr. Während sie mit Ruth unterwegs war, besann sie sich, wie sie wohl die scheue Kleine bestimmen könnte, mit ihr hinaufzugehen; sie hätte sie so gern ihrer Mutter gezeigt. Noch einmal wollte sie es mit der Bitte um eine Gefälligkeit versuchen. „Wenn ich nun heimkomme", sagte sie zu Ruth, „dann wollen die Kleinen natürlich gleich das Bilderbuch ansehen, und ich habe jetzt keine Zeit, es ihnen zu zeigen. Sei doch so gut und komm mit mir herauf und zeig es ihnen; du hast doch ein Viertelstündchen Zeit?" Es war wohl zu merken, daß Ruth diese Aufforderung gern abgelehnt hätte, sie mochte aber doch nicht „nein" sagen, und weil sie auch nicht „ja" sagte, so blieb die Frage zunächst unerledigt. Da ihr Gretchen aber weder an der Haustür noch an der Treppentür die Bücher abnahm, so gab sich's ganz von selbst, daß Ruth auf einmal mit Gretchen im Wohnzimmer bei Frau Reinwald stand.

„Mutter", sagte Gretchen, „dies ist Ruth, sie bringt den Kindern Bücher und zeigt ihnen gleich die Bilder, weil ich keine Zeit habe." Frau Reinwald verstand die vielsagenden Blicke, mit denen Gretchen diese einfache Vorstellung begleitete, und sie sagte ebenso einfach: „Es ist recht von dir, Ruth, daß du zu uns kommst, wir wollen gleich die Kleinen holen."

Nach kurzer Zeit bereits saß Ruth zwischen zwei Kindern, die voll Begier waren, das neue Buch zu sehen,

während Frau Reinwald und Gretchen sie anscheinend gar nicht beachteten.

Betty richtete gleich beim ersten Bild an Ruth die Frage: „Was ist das?" und als Ruth eine leise, kurze Antwort darauf gab, sagte Rudi: „Jetzt sag' einmal alles ganz laut und deutlich, daß es die Kleine auch recht versteht: Wo fährt der Wagen hin?" Fragen und Antworten folgten nun ohne Unterbrechung, und je mehr die Kinder ihre Bewunderung für die schönen Bilder aussprachen, um so wärmer wurden die Erklärungen, und von den dreien schien eins so glücklich wie das andere. Nach einiger Zeit sagte Frau Reinwald: „Ruth, ich fürchte, deine Eltern machen sich Sorge, wenn du so lange ausbleibst; willst du jetzt heimgehen und ein andermal wiederkommen?" Aber Rudi und Betty riefen wie aus einem Mund: „Oh, noch nicht, noch nicht, sie soll noch bei uns bleiben!"

Da sah Ruth mit glücklichem Gesicht zu Gretchen hinüber und sagte: „Wenn das Buch aus ist, dann will ich gehen."

Von diesem Tage an kam Ruth oft nach der Stunde mit Gretchen heim. Bei den lustigen Kleinen vergaß sie ihre Schüchternheit mehr und mehr, sie mischte sich in ihr kindliches Geplauder, und es kam vor, daß sie von selbst an Gretchen das Wort richtete, so daß diese sich vergnügt sagte: „Aus meinem stummen Fischlein ist ein warmes Menschenkindlein geworden!" Wenn aber die kleine Ruth daheim fragte: „Darf ich zu Reinwalds?" und wenn ihre Mutter entgegnete: „Schon wieder?", dann entschied der Forstrat: „Je öfter, je besser!"

Inzwischen war der Tag herangekommen, an dem Pfarrer Kern den „Großen" Stunde zu geben pflegte. Gretchens erster Gedanke morgens beim Erwachen war: Heute wird unsere Frage wegen der Heimlichkeiten beantwortet; arme Hermine, wie schade, daß du noch krank bist und die Antwort nicht hören kannst!

Mit allerlei Mundvorrat, den sie für Fräulein Geldern bestimmt hatte, machte sich Gretchen auf den Weg zur Schule. Erworben hatte sie alles auf ehrliche Weise, doch mußte sie es heimlich forttragen, und wie sie es Fräulein Geldern unbemerkt zustellen sollte, das wußte sie noch gar nicht. Sie war etwas früher als nötig von zu Hause fortgegangen und hielt sich eine gute Weile in dem Vorplatz des Schulhauses auf, in der Hoffnung, daß Fräulein Geldern kommen würde und sie ihr unbemerkt auf der Treppe das Päckchen zustecken könnte. Als aber eines der Mädchen nach dem andern kam und jede fragte: „Auf wen wartest du?", wurde ihr dieser Posten unangenehm, und sie ging vors Haus, der Straße zu, aus der Fräulein Geldern kommen mußte. Die Zeit verstrich, schon kamen nur noch einzelne, verspätete Schülerinnen eiligen Laufes auf die Schule zu. Endlich tauchte in der Ferne Fräulein Geldern auf. Gretchen eilte ihr entgegen und übergab ihr das Paket. Mit dankenden Worten nahm es Fräulein Geldern und ging dann rasch voran der Schule zu, während Gretchen absichtlich noch ein wenig zögerte und dann langsam folgte, um nicht zugleich mit Fräulein Geldern in der Schule anzukommen.

Inzwischen war schon das Zeichen zum Beginn des Unterrichts gegeben worden. Es war Sitte in der Schule, daß mit dem Glockenzeichen die große Haustür geschlossen wurde, so daß jede Verspätete klingeln mußte und durch ein Hausmädchen eingelassen wurde. Meist öffnete sich dann die Tür vom Zimmer der Vorsteherin, wenn die Verspätete vorüberkam; und wenn Fräulein von Zimmern auch nur einen strengen Blick für sie hatte, so war diese Einrichtung doch allen so peinlich, daß höchst selten die Hausglocke ertönte.

Gretchen war deshalb auch sehr bestürzt, als sie das Haus geschlossen fand. Aber was wollte sie tun? Sie mußte sich wohl entschließen, zu klingeln. Sie tat es möglichst sachte, aber diese Hausglocke hatte immer etwas Feindseliges und nahm Partei gegen die Verspäteten; wenn sie noch so leise berührt wurde, dröhnte sie laut durchs ganze Haus.

Gretchen huschte so rasch wie möglich durch den Vorplatz, um unbemerkt an dem Zimmer der Vorsteherin vorbeizukommen, aber die gefürchtete Tür öffnete sich trotzdem, und Fräulein von Zimmern rief erstaunt: „Du bist es, Gretchen? Ich sah dich schon vor einer Viertelstunde an der Haustür. Hattest du etwas vergessen? Nein? Komm mit mir herein und gib mir Antwort." Aber Gretchen, die der Vorsteherin in das Zimmer gefolgt war, schwieg. Dies mußte Fräulein von Zimmern auffallen, da ein solches Verhalten nicht Gretchens Art entsprach.

„Wo hast du dich aufgehalten?" fragte sie nun in strengem Ton. „Ich habe nicht gedacht, daß es schon so spät ist", entgegnete Gretchen.

„Ist das eine Antwort auf meine Frage? Wo warst du, Gretchen?" — „Nur auf der Straße."

„Was wolltest du da?" — „Nur ein wenig warten."

Da sprach Fräulein von Zimmern nicht mehr in strengem, aber in traurigem Ton zu Gretchen: „Du gebrauchst Ausflüchte? Du, Gretchen?" Eine große Stille folgte, in Gretchens Augen sammelten sich Tränen.

„Geh hinaus, du tust mir weh", sagte Fräulein von Zimmern und wandte sich ab. Aber Gretchen in überwallendem Gefühl des Schmerzes umschlang Fräulein von Zimmern und rief in leidenschaftlicher Erregung: „Oh, verzeihen Sie mir, ich kann ja nicht anders, ich darf ja nichts sagen!", und dann stürmte sie hinaus.

In den vielen Jahren ihres Wirkens war es der ernsten, gemessenen Vorsteherin noch nie vorgekommen, daß eine der Schülerinnen sie umarmt hatte. Sie fühlte die warme Liebe des Kindes, das in diesem Augenblick der höchsten Erregung sich hatte hinreißen lassen, und sie erwiderte diese Liebe. Sie sann und sann und kam zu einem Entschluß.

Als sie um zehn Uhr in die Oberklasse kam, um Literaturstunde zu geben, und Gretchen in Erinnerung an das Geschehene tief errötend zu ihr aufsah, war Fräulein von Zimmern nichts anzumerken.

Um elf Uhr erschien Pfarrer Kern. Da Fräulein von Zimmern sich nicht gleich entfernte, zitterte Gretchen schon bei dem Gedanken, daß sie vielleicht zuhören und dann die Fragestellerin erraten würde. Aber nein, sie verließ das Zimmer; der Pfarrer nahm ihren Platz ein, und ohne irgendwelche Einleitung las er von dem Gretchen wohlbekannten Papier die Frage ab: „Ist es wohl immer unrecht, wenn man etwas heimlich tut, und soll man jemand lieber in Armut und Not lassen, als ihm helfen, wenn er sich bloß heimlich helfen lassen will?" Es wurde ganz still am grünen Tisch. Gretchen war keine Meisterin in der Verstellung; wer auf sie gesehen hätte, würde ihre Erregung und Spannung bemerkt haben; aber die Blicke der meisten waren auf den Pfarrer gerichtet, und dieser sah auf das Blättchen. „Es ist mir lieb", sagte er nun, „daß ihr die Rede auf Heimlichkeiten gebracht habt. Wir sind nicht ausführlich darauf zu sprechen gekommen in unserem Unterricht, und warum nicht? Weil Heimlichkeiten nicht verboten sind in den zehn

148

Geboten, nicht verboten sind durch unseren Herrn Jesus. Daraus seht ihr schon, daß sie nicht so, wie etwa das Stehlen, schlechthin und unter allen Umständen Sünde sind. Gibt es doch auch ganz harmlose Heimlichkeiten, wie zum Beispiel Weihnachtsgeheimnisse, die kein vernünftiger Mensch als Unrecht ansehen wird.

Aber es ist etwas ganz Merkwürdiges mit den Heimlichkeiten. Wenn wir ihnen recht auf den Grund gehen, dann entdecken wir meistens, daß sie aus einem schlechten Beweggrund hervorgehen. Denkt euch nur, eins von euch schreibt oder liest, kauft oder besorgt, ißt oder trinkt etwas heimlich, die Eltern sollen es nicht sehen. Warum denn nicht: vielleicht weil sie es verbieten würden — dann soll die Heimlichkeit den Ungehorsam decken, oder weil der Einkauf nicht nötig wäre — dann steckt Verschwendung dahinter oder Naschhaftigkeit; sehr oft auch soll durch die Heimlichkeit ein guter Schein erweckt werden: die Besorgung, die ihr gestern vergessen habt, macht ihr heute heimlich, damit ihr nicht als nachlässig getadelt werdet, wo ihr es doch verdient hättet; kurzum, wenn ihr aufrichtig prüft, was euch zur Heimlichkeit verlocken möchte, dann werdet ihr finden — es ist fast ohne Ausnahme ein Unrecht, eine kleine Abweichung vom geraden Weg. Daher kommt es auch, daß edle Menschen das Heimliche verachten. Heimlichkeiten sind ein Deckmantel, den edle Menschen nicht benützen mögen, weil schon so viel Schlechtes damit bedeckt war. Wo irgend im Leben mir ein Mensch begegnet ist, der heimlich war in seinem Tun, habe ich immer Mißtrauen gegen ihn empfunden, und so werdet auch ihr, wenn ihr euch Heimlichkeiten gestattet, das Vertrauen verlieren, ja leicht in schlimmen Verdacht kommen und euch sagen müssen: Um mir eine kleine Widerwärtigkeit zu ersparen, habe ich viel größere auf mich geladen.

Auf meinem Zettel steht nun aber die Frage, ob man auch nichts Heimliches tun soll, um andern aus Armut und Not zu helfen.

Dagegen möchte ich euch, meine Vierzehn- oder Fünfzehnjährigen fragen: wie wollt ihr den andern aus Armut und Not helfen? Wißt ihr, daß das zu den größten, schwierigsten Aufgaben gehört, über die in Büchern und Zeitungen, Vorträgen und Versammlungen von den bedeutendsten Männern beraten wird? Und diese Aufgabe wollt ihr auch nur an einem Menschen lösen? Meint ihr, wenn ein Mensch euch um eine Mark bittet, und ihr gebt sie ihm, nun sei ihm geholfen? Warum braucht er eure Mark? Ist er schuld daran, daß er nicht hat, was er bedarf, oder sind es die Verhältnisse? Wird er die Mark zu Gutem oder Schlechtem verwenden? Um diese Fragen zu beantworten, braucht man eine Erfahrung und Menschenkenntnis, die man in so jungen Jahren nimmermehr besitzt. Wenn sich nun ein Mensch in seiner Not an ein junges, unerfahrenes Mädchen wendet und Heimlichkeit verlangt, dann ist seine Sache keine reine, gute, und ihr müßt euch frei davon machen, lieber heute als morgen; wie, kann ich nicht sagen, wenn ich den Fall nicht kenne; aber ich möchte euch recht dringend ans Herz legen: Macht euch immer frei von Heimlichkeiten, um jeden Preis!"

*

Seit vielen Jahren war Pfarrer Kern Fräulein von Zimmerns treuer Berater in allen Schulangelegenheiten. Auch heute folgte er gern der Bitte der Vorsteherin, zu kurzer Besprechung in ihr Zimmer zu kommen.

„Haben Sie wohl Fräulein Geldern kennengelernt?" fragte Fräulein von Zimmern.

„Nein, ich habe sie nur in ihrer Klasse begrüßt und habe sie aufgefordert, meine Frau und mich zu besuchen, aber bis jetzt ist sie noch nicht gekommen."

„Sie wird auch nicht kommen, sie vermeidet den Verkehr, der für sie passen würde, und schließt sich an unsere Großen an, hauptsächlich an Gretchen und Hermine."

„So sucht sie sich wenigstens die besten unter den Großen aus."

„Aber ich glaube, daß ihr Einfluß kein guter ist. Hermine ist ja gegenwärtig krank, von ihr kann ich nichts sagen, aber Gretchen ist anders, als sie war; es ist etwas Unaufrichtiges, Verstecktes in dem sonst so offenherzigen Kind, sie muß irgendwie in Heimlichkeiten mit Fräulein Geldern verstrickt sein." Der Pfarrer wurde aufmerksam. „In Heimlichkeiten, meinen Sie? Das könnte wohl sein. Kennen Sie Fräulein Gelderns Verhältnisse? Ist sie unbemittelt?"

„Darüber kann ich nichts sagen. Sie spricht sich nicht aus, und ich konnte mich nicht mit der nötigen Sorgfalt nach ihr erkundigen, da ich froh sein mußte, rasch jemand zur Aushilfe zu bekommen, auch hoffte ich, es würde nur für kurze Zeit sein. Aber ich habe heute den Entschluß gefaßt, sie zu entlassen."

„Sie können sie doch kaum entbehren?"

„Kaum, aber es muß doch gehen. Ich will lieber selbst eine Anzahl Stunden übernehmen, als einen schlechten Einfluß auf meine Schülerinnen dulden."

Der Pfarrer ging sinnend auf und ab. „Warten Sie noch acht Tage, vielleicht klärt sich die Sache von selbst", sagte er.

„Vielleicht, aber sicherer ist's, ich mache ein Ende. Wieviel Schlimmes kann in einer Woche angerichtet werden!"

„Ist Gretchen in der Arbeit lässig?"

„Das nicht, sie hat sehr gute Arbeiten geliefert in der letzten Zeit."

„Das ist doch immer ein gutes Zeichen. Ich würde warten, wenigstens noch drei Tage und zusehen, ob Gretchens gerader Sinn sie nicht selbst wieder auf den rechten Weg führt. Man muß doch den Menschen Zeit lassen, sich selbst zurechtzufinden, ehe man einschreitet."

„So will ich noch drei Tage zusehen."

„Gut; ich komme ja Donnerstag in die fünfte Klasse, dann wollen wir wieder darüber sprechen."

Während der Pfarrer mit Fräulein von Zimmern dies Zwiegespräch führte, ging Gretchen in Gedanken versunken ihren Weg von der Schule heim. Es klangen ihr noch die letzten Worte des Pfarrers in den Ohren: Macht euch frei von Heimlichkeiten, um jeden Preis! Sie wußte jetzt, was recht war, und wollte es tun, aber wie?

Sie erschrak ordentlich, als ihr unvermutet aus einem Torweg diejenige entgegentrat, mit der sich alle ihre Gedanken beschäftigten. „Ich habe hier auf Sie gewartet, liebes Gretchen", sagte Fräulein Geldern; „wie froh bin ich, daß ich Sie allein treffe! Ich möchte Ihnen noch danken für das, was Sie mir vor der Schule gebracht haben, Sie treue Seele. Was finge ich an, wenn ich Sie nicht hätte? Und nun habe ich schon wieder eine Bitte, aber ich weiß ja, Sie tun gern Gutes an mir, nicht wahr?"

Gretchen fühlte, daß der Augenblick gekommen war, wo sie sprechen mußte. „Ja", sagte sie, „ich tue gern alles, aber nicht mehr heimlich. Ich habe mir schon immer gedacht, daß es nicht recht ist, und jetzt weiß ich's ganz gewiß. Bitte, Fräulein Geldern, erlauben Sie mir jetzt, daß ich der Mutter alles sage. Denn, sehen Sie, die Heimlichkeiten sind wie ein schmutziger Deckmantel, mit dem edle Menschen sich nicht bedecken mögen, und helfen kann ich Ihnen doch nicht recht, so wie es sein sollte; dazu gehört so viel Verständnis, wie es nur ältere Leute haben können."

Mit Erstaunen hatte Fräulein Geldern diesem kleinen Vortrag zugehört; jetzt sagte sie mit großer Bestimmtheit: „Was Sie da sagen, kommt nicht von Ihnen; wer hat Ihnen das alles eingegeben? Sie wollten mich nicht verraten, Gretchen, Sie haben mich schon verraten!"

„Nein, gewiß nicht, ich habe Sie nicht verraten, aber ich muß mich frei machen von diesen Heimlichkeiten, um jeden Preis!"

„Auch um den Preis meiner Freundschaft, Gretchen? Ist das Ihre ganze Treue? Oh, wäre nur Hermine bei uns, sie würde mich nicht so schnöd verlassen, sie hat ein weiches Herz. Aber Sie haben kein wahres Mitgefühl, ich bin Ihnen unbequem, darum gebrauchen Sie schöne Worte, um mich abzuschütteln. Gehen Sie, ich habe mich in Ihnen getäuscht; gehen Sie und verraten Sie mich bei Fräulein von Zimmern, bringen Sie mich ins Unglück und sich zu Ehren, ich kann Sie nicht hindern."

Nach diesen Worten ging Fräulein Geldern rasch von Gretchen weg auf die andere Seite der Straße und verschwand in einer Seitenstraße.

Nun war Gretchen frei, aber diese Freiheit, nach der sie sich so gesehnt hatte, war bitter!

Wie im Traum wanderte sie ihren Weg weiter; sie wußte gar nicht, wie sie heimgekommen war, und konnte nicht begreifen, daß die Kleinen sie zu Hause so vergnügt wie immer empfingen. Sie ging in ihr Schlafzimmer, die Kinder folgten ihr, aber Gretchen beachtete sie nicht und ging nicht wie sonst freundlich auf ihr Geplauder ein. Sie war noch nicht im reinen mit sich selbst; sie wußte nicht, was sie nun tun sollte. Der Mutter alles erzählen und vor Fräulein Geldern als treulose Verräterin dastehen? Oder ein Briefchen schreiben mit dem kurzen Inhalt: „Treue Freundin, ich verrate Sie nicht!" Wie würde Fräulein Geldern sie am nächsten Tag ans Herz drücken!

„Gretchen, jetzt habe ich dir zweimal gesagt, daß es heute Dampfnudeln gibt, und du freust dich immer noch nicht!" sagte Rudi. „Bist du denn traurig?" fragte die kleine Betty und drängte sich teilnehmend an Gretchen. „Oh, laßt mich nur ein klein wenig allein", bat Gretchen, „später will ich dann mit euch spielen." Da ging das Pärchen hinaus und beriet, was das zu bedeuten habe, wenn man sich nicht über Dampfnudeln freuen könne.

Endlich beschlossen sie, zu Gretchens Mutter zu gehen. „Tante", sagte Betty, „hast du noch ein Täfele Schokolade, wie du mir zum Trost gegeben hast, als ich gefallen bin?" „Ja", sagte die Tante, „ist denn wieder jemand gefallen?" „Nein, aber dein Gretchen ist so traurig im Schlafzimmer." „Ja, so traurig", bestätigte Rudi, „daß sie sich nicht auf die Dampfnudeln freuen will." „Und da gibst du ihr ein Täfele Schokolade, gelt, Tante", bat Betty. „Ja", sagte Frau Reinwald und holte das Trostmittel, „bringt ihr das und sagt ihr, die Tante habe vielleicht noch einen besseren Trost, ob sie sich den nicht holen wolle?" Die Kleinen gingen eilfertig hinaus, überbrachten ihren Trost und verhießen noch besseren. Da war Gretchen entschlossen.

„Ja, ich will mir den besseren Trost holen", sagte sie, „und euch lasse ich die Schokolade. Dafür bleibt ihr ein Weilchen hier und laßt mich allein mit der Tante."

Frau Reinwald erfuhr nun alles, was Gretchen in diesen Tagen erlebt hatte. Es war ihr schmerzlich, daß ihr Kind zum erstenmal etwas vor ihr verheimlicht hatte; aber sie sah, daß Gretchen selbst am meisten unter diesen Heimlichkeiten gelitten und sich ernstlich bemüht hatte, davon frei zu werden; auch verstand sie, wie bitter es ihr sein mußte, von Fräulein von Zimmern und nun auch von Fräulein Geldern schlecht beurteilt zu werden. „Ich mag mich vor beiden nicht mehr blicken lassen", sagte Gretchen und weinte schmerzlich. Frau Reinwald tröstete sie freundlich: „Ich glaube nicht, daß dir an Fräulein Gelderns Achtung und Freundschaft viel liegen muß, und Fräulein von Zimmern werde ich selbst wohl alles erklären, ich will zuerst mit dem Vater darüber sprechen." Aber diese Worte konnten Gretchen nicht trösten, im Gegenteil rief sie ganz entsetzt: „O Mutter, du wirst doch nicht dem Vater und Fräulein von Zimmern das alles mitteilen; wenn das Fräulein Geldern erfährt, so ist sie ganz unglücklich, und mich verachtet sie dann noch mehr. Wenn du sie kenntest, hättest du auch Mitleid mit ihr."

„Daß ich mit dem Vater rede, versteht sich von selbst, und daß wir alles zum Wohl von Fräulein Geldern tun wollen, darfst du mir glauben. Wie sollte ich nicht Mitleid empfinden für ein alleinstehendes junges Mädchen, das durch die Not auf falsche Wege geraten ist?"

In diesem Augenblick trat Herr Reinwald ins Zimmer. Gretchen eilte zur Tür hinaus; sie mochte sich vor dem Vater nicht in Tränen sehen lassen — er konnte das nicht leiden — auch wollte sie es nicht mit anhören, wie Fräulein Gelderns sorgfältig gehütetes Geheimnis weiter besprochen wurde. Sie ging zu den Kleinen; diese merkten zwar, daß der bessere Trost noch nicht gewirkt hatte, aber da Gretchen liebevoll auf ihr Spiel einging, waren sie auch mit einem traurigen Gretchen zufrieden.

Lange sprachen die Eltern miteinander, bei Tisch aber wurde nichts erwähnt, und Gretchen wußte nicht, wie der Vater über die Sache dachte. Am Nachmittag schrieb die Mutter einen Brief, und Gretchen sagte sich schmerzlich: es wird an Fräulein von Zimmern sein. Da rief Frau Reinwald sie freundlich herbei. „Willst du das Briefchen lesen? Ich will es durch Franziska an Fräulein Geldern schicken."

Gretchen las: „Liebes Fräulein Geldern! Es täte mir leid, wenn Sie glaubten, Gretchen habe Ihnen irgendwie geschadet. Ich hoffe das Gegenteil und möchte Sie gern sprechen. Wollen Sie wohl heute abend unser Gast sein und einmal wieder an einem gemütlichen Teetisch Platz nehmen?"

„Mutter, was meinst du!" rief Gretchen; „es ist gar kein Gedanke, daß sie zu uns kommt, sie ist viel zu arg erbittert gegen mich!"

„Das wollen wir erst sehen. Wenn man fremd, einsam und — hungrig ist, kann man nicht leicht einer Einladung widerstehen. Es ist ein Versuch; gelingt er nicht, so können wir weiter sehen."

Franziska traf Fräulein Geldern nicht zu Hause und hinterließ das Briefchen der Hauswirtin. Als es Abend wurde, wartete Gretchen in zunehmender Aufregung. Kommt sie? Kommt sie nicht?

Sie kam. Gegen Gretchen war sie etwas zurückhaltend, aber sonst zeigte sie sich in ihrer feinen, anmutigen Liebenswürdigkeit und sah so reizend aus, daß Gretchen ganz hingenommen war von ihrer Erscheinung und ordentlich stolz auf ihre schöne Freundin. Die Eltern waren freundlich gegen den jungen Gast, und mit keinem Wort wurde etwas erwähnt, das für Fräulein Geldern hätte peinlich sein können.

Als Gretchen nach dem Essen den Tisch abräumen half, kam die Mutter einen Augenblick zu ihr hinaus und sagte leise: „Bleib du nun ein wenig in deinem Zimmer, ich will allein mit Fräulein Geldern sprechen."

„Aber Mutter, nicht wahr, du fragst sie gewiß nicht über ihre Familie; denn das ist ihr schrecklich."

Frau Reinwald antwortete darauf nicht, sondern kehrte gleich zu ihrem Gast zurück, während Herr Reinwald in sein Zimmer ging und Gretchen das ihrige aufsuchte. Es war ihr recht unbehaglich zumute; sie dachte sich, daß für Fräulein Geldern nun eine peinliche Unterredung kommen würde. Sie hoffte, in einer Viertelstunde wieder gerufen zu werden; aber sie wartete umsonst von einer Viertelstunde zur andern. Die Kinder waren schon zu Bett gebracht, und es wurde allmählich ganz still im Hause. Da drang bis in Gretchens Zimmer die Stimme von Fräulein Geldern; immer erregter klang sie, und nun hörte man lautes Weinen. Gretchen konnte es nicht mehr aushalten; ganz außer sich kam sie in Herrn Reinwalds Zimmer. „O Vater", rief sie, „ich höre Fräulein Geldern laut weinen, wie kann die Mutter sie so quälen! O wenn ich denke, daß ich an all dem allein schuld bin, und sie hat mich doch immer ihre Freundin genannt!"

„Das bist du auch jetzt noch, und nur deiner Freundschaft zuliebe haben wir so gehandelt und haben Fräulein

Geldern zu uns eingeladen; denn das muß ich dir sagen: eine Lehrerin, die von Schülerinnen verlangt, daß sie ihr heimlich Geld bringen, verdient eigentlich eine andere Behandlung, und statt zum Tee hätte sie auch vor Gericht geladen werden können." Gretchen erschrak. Daß es der Vater so ernst nehmen würde, hätte sie nicht gedacht. „Übrigens", sagte Herr Reinwald, „scheint es mir, als ob es drüben nun ganz still geworden wäre." In der Tat hörte man keinen Laut mehr, und wenn vorhin die lebhaften Stimmen aufregend waren, so hatte die nun eingetretene völlige Ruhe, als sie eine Weile dauerte, auch etwas Unheimliches. Endlich hörte man die Tür gehen, Frau Reinwald trat in ihres Mannes Zimmer. Sie sah sehr erregt aus, als sie zu ihrem Mann sagte: „Fräulein Geldern schreibt eben einen Brief an ihre Eltern. Ich habe sie mit aller Mühe dazu überredet, und es täte mir sehr leid, wenn sie wieder schwankend würde und den Brief nicht abschickte. Möchtest du sie nicht heimbegleiten und dich überzeugen, daß sie den Brief wirklich in den Kasten wirft?"

„Auch das noch? Nun, meinetwegen. Ruf mich also, wenn es soweit ist."

„Es kann noch eine gute Weile dauern. Gretchen, geh du einstweilen zu Bett, es wird spät."

„Zu Bett? O Mutter, ich kann doch so nicht schlafen?"

„Doch, nun kannst du ruhig schlafen, es wird alles gut werden für dich und für Fräulein Geldern. Gute Nacht, mein Kind."

Die Mutter verließ das Zimmer, und Gretchen ging zu Bett. Aber sie lag wach, es wollte sich nicht wie sonst der Schlaf gleich einstellen. Es tat ihr weh, daß Fräulein Geldern heute abend kein freundliches Wort für sie gehabt hatte, aber es war ja natürlich: sie konnte die nicht mehr liebhaben, die sie verraten hatte. Als Gretchens Gedanken endlich anfingen in Träume überzugehen, wurde sie durch das Öffnen und Schließen der Türen wieder munter gemacht. Draußen wurden Abschiedsworte gewechselt, Herr Reinwald ging mit Fräulein Geldern fort. Gretchen horchte gespannt nach dem Schritt der Mutter. Wenn sie doch nur auf einen Augenblick noch zu ihr käme! Sie konnte der Mutter Tun verfolgen: zuerst geht die Küchentür, nun knarrt das Türchen vom Speiseschrank — der Kaffee wird herausgegeben, wieder eingeschlossen. Jetzt gehen die Schritte nach dem Zimmer, in dem die Kleinen schlafen, da wird noch ein Fensterflügel auf- oder zugemacht; dann — ja, Gretchens Hoffnung täuscht sich nicht — dann kommt der Mutter Schritt ganz nahe, leise geht die Tür auf, und fast unhörbar fragt die Mutter: „Gretchen, wachst du noch?" Und dann sitzt die Mutter auf dem Bettrand, Gretchen umschlingt sie mit den Armen und bittet: „O Mutter, jetzt sag mir alles!"

„Wenn du denn doch noch wach bist", sagte Frau Reinwald, „so will ich dir noch erzählen, was ich von Fräulein Geldern erfahren habe. Sie ist aus vornehmer Familie, ist ein verwöhntes Mädchen, das sich in Trotz und Unverstand vor einigen Monaten aus dem Elternhaus entfernt hat, als man ihr zum erstenmal den Willen nicht ließ. Sie wollte eine offenbar törichte Heirat eingehen, die die Eltern nicht zugeben konnten, und faßte den Entschluß, in die Welt hinauszugehen, eine Stellung anzunehmen und nicht eher ins Elternhaus zurückzukehren, als bis ihre Eltern nachgeben würden. Sie ist bald in Not geraten, da sie ohne jegliche Empfehlung keine dauernde Stelle finden konnte; trotzdem hat sie sich nicht entschließen können, ihre Eltern um Verzeihung zu bitten, sondern hat lieber gedarbt, verkauft und gebettelt, wie du weißt. Sie ist hochmütig und verblendet, wie ich es noch nicht oft erlebt habe."

„Aber schön ist es doch von ihr, daß sie dir das alles so aufrichtig gestanden hat", sagte Gretchen, die ihre Freundin nicht fallen lassen wollte.

„Es hat einen harten Kampf gekostet, bis sie mir die Wahrheit gestanden hat, noch einen härteren, bis sie sich entschlossen hat, ihre Eltern um Verzeihung zu bitten."

„Hat sie das getan in dem Brief, den der Vater besorgt?" fragte Gretchen eifrig; „steht es auch gewiß darin?"

„Ja, ja, es steht darin, ich habe es selbst gelesen. Nachdem sie sich endlich dazu überwunden hatte, hat sie wirklich schön geschrieben, so daß es den Eltern wohltun muß, und auch ihr selber ist es jetzt leichter ums Herz, sie hat mir gedankt zuletzt."

„O Mutter, wie du das so zustande gebracht hast!"

„Jetzt gute Nacht, Kind; es ist höchste Zeit, daß du schläfst!"

„Gute Nacht und danke, danke, Mutter!"

Am frühen Morgen des nächsten Tages, vor Beginn der Schule, eilte Gretchen zu Hermine. Diese mußte hören, welche Wendung die Dinge mit Fräulein Geldern genommen hatten. Aber als sie nach Hermine fragte, erklärte das Hausmädchen: „Sie schläft noch."

„Es ist doch schon acht Uhr vorbei", sagte Gretchen ärgerlich.

„Freilich, aber sie ist eben noch nicht ganz gesund, und deshalb bleibt sie länger liegen."

„Ich will doch einmal nachsehen, ob sie noch fest schläft", entgegnete Gretchen und wartete nicht länger auf die

Einwilligung des Mädchens. Ohne anzuklopfen, trat sie leise in Herminens Schlafzimmer. Die Vorhänge waren zugezogen, es war dunkel und still im Zimmer; Hermine lag schlafend, das Gesicht nach der Wand gekehrt. Gretchen zögerte ein wenig. Durfte sie die Freundin wecken? Nein, aber doch untersuchen, ob sie noch fest schliefe oder bald von selbst aufwachen würde. Leise flüsterte sie: „Hermine, Fräulein Geldern war bei uns." Die Schläferin bewegte sich ein wenig.

„Hermine, Fräulein Geldern hat der Mutter alles anvertraut."

Die Schläferin wandte sich Gretchen zu, aber die Augen waren noch geschlossen.

„Hermine, Fräulein Geldern hat an ihre Eltern geschrieben und sie um Verzeihung gebeten." Jetzt öffnete die Schläferin die Augen und sah mit Erstaunen auf Gretchen. „Guten Morgen, Hermine", sagte diese voll Vergnügen, daß die Freundin wach war. „Guten Morgen, Gretchen. Oh, es ist schade, daß du mich geweckt hast, ich habe gerade so schön von Fräulein Geldern geträumt!"

„Ich habe dich eigentlich nicht geweckt, ich habe dir nur erzählt; o Hermine, es ist jetzt alles offen und klar, und bald wird Fräulein Geldern aus aller Not sein!" Jetzt war Hermine ganz munter und voll Teilnahme für alles, was ihr die Freundin erzählte. Mitten in dem Bericht trat Frau Braun ein und war nicht wenig erstaunt, Besuch im Schlafzimmer zu finden. „Das wird hoffentlich dein letzter Krankenbesuch bei Hermine sein", sagte sie zu Gretchen, „morgen darf sie wieder in die Schule." Das war eine frohe Botschaft für Gretchen; fröhlichen Sinnes verabschiedete sie sich und wanderte leichten Herzens, wie schon lange nicht mehr, in ihre Schule.

Fräulein Geldern suchte heute nicht die Gelegenheit, mit Gretchen zusammenzukommen, aber als sie sich zufällig auf der Schultreppe trafen, drückte sie ihr die Hand und flüsterte ihr zu: „Grüßen Sie mir Ihr liebes Mütterlein!" Nun wußte Gretchen, daß die Freundin ihr nicht mehr zürnte wegen des „Verrats".

Frau Reinwald hatte Fräulein von Zimmern mitgeteilt, wie Gretchen ganz gegen ihren Willen in Heimlichkeiten verwickelt worden war. Das wußte Gretchen, und so war es ihr auch nicht bange, als sie an einem der nächsten Schultage in das Zimmer der Vorsteherin beschieden wurde; aber lebhaft kam ihr in Erinnerung, wie sie das letztemal so ungnädig aus diesem Stübchen entlassen worden war. Diesmal wurde sie freundlich angeredet. „Du weißt wohl", sagte Fräulein von Zimmern, „daß deine liebe Mutter alles aufgeklärt und in Ordnung gebracht hat, was unklar und verwirrt war. Ich habe zu dieser Sache nichts mehr zu bemerken. Ich habe dich rufen lassen wegen Ruths Stunden. Die Kleine hat nun ihre Mitschülerinnen eingeholt und braucht keine Nachhilfestunden mehr, doch wäre es gut, wenn du sie noch ein wenig im Französischen lesen übtest; willst du das noch diesen Monat hindurch tun?"

„Jawohl, gern."

„Wie gefällt dir nun das Unterrichten? Möchtest du gelegentlich wieder eine kleine Schülerin?"

„Lieber nicht", sagte Gretchen offenherzig, „ich habe mir's eben eigentlich doch lustiger gedacht."

„Eben, eigentlich, doch", wiederholte Fräulein von Zimmern, „drei Füllwörter nebeneinander! Alle drei könnten wegbleiben. In deinem letzten Aufsatz mußten auch einige Füllwörter gestrichen werden. Achte künftig besser darauf.

Lustig ist das Unterrichten freilich nicht; aber eine Freude ist es doch, die Fortschritte einer Schülerin zu beobachten und am meisten, wenn man dabei die Liebe der Schülerin zu gewinnen versteht. Dies ist dir gelungen, Ruth ist sehr anhänglich."

„Ich habe sie auch lieb."

„Das freut mich. Du kannst nun gehen, mein Kind." Vertraulicher, als es sonst ihre Art war, reichte Fräulein von Zimmern Gretchen die Hand und sah sie freundlich an, so ganz anders als bei dem letzten Gespräch; Gretchen fühlte sich so glücklich darüber, daß sie in Gefahr kam, der würdigen Dame zum zweitenmal um den Hals zu fallen. Sie faßte sich aber noch und verabschiedete sich mit dem vorschriftsmäßigen Knicks. Draußen aber, da ihr gerade die kleine Ruth in den Weg lief, packte sie das Kind in fröhlichem Übermut, setzte sich auf die unterste Treppenstufe, zog es auf ihren Schoß und rief: „Weißt du schon, Ruth, daß wir nun bloß noch miteinander lesen müssen, keine langweiligen Übersetzungen mehr schreiben, keine schweren Wörter mehr lernen? Ist das nicht lustig? Hast du's schon gewußt? Ja? Hat dir's Fräulein von Zimmern gesagt oder Fräulein Bertrand?"

„Beide."

Das war wieder eine spärliche Antwort auf solchen Erguß; aber Gretchen war im Augenblick viel zu vergnügt, um sich über irgend etwas zu ärgern. Sie lachte nur und sagte: „Gelt, du hast noch nie einen Verweis bekommen wegen der vielen Füllwörter; wenn man bei dir ein Wort streicht, so bleibt überhaupt nichts mehr übrig." Ruth verstand nicht, was Gretchen mit den Füllwörtern meinte; aber sie verstand den guten Humor und fühlte sich ganz behaglich als

Schoßkind. Aber da ging die Tür auf und Fräulein von Zimmern trat in den Vorplatz. Im Nu sprang Gretchen in die Höhe und zog die Kleine mit sich fort, noch ehe die gestrenge Vorsteherin ihr die Bemerkung machen konnte, daß die Treppe nicht zum Sitzplatz bestimmt sei.

Hermine ging wieder in die Schule. Wenn sie noch einen Tag weggeblieben wäre, hätte sie ihre schöne Freundin, Fräulein Geldern, nicht mehr gesehen.

Am ersten Nachmittag, als sie die Schule wieder besuchte und eben Fräulein Bertrand die französische Stunde erteilte, trat unerwartet Fräulein von Zimmern in die Klasse und wandte sich an Fräulein Bertrand: „Erlauben Sie, daß Hermine und Gretchen einen Augenblick mit mir kommen, es wird nach ihnen gefragt." Überrascht folgten die beiden Gerufenen der Vorsteherin bis hinunter an ihr Zimmer. „Ihr werdet hier jemand treffen, der sich von euch verabschieden will", sagte sie und öffnete die Tür. Da standen die Mädchen zwei Damen gegenüber. Die eine, Fräulein Geldern, ging freundlich auf sie zu. „Ich möchte meine lieben Freundinnen, ehe ich fortgehe, meiner Mutter vorstellen", sagte sie; „sieh, Mutter, das sind die beiden, die beiden, die . . ."

„Die dir so treulich beigestanden haben in deiner Not", vollendete Fräulein Gelderns Mutter, eine hohe, stattliche Gestalt, die auf die Mädchen zukam und sie herzlich begrüßte. „Ich war bei Ihrer Mutter", sagte sie zu Gretchen, „und habe ihr gedankt für das, was sie an meiner Tochter getan hat, und nun möchte ich auch Ihnen beiden noch danken." Fräulein von Zimmern sah, daß die Freundinnen in Verlegenheit waren und nicht wußten, was sie antworten sollten. Sie kam ihnen zu Hilfe: „Fräulein Geldern wird heute schon heimreisen; ich habe euch gerufen, damit ihr euch verabschieden könnt." Das taten nun die beiden Mädchen, und als sie wieder in ihre Klasse zurückkehrten, begleitete Fräulein Geldern sie noch bis in den oberen Stock. Dort fand Gretchen noch den Mut zu der Frage: „Sind Sie mir nun gar nicht mehr böse?"

„Nein, gewiß nicht; aber eines möchte ich Sie noch fragen, Gretchen, mit wem haben Sie damals über mein Geheimnis gesprochen, als Sie sich von mir lossagten? Mit Fräulein von Zimmern oder mit Ihrer Mutter? Jetzt können Sie es mir ja eingestehen."

„Aber mit niemandem, Fräulein Geldern! Ich habe es Ihnen doch schon damals gesagt."

„Ich kann es nicht glauben, Kind. Die Worte, die Sie damals sagten, konnten nicht aus Ihnen kommen, und ebensowenig Ihr plötzlicher, fester Entschluß."

„Es waren die Worte, die unser Pfarrer in der Stunde über Heimlichkeiten sprach."

„Ja", bestätigte Hermine, „wir hatten ihn gebeten, darüber zu reden, aber er wußte nicht, warum."

„Das waren gute Worte; Gott sei Dank dafür!"

Die jungen Mädchen trennten sich, Gretchen und Hermine sahen ihre schöne Freundin die Treppe hinuntereilen — für sie war sie verschwunden, wohl für immer.

Noch am selben Tage kehrte sie als ein gedemütigtes Kind nach schweren Erfahrungen ins Elternhaus zurück.

Eine Einladung

In der ernsten Arbeit der nächsten Wochen war die Erinnerung an Fräulein Geldern bald zurückgetreten bei unseren Freundinnen. Ihre Mitschülerinnen waren froh darüber, daß Gretchen und Hermine wieder mehr für sie zu haben waren. Ottilie von Lilienkron neckte die beiden nicht mehr wegen ihrer Schwärmerei, und Elise Schönlein, die von den fünfzehn Schülerinnen der Oberklasse die ungeschickteste war, konnte sich wieder wie früher Hilfe erbitten bei der allzeit dienstfertigen Hermine oder guten Rat bei Gretchen, in deren Kopf alles klar lag, was sich bei Elise in trostlosem Wirrwarr befand. Der Tag kam, an dem in der Schule von Fräulein von Zimmern Prüfungsarbeiten gegeben wurden. Vom Erfolg derselben und von den Arbeiten, die im Laufe des Winters gemacht worden waren, hing die Note ab und der Platz in der Klasse. Hermine war seit Jahren die erste, während Gretchen und Ottilie öfter auf dem zweiten und dem dritten Platz gewechselt hatten. Diesmal hatte Gretchen gute Aussicht, den zweiten Platz zu behaupten, und Hermine war das wichtiger als Gretchen selbst. Während sie die Schultreppe zusammen hinaufgingen, sagte Hermine: „Gretchen, bleib mir treu! Wenn du nicht ganz schlechte Arbeiten schreibst und Ottilie ganz ausgezeichnete, so kann sie gar nicht mehr über dich hinaufkommen. Gelt, du paßt recht auf?"

„Ja, ja, ja", rief Gretchen ungeduldig, „wie oft willst du mir's noch ans Herz legen? Ich kann's gar nicht ausstehen, wenn man immer so nach den ersten Plätzen jagt. Ich wollte, ich wäre Elise Schönlein, die sitzt so fest auf ihrem fünfzehnten Platz, mit allem Leichtsinn kann sie nicht mehr weiter hinunterkommen, solange nicht eine sechzehnte Schülerin eintritt."

„Aber Gretchen, wie du nur so etwas sagen magst, das kommt mir fast unrecht vor!"

„Ich meine es ja nicht so ernst; aber so ein Ehrgeiz, wie ihn Ottilie hat, der kommt mir fast unrecht vor."

Hinter den beiden Freundinnen kam Elise Schönlein herauf. Gretchen redete sie an und wünschte ihr viel Glück für die Prüfungsarbeiten. „Heute haben wir doch noch keine?" fragte Elise. „Aber Elise", entgegnete Hermine ganz vorwurfsvoll, „Fräulein von Zimmern hat es uns doch schon vor acht Tagen gesagt! Hast du denn gar nichts durchgearbeitet?" Elise blieb die Antwort schuldig.

„Und die beneidest du?" sagte Hermine leise zu Gretchen.

Droben auf dem langen Gang wandelte Ottilie auf und ab, ein Buch in der Hand. „Lernst du noch?" fragte Hermine. „Nur noch wiederholen. Gestern habe ich, obwohl es Sonntag war, den ganzen Tag gelernt, bis ich vor Kopfweh gar nicht mehr aus den Augen sehen konnte."

„Und die beneidest du?" sagte Gretchen lachend zu Hermine.

Die Prüfungsarbeiten gingen vonstatten, schriftliche Arbeiten aus allen Fächern. Noch in derselben Woche erschien eines Nachmittags Fräulein von Zimmern in der Klasse der Großen, um das Ergebnis zu verkünden; es setzte alle in Erstaunen, es fiel auch anders aus, als Hermine erwartet hatte: Gretchen war nicht die zweite geblieben, nein, Gretchen war die erste geworden! Die beiden Freundinnen sahen sich bei dieser Bekanntmachung ganz verblüfft an, und obwohl Fräulein von Zimmern ganz in Gretchens Nähe stand und feierliche Stille in der Klasse herrschte, konnte Gretchen sich doch nicht enthalten, Hermine zuzurufen: „Siehst du's! Nun hast du's! Warum mußt du mich immer so anstacheln?"

„Bemerkungen während der Platzverteilung sind verboten", sagte Fräulein von Zimmern zu Gretchen, „du weißt das seit vielen Jahren. Ich muß leider meiner Ersten gleich eine schlechte Note geben." Lautlose Stille unter den Schülerinnen. Manch teilnehmender Blick fiel auf die beiden Freundinnen. Hermine war ein wenig erblaßt. „Nimm dir das nicht zu sehr zu Herzen", sagte Fräulein von Zimmern wohlwollend zu ihr, „deine längere Krankheit mag etwas ausgemacht haben. Übrigens waren deine Arbeiten gut, nur die von Gretchen noch etwas besser." Diese Worte taten Hermine wohl, und nachdem die beiden Freundinnen ihre Plätze gewechselt hatten, fanden sich ihre Hände unter dem Tisch zu freundschaftlichem Gruß.

Ein weiterer Trost für Hermine mochte es sein, daß neben sie als dritte Elsbeth May kam; denn auch Ottilie war um einen Platz zurückgekommen. „Du bist diesmal die vierte geworden", sagte Fräulein von Zimmern zu ihr, „deine Arbeiten im letzten Halbjahr waren gut, aber die Prüfungsarbeiten sind dir teilweise mißlungen. Du sahst auch nicht gut aus, warst du unwohl?" Ottilie stürzten die Tränen aus den Augen und schluchzend rief sie: „Ich hatte so furchtbar Kopfweh, schon am Tage vorher, am Sonntag, als ich gearbeitet hatte von früh bis spät abends."

„Den ganzen Sonntag hast du gearbeitet, Ottilie? Hast du denn am Werktag so viel Gutes gehört und gelesen, so für deine Erbauung gesorgt, daß du es am Sonntag gar nicht mehr nötig hattest? Oder meinst du, es stehe so gut mit dir, daß du dich ganz über das Gebot der Sonntagsheiligung hinwegsetzen kannst? Ich glaube, das dürfen nur solche Gotteskinder tun, deren ganzes Leben ein Gottesdienst ist." Ottilie weinte still vor sich hin. Noch manche Veränderung gab es am grünen Tisch, aber Elise Schönlein behielt ihren alten Platz.

Obwohl Fräulein von Zimmern durch lange Jahre die Erfahrung gemacht hatte, daß dieses Mädchen keinen besseren Platz erobern konnte, war sie doch nicht gleichgültig gegen sie. „Elise", sagte sie, „daß du wieder die letzte bist, nehme ich dir nicht übel; denn die anderen lernen leichter als du. Daß du aber deine Prüfungsarbeiten schlechter gemacht hast als sonst, das hat mich sehr betrübt. Du sollst diese Woche jeden Abend zu mir kommen, und diese Arbeiten oft bei mir machen, bis sie so gut werden, wie ich es von dir erwarten kann. Du darfst nicht eine schlechtere Schülerin werden, im Gegenteil, du kannst und mußt eine bessere werden.

Als Gretchen an diesem Abend ihren Eltern von den Erlebnissen in der Schule erzählte, fiel es ihr auf, daß ihr Vater aufmerksamer zuhörte als sonst bei derartigen Berichten. Nachdem sie alles erzählt hatte, fragte Herr Reinwald: „Nun? Das Beste kommt doch noch? Nicht? Gibt's nicht noch eine wichtige Neuigkeit?"

„Ich weiß nichts weiter, Vater, was meinst du?"

„Ich will nichts ausplaudern, ihr werdet wohl morgen in der Schule hören, was ich zufällig schon heute erfuhr.

Aber das kann ich dir sagen, du bist ein Glückskind, daß du gerade jetzt den ersten Platz bekommen hast."

Auf diese geheimnisvolle Andeutung hin ging Gretchen am nächsten Morgen voll Erwartung in die Schule. Sie war kaum in das Schulhaus eingetreten, als ihr auch schon etwas Ungewohntes in die Augen fiel. An der Tür des Zeichensaales hing recht augenfällig eine große Tafel, auf der mit deutlicher Schrift geschrieben stand: Die Schülerinnen sämtlicher Klassen haben sich um zehn Uhr im Zeichensaal zu versammeln.

Mädchen aus allen Klassen umstanden die Tafel, und die verschiedensten Vermutungen wurden ausgesprochen. „Gewiß ist's wegen eines Schulausflugs", sagte die eine, „wegen der Handarbeitsausstellung", meinte eine andere, und eine dritte versicherte, sie wisse es ganz genau, das Hausmädchen von Fräulein von Zimmern habe sie alle verklagt, weil sie die Stiefel nicht abstreiften vor dem Schulhaus.

Von all dem glaubte Gretchen nichts, ihr Vater mußte von etwas anderem wissen. Es war auch etwas ganz anderes. Als um zehn Uhr die Schülerinnen versammelt waren – auch Lehrerinnen hatten sich eingefunden – trat Fräulein von Zimmern in den Saal. Die Neugierde der ganzen Versammlung war so groß, daß von selbst alles Geplauder verstummte und lautlose Stille eintrat. Gespannt waren die Blicke aller auf die Vorsteherin gerichtet, als diese begann: „Ich habe gestern abend ein Schreiben bekommen aus dem Kabinett der Königin. Ihr wißt wohl alle, daß in unserem Königshaus große Freude herrscht, weil unserer Königin nach drei Prinzen eine Prinzessin geschenkt wurde. An dieser Freude sollen nun die Bewohner der Hauptstadt auch teilhaben, und darum hat Ihre Majestät die Königin beschlossen, ein Fest zu veranstalten zu Ehren der kleinen Prinzessin. Zu diesem Fest sind an sämtliche Mädchenschulen unserer Stadt Einladungen ergangen. Von jeder Klasse ist die erste Schülerin auf Donnerstag den zwanzigsten dieses Monats in das königliche Schloß eingeladen. Somit ist auch aus unserer Schule die Erste jeder Klasse geladen. Die anderen, die nicht eingeladen sind, sollen am zwanzigsten nachmittags schulfrei sein, und wenn es irgend möglich ist, soll ein Spaziergang mit ihnen unternommen werden. Das Schreiben ist von Ihrer Majestät der Königin eigenhändig unterschrieben." Fräulein von Zimmern hielt es hoch, um es die Schülerinnen sehen zu lassen, dann sagte sie: „Ihr könnt nun alle den Saal verlassen, außer den Ersten der zehn Klassen, diese sollen zu mir kommen." Nun war es mit der Stille vorbei, unter großer Unruhe leerte sich langsam der Saal.

Als Gretchen die Mitteilung vernommen hatte, war ihre Empfindung eine jubelnde Freude gewesen: Ja, sie war ein Glückskind! Zum erstenmal ist sie in dieser Schule die Erste, und gerade diesmal wird den Ersten eine Auszeichnung zuteil und eine solche! Eine Einladung in das Schloß, zum Prinzeßchen. Aber gleich kam eine schmerzliche Empfindung und verdrängte die Freude: Hermine ist ein Unglückskind! Wäre die Einladung auch nur ein paar Tage früher ergangen, so wäre sie unter den Geladenen gewesen! Gretchen wandte sich um, hinter ihr stand Hermine, ihre Blicke begegneten sich. Wohl war Hermine ein wenig erblaßt, und Tränen standen in ihren Augen, aber trotzdem nickte sie Gretchen freundlich zu. Ja, sie war eine selbstlose, treue Freundin, sie gönnte ihr das Glück, so durfte sich Gretchen freuen. Die zehn Mädchen, die in dem Saal zurückblieben, waren so verschieden in Alter und Größe wie nur möglich; aber alle schienen sie gleich strahlend in freudiger Überraschung.

Als Fräulein von Zimmern allein war mit ihren Auserkorenen, teilte sie ihnen noch einiges Nähere mit. Dem Schreiben der Königin lag eine Anweisung bei, die besagte, daß die Schulvorsteher die Namen der geladenen Kinder mitteilen sollten, worauf für dieselben Einladungskarten folgen würden. Auch wegen der Kleidung war einiges bestimmt: Die Mädchen sollten in weißen Kleidern erscheinen, ohne Hüte, mit Blumenkränzchen.

Herr und Frau Reinwald hatten schon vorher von dieser Einladung gewußt und waren deshalb nicht mehr überrascht, als Gretchen ihnen dies alles mitteilte, aber um so mehr Staunen erregte ihre Botschaft bei Rudi und Betty. Eingeladen bei der Königin, das klang ja wie ein Märchen, und Gretchen stand vor den Augen der Kleinen wie eine verzauberte Prinzessin.

Frau Reinwald war bald darauf in der Bodenkammer zu sehen, wo sie Gretchens weißes Kleid hervorsuchte. Die kleine Betty war ihr gefolgt; denn alles, was mit dem Fest der Königin zusammenhing, war ihr hochwichtig. Frau Reinwald wandte das weiße Kleid hin und her und kam nicht recht zum Entschluß, ob es wohl für das Fest noch gut genug wäre. Die Kleine verfolgte alle ihre Bewegungen und las mit sorgenvollem Gesichtchen in den Mienen der Tante. Endlich griff sie mit ihren Fingerchen nach dem feinen Stoff und sagte ernsthaft: „Tante, Gretchen zerreißt das Kleid, und die Königin sieht das Loch."

„Du kleine Unglücksprophetin!" rief die Tante lächelnd. Aber die schwankende Waagschale hatte sich durch das

Kinderwort doch geneigt, Frau Reinwald legte das alte Kleid wieder an seinen Ort, nahm Betty bei der Hand und sagte: „Komm, wir gehen hinunter und kaufen ein neues Kleid, die Königin darf kein Loch sehen." Und Betty durfte mit, als Frau Reinwald ging, um den Stoff zu kaufen und die Schneiderin zu bestellen.

„Mutter", sagte Gretchen auf dem Heimweg von diesem Ausgang, „ich muß doch geschwind zu Lene, kein Mensch freut sich so wie sie, wenn sie hört, daß ich die Erste geworden und zur Königin eingeladen bin."

„Es ist wahr, das ist etwas für unsere Lene, geh nur zu ihr, so etwas darf man der treuen Seele nicht vorenthalten."

Lene war diesmal nicht allein, alle drei Buben waren daheim; schon vor der Tür hörte Gretchen sie lärmen und mußte bei sich denken: „Die Wilden sind noch immer nicht gezähmt." Sie mochte sich nicht gern vor so vielen Zeugen ihres Glückes rühmen und fragte zunächst nur nach Lenes Ergehen. Aber Lene war damit gleich fertig, etwas anderes schien sie zu beschäftigen. „Gretchen", sagte sie, „kannst du dir den Hofkutscher Plitt noch denken, der bei meiner Hochzeit war? Der ist ein alter Kamerad von meinem Mann und kommt oft mit ihm zusammen. Der hat uns von dem Fest erzählt, das die Königin gibt, du mußt ja auch schon davon gehört haben, von eurer Schule müssen doch auch die Ersten eingeladen sein. Da gibt's eine groß-artige Bewirtung und Spiele, und am Schluß wird die Prinzessin in ihrer goldenen Wiege gezeigt. O Gretchen, ich habe so an dich denken müssen, du bist doch meistens die Zweite und könntest längst die Erste sein, wenn du nur recht wolltest; aber schon von klein an hat's dir am rechten Ehrgeiz gefehlt und sieh, jetzt hättest du zur

174

Königin kommen können!" Gretchen sah Lene mit strahlenden Augen an und sagte ganz einfach: „Ich bin ja die Erste."

„Du bist die Erste? Ja, seit wann denn? Machst du keinen Spaß? Dann bist du eingeladen zum Fest, wirklich? Ja? Und da kommt sie so ruhig zur Tür herein und sagt: Grüß Gott, Lene, wie geht es dir? Buben, habt ihr's gehört? Mein Gretchen ist die Erste und ist zur Königin eingeladen!" Freilich hatten es die Buben gehört, längst waren sie nicht mehr die Wilden, ganz zahm standen sie da und horchten. Jetzt sagte der Große: „Ich hab' mir's schon ausgedacht, daß der Vater sie ins Schloß fahren muß, ich schreibe es ihm gleich in seinen Kalender, am zwanzigsten nachmittags." „In der neuen Hochzeitskutsche", rief der zweite, „das macht sich fein vor dem Schloß." „Die wird der Vater nicht nehmen, für die rechnet er immer die doppelte Taxe." „Die nimmt er, sage ich!" „Die nimmt er nicht." Die Brüder gerieten in Streit. „Seid still, ihr Buben, und verderbt mir meine Freud' nicht", rief Lene, und nun erzählte sie ganz ausführlich alles, was der Hofkutscher Plitt gesagt hatte, erkundigte sich nach Gretchens Festkleid und war glücklich, als sie hörte, daß schon die Schneiderin bestellt sei, um ein ganz neues Kleid zu machen.

Gretchen ging sehr vergnügt heim, Lenes große Freude hatte ihre eigene Freude noch erhöht.

*

Es war fünf Tage vor dem Fest. Frau Reinwald richtete alles zu, was für die Schneiderin nötig war, die am nächsten Tag erwartet wurde. Gretchen sollte noch einige Besorgungen machen, die sie in die Nähe von Hermine führten, und sie wollte sie bitten, mit ihr zu gehen, wie das die Freundinnen im Brauch hatten. Sie traf Hermine nicht zu Hause, aber da sie bald kommen konnte, wollte Gretchen auf sie warten. Sie ging in das Wohnzimmer, wo Frau Braun und drei von Herminens Geschwistern sich aufhielten. Frau Braun begrüßte sie freundlich wie immer, hingegen nahm es sich wenig freundlich aus, daß Herminens dreizehnjähriger Bruder bei ihrem Eintritt vom Tisch aufstand und ohne Gruß das Zimmer verließ. Gretchen, die sich in diesem Familienkreis ganz daheim fühlte, fragte unbefangen: „Was hat denn Richard, warum läuft er hinaus, wenn ich komme?" „Ich weiß nicht, was ihm einfällt", sagte Frau Braun und wollte das Gespräch auf etwas anderes bringen. Aber Otto, der jüngere Bruder, sagte: „Ich weiß wohl, was Richard hat, er ist bös auf Gretchen wegen der Einladung der Königin." „Tut es ihm so leid, daß Hermine nicht hinkommt?" fragte Gretchen. „Ja, aber es ist kindisch und töricht von ihm, deshalb auf dich zu zürnen, du bist ja die ganz unschuldige Ursache. Man muß ihn damit entschuldigen, daß es ihm am meisten leid tut von uns allen." „Papa tut's doch noch mehr leid", entgegnete Otto.

„Aber Hermine selbst hat es doch so leicht verschmerzt", sagte Gretchen.

„Meinst du, Kind?" fragte Frau Braun in schmerzlichem Ton. „Da irrst du dich. Hermine hat dich so lieb, daß sie sich vor dir beherrscht, weil sie dir die Freude nicht verderben will. So etwas verschmerzt sich überhaupt nie. Noch als altes Mütterlein wirst du dich deines Glückes rühmen und von dem Fest erzählen, das du mitmachen durftest, und sie wird in ihren alten Tagen noch von diesem Mißgeschick reden. Es ist ja auch bitter für sie, und daß es ihr Vater so schwer nimmt, macht es allerdings noch besonders schwer für uns alle."

„Ja, und daß Richard immer behauptet, es sei ungerecht, weil Hermine bloß durch ihr Kranksein zurückgekommen sei, und weil Fräulein von Zimmern heuer die Prüfungsarbeiten früher machen ließ als sonst, gerade wie wenn sie gewollt hätte, daß es so kommt."

„Das ist aber nicht wahr", rief die kleine Mathilde, „wir haben die Arbeiten früher machen müssen, weil zwei Lehrer fortkommen."

Gretchen hatte genug gehört. „Hermine bleibt mir doch zu lange aus, ich will jetzt gehen", sagte sie.

„Es ist mir nicht recht", sagte Frau Braun, „daß alles vor dir gesprochen wurde, es wird auch Hermine sehr leid tun. Nimm dir's nicht zu Herzen, du kannst ja gar nichts dafür. Wenn ich dich vorher nicht mehr sehe, so wünsche ich dir recht viel Vergnügen zu dem Fest, komm nur bald danach und erzähle uns."

Die kleine Mathilde geleitete Gretchen hinaus, sie war sehr anhänglich an sie. „Mathilde", sagte Gretchen zu ihr, „sag mir die Wahrheit, ist Hermine sehr traurig?" Die Kleine nickte nur mit ernsthaftem Gesichtchen.

Gretchen ging. Wo war auf einmal all ihre Freude hin? Ganz in Gedanken verloren wanderte sie durch die Straßen und machte ihre Besorgungen. Die Seide, die Atlasbändchen, die sie auswählen sollte, waren ihr so gleichgültig. Vor einer Stunde noch hatte sie sich gefreut, daß endlich ihr Festkleid gemacht werden sollte, jetzt mochte sie gar nicht daran denken. Eine ganze Familie war traurig geworden durch sie und nicht nur traurig für kurze Zeit, nein, Frau Braun sagte ja, Hermine würde noch als altes Mütterchen darum trauern.

Das kam ihr gar schrecklich vor! Wie hatten ein paar Worte doch ihre ganze große Freude zerstört! Am liebsten hätte sie jetzt noch zugunsten von Hermine auf ihre Einladung verzichtet, aber es ging ja nicht mehr. Der Vater würde sagen, das seien törichte und übertriebene Freundschaftsgefühle, die Mutter würde ihr vorstellen, daß alles schon eingekauft und für morgen die Näherin bestellt sei.

Wie zur Bestätigung dieser Gedanken, trat ihr daheim Franziska mit den Worten entgegen: „Der Schuhmacher hat die Stiefelchen geschickt, sie sind hochfein, im Zimmer stehen sie." Nein, es war zu spät, um zu verzichten. Sie wollte die Eltern gar nicht um die Erlaubnis bitten, ihre Mutter würde es nur betrüben, wenn sie hörte, was Brauns gesagt hatten. Sie wollte nicht auch der Mutter noch die Freude verderben, diesen Kummer wollte sie vor ihr verbergen.

Der Kinder Geplauder brachte sie über die nächste Stunde weg, aber nun mußten die Kleinen zu Bett, und dann kam der Vater zum Abendessen, sonst eine gemütliche Stunde, vor der sie sich aber heute fürchtete, denn es mußte die Rede auf das Fest kommen, und sie sollte davon sprechen wie früher und dachte doch ganz anders darüber.

Das Essen ging vorüber, Gretchen fühlte sich immer mehr bedrückt, sie war so gar nicht gewohnt, vor den Eltern ihre Empfindungen zu verschweigen. Eine Weile nach dem Essen zog Herr Reinwald seine Taschenuhr und sagte: „Ich habe heute noch einen Ausgang vor, auf neun Uhr habe ich mich mit einigen Herren zu einer Besprechung verabredet, Herr Braun ist auch dabei."

„Herr Braun!" rief Gretchen, und auf einmal wurde der gute Vorsatz, zu schweigen, umgestoßen. „O Vater, Herr Braun ist so unglücklich, daß Hermine nicht zum Fest darf, und Frau Braun auch und alle Kinder, und sie meinen, Hermine würde es als altes Mütterchen noch nicht verschmerzt haben. Hätte ich das doch früher gewußt, dann hätte ich gesagt, sie soll statt meiner gehen, es wäre mir ja viel, viel lieber, denn ich kann mich gar nicht mehr darauf freuen, aber gelt, jetzt ist es viel zu spät?" Mit ängstlicher Spannung sah Gretchen auf den Vater. Und dieser?

Ganz ruhig wandte er sich zu seiner Frau und sagte: „Siehst du, es kommt ihr noch in der elften Stunde! Sie wäre ja nicht dein Kind, wenn sie nicht so dächte!" Und dann wandte er sich wieder zu Gretchen und sagte: „Du hast ganz recht, laß du nur Hermine Braun als Erste gelten." Gretchen war über alle Maßen von dieser Antwort überrascht. Frau Reinwald sah es ihr an. „Du bist ganz erstaunt, nicht wahr? Der Vater und ich haben uns schon lange gewundert, daß du nicht daran denkst, zugunsten von Hermine zu verzichten; aber wir wollten dich nicht bestimmen, so ein Verzicht muß ganz freiwillig sein."

„Ich habe ja bis heute nachmittag gar keine Ahnung davon gehabt, daß Brauns es so schwer nehmen, haben sie es euch denn gesagt?"

„Nein, aber wir kennen ja die Familie und wissen, daß ihnen so etwas viel wichtiger ist als uns."

„O wie bin ich froh", jubelte Gretchen, „ich hätte gar nicht gedacht, daß ihr es jetzt noch erlaubt."

„Geschickter wäre es allerdings gewesen, wenn sich dein Edelmut etwas früher gemeldet hätte", sagte Herr Reinwald, „wie soll das nun werden mit eurer Schneiderin?"

„Brauns müßten eben den Kleiderstoff mitsamt der Schneiderin gleich morgen übernehmen, sie täten es natürlich auch gern, wenn sie es nur schon wüßten."

„Also dann mach dich rasch fertig, Gretchen", sagte Herr Reinwald, „ich begleite dich hin, und du bringst dort die ganze Sache in Ordnung. Geht das?"

„Das geht, aber wer begleitet sie heim?"

„Oh, da sorge dich nicht, Mutter, da begleiten mich alle sechs Kinder heim, wenn ich will; oder ich schlafe bei Hermine, das wäre noch lustiger; o laß mich dort schlafen, Mutter, bitte sag ja, zum Ersatz, weil ich nicht zum Fest darf!"

Fünf Minuten später war Gretchen mit ihrem Nachtzeug unter dem Arm unterwegs. „Was soll ich machen, wenn sie es nicht annehmen wollen?" fragte Gretchen ihren Vater.

„Sie machen dir vermutlich keine großen Schwierigkeiten."

„Die andern nicht, aber Hermine vielleicht."

„Der sagst du, ihr müßtet euren Vätern gehorchen, und diese würden es heute abend so miteinander verabreden. Ich treffe Herrn Braun und werde ihm auf dem Heimweg ein paar Worte über die Sache sagen."

Gretchens erste Frage im Haus Braun war: „Ist Hermine noch auf?" und dann: „Ist Herr Braun schon ausgegangen?", und als das beides bejaht war, ging sie sehr befriedigt auf das Wohnzimmer zu. Hermine kam ihr unter der Tür entgegen: „Ich hab doch gleich deine Stimme erkannt", sagte sie, „aber niemand wollte glauben, daß du so spät noch kommst."

Gretchen trat ein. Die jüngsten Kinder waren schon zu Bett gebracht, die älteren und Frau Braun saßen gemütlich an dem großen, runden Tisch, und alle sahen sehr erstaunt auf den späten Gast. Richard wagte nicht, sich zum zweitenmal so unhöflich zu zeigen, doch sah er gleich wieder in sein Buch. „Was bringt dich denn so spät noch zu uns?" fragte

Frau Braun, und alle warteten neugierig auf Gretchens Antwort. Wie sollte diese nun die Angelegenheit einleiten? Es war eigentlich eine unangenehme Sache. „Wie komisch, daß du jetzt nicht sagst, was du willst", sagte Hermine.

Da lachte Gretchen, und die Kinder lachten mit; das Eis war gebrochen, Gretchen faßte Hermine, schüttelte sie und rief: „Kannst du's denn gar nicht erraten, weshalb ich komme? Du darfst zum Fest statt meiner! Ja, staune nur, es ist ganz gewiß; dein Vater und meiner, die machen es jetzt gerade miteinander aus, und wir beide müssen gehorsam sein, verstehst du? Ist dir's jetzt recht, daß ich so spät noch komme?" Hermine war diesmal nicht erblaßt, nein, dunkelrot wurde sie in freudiger Erregung, und alle Kinder drängten sich um die beiden Freundinnen.

Richard war der erste, der Worte fand: „Bravo, Gretchen, du sollst hochleben!" und Otto stimmte mit ein. Aber Hermine hatte sich jetzt gefaßt und sagte: „Seid doch still, das kann ich doch gar nicht annehmen!" Richard fiel ihr eifrig ins Wort: „Hermine, nur keine Umstände gemacht, es ist einfach dein gutes Recht, daß du zum Fest kommst, und du nimmst es an." Frau Braun, die bei der Aufregung der Kinder noch gar nicht zu Wort gekommen war, entgegnete Richard sehr bestimmt: „Nein, ihr Recht ist's nicht, das Recht ist auf Gretchens Seite. Aber wir wollen jetzt nicht vom Recht reden, sondern von Freundschaft, und die Freundschaft kann man annehmen und kann sie auch vergelten durch ein ganzes Leben hindurch." Bewegt zog sie Gretchen an sich und küßte sie. Auch Mathilde drängte sich zu ihr und sagte bittend: „Du bist doch nicht so traurig darüber, wie Hermine war?" Und Gretchen lachte sie freundlich an und sagte: „Sehe ich traurig aus?"

Frau Braun stellte noch manche Frage, aber sie hatte keine Bedenken, das Opfer anzunehmen. Die ganze Familie hatte zu sehr unter dem Eindruck gestanden, daß durch einen glücklichen Zufall Gretchen genießen sollte, was Hermine durch jahrelange Arbeit verdient hätte.

Nun richtete Gretchen aus, was ihr Frau Reinwald wegen der Schneiderin und des Kleiderstoffs aufgetragen hatte, und während sie mit Frau Braun das alles besprach, stand Hermine wie in einem schönen Traum verloren neben ihr und hielt ihre Hand fest.

„Hast du denn darin etwa schon den Kleiderstoff mitgebracht?" frage Frau Braun, auf Gretchens Päckchen deutend.

„Ach nein, das ist etwas ganz anderes, das ist meine Entschädigung dafür, daß ich nicht zum Fest darf."

„Dann ist's gewiß etwas sehr Schönes? Dürfen wir es ansehen?" Gretchen lachte. „Ich will es lieber zuerst mit Hermine allein auspacken." „So komm mit", sagte Hermine und ging mit der Freundin hinaus ins Nebenzimmer. Sie sah zuerst ganz verständnislos auf das schlichte Nachtjäckchen, das aus dem Paket herauskam. Dann begriff sie und kehrte jubelnd zur Mutter zurück: „Gretchen darf bei uns übernachten, gelt Mutter, sie darf?" Natürlich durfte sie! Noch ganz andere Dinge hätte sie heute von dieser Familie verlangen dürfen. Jedes der Kinder bot sein Bett an, alle Hände erklärten sich bereit, das Nötige für den unerwarteten Gast zu richten. Mathilde, die gewöhnlich bei Hermine schlief, durfte ihren Platz dem Gast einräumen, und nach einem herzlichen „Gute Nacht", das ihr von allen Seiten geboten wurde, blieb Gretchen allein mit ihrer Freundin. Nun gab es ein langes, trauliches Plaudern. Hermine wollte alles wissen und erfuhr auch alles. Es fiel ihr nicht leicht, das Opfer von der Freundin anzunehmen, und so wollte sie genau erfahren, wie groß das Opfer für Gretchen war. „Eigentlich tun mir nur zwei Dinge wirklich leid", antwortete Gretchen auf Herminens Frage; „das eine, daß ich die kleine Prinzessin nicht zu sehen bekomme, und dann das andere, daß unsere Lene so bös auf mich sein wird. Daran mag ich gar nicht denken. Aber es ist ja auch nicht nötig, daß ich daran denke; ich will jetzt immer daran denken, wie du als altes Mütterchen bei deinen Urenkeln sitzest und ihnen von dem Fest erzählst." „Von dir erzähle ich ihnen noch viel mehr", sagte Hermine. Da klopfte Frau Braun an die Tür und rief: „Hört einmal, es ist bald elf Uhr. Von euren Urenkeln könntet ihr auch morgen noch sprechen, das eilt wohl nicht so sehr."

Noch ein herzlicher Gute-Nachtkuß wurde gegeben, und die beiden Freundinnen schliefen ein.

Am nächsten Tage klopfte Gretchen bei Fräulein von Zimmern an, denn ihr mußte doch die Verabredung mitgeteilt werden. Unterwegs hatte sie sich überlegt, wie sie die Sache ohne überflüssige Füllwörter mitteilen könne.

„Fräulein von Zimmern", sagte sie, „mit Zustimmung unserer Eltern soll Hermine statt meiner zu dem Fest der Königin gehen. Erlauben Sie, daß ich meine Einladungskarte an Hermine abtrete?"

Fräulein von Zimmern überlegte eine Weile, dann sagte sie: „Eine Einladung, die von der Königin ausgeht, lehnt man nicht ab. Ich erhielt die Karten für die Ersten; du bist eingeladen, nicht Hermine." Gretchen erschrak. Die Möglichkeit, daß Fräulein von Zimmern nicht einwilligen könnte, war ihr gar nicht in den Sinn gekommen; welch

schreckliche Enttäuschung wäre das nun für Brauns! „Es war
freundlich von dir gemeint, liebes Kind", fuhr Fräulein von
Zimmern fort, „und ich begreife, daß du der Freundin zuliebe verzichten möchtest, aber es wäre nicht richtig gehandelt. Hattest du mir sonst noch etwas zu sagen?" Gretchen
war ganz bestürzt, das klang schon wie Entlassung! Oh, sie
mußte erst noch viel sagen!

„Ich war gestern bei Brauns, sie waren alle so unglücklich, der Vater, die Mutter und sogar die Brüder. Sie nehmen es so schwer und meinen, Hermine könnte es ihr ganzes
Leben lang nicht verschmerzen. Und so ist's bei meinen
Eltern gar nicht, sie haben mir's augenblicklich erlaubt, daß
ich mit Hermine tausche, ich könnte auch gar nicht vergnügt
sein bei dem Fest; und wenn mich Hermine nicht immer so
getrieben hätte, daß ich mehr lernen soll, so wäre ich gar
nicht die Erste geworden." Gretchen sprach immer rascher
und eifriger, denn sie fürchtete, jeden Augenblick hinaus-
geschickt zu werden. „Ich habe auch so unerhörtes Glück gehabt bei den Prüfungsarbeiten. In der Geographie, bei den
Nebenflüssen der Donau, hatte ich die Enns vergessen zu
schreiben. Da höre ich wie hinter mir eine andere fragt:
,Schreibt man die Enns mit zwei ‚n'?' Natürlich habe ich
dann die Enns noch hineingeflickt." — „Geflickt!!?"

„Geschrieben", verbesserte Gretchen. „Wenn die Prüfungsarbeiten so spät gewesen wären wie sonst immer, dann wäre
Hermine gewiß wieder die Erste geworden; seit sie gesund
ist, holt sie ja alles Versäumte nach, und jetzt ist schon die
Schneiderin bei Brauns und hat den Stoff verschnitten, für
mich wäre Hermines Kleid viel zu kurz — o Fräulein von
Zimmern! . . ." Gretchen hielt ganz außer Atem nach diesen
flehenden Worten inne.

„Das geht etwas bunt durcheinander bei dir, Gretchen!
Die Enns und das kurze Kleid, aber ich habe dich doch verstanden. Ich werde es mir überlegen. Wenn ich es mit gutem
Gewissen kann, dann werde ich deinen Wunsch erfüllen,
aber auch nur dann. Heute nachmittag sollst du Antwort
haben."

Gretchen war nur halb beruhigt. Fräulein von Zimmern
hatte die Erlaubnis von ihrem Gewissen abhängig gemacht;
ach, das Gewissen von Fräulein von Zimmern war gar nicht
zu berechnen!

In der Freiviertelstunde nahm Gretchen Hermine beiseite
und erzählte ihr von der Unterredung. Arm in Arm wandelten die beiden miteinander, die gemeinsame Furcht und
Hoffnung bewegte sie, noch nie hatten sie sich so liebgehabt
wie heute.

Und noch ein anderes Pärchen wandelte, mit derselben
Angelegenheit beschäftigt, draußen im Schulhof auf und ab.
Es waren Mathilde Braun und Ruth. Sie waren sonst gute
Freundinnen, aber jetzt hatten sie entgegengesetzte Ansich-
ten. Mathilde war für ihre Schwester, Ruth für Gretchen,
und die beiden stritten sich darüber, wer das beste Recht auf
die Einladung zum Fest hätte. Wenn Ruth mit der Ver-
teidigung Gretchens nicht mehr recht nachkam — denn sie
war nicht so redegewandt wie Mathilde —, dann seufzte sie
nur und wiederholte immer wieder: „Ich hätte Fräulein
Gretchen das schönste Rosenkränzchen zum Festschmuck
bringen dürfen, Papa hatte es schon erlaubt", und Mathilde
begriff dann, daß Ruth für Gretchen stimmen mußte.

Auch Fräulein von Zimmern bewegte die Angelegenheit
nicht allein in ihrem Herzen. Sie suchte ihren treuen Berater, Pfarrer Kern, auf und berichtete ihm. „Es ist eine

schwierige Frage", schloß sie, „ob ich berechtigt bin, eine andere als die Erste zum Fest zuzulassen. Was sagen Sie dazu?"

„Was ich immer sage: Der Geist macht lebendig, der Buchstabe tötet. Im Geist der Königin ist es, eine Freudenfeier zu schaffen, ihr Glück andern mitzuteilen. In irgendeinen Buchstaben mußte sie diesen Geist fassen. Liegt nun der Fall so wie bei unserer zehnten Klasse, so käme statt Freude und Glück nur Kummer und Unzufriedenheit heraus, wenn wir auf dem Buchstaben beharren wollten und sagen: die Erste ist geladen. Wäre das im Geiste der Königin gehandelt?"

Die Karte, die zur Beteiligung am Fest berechtigte, ging mit Zustimmung Fräulein von Zimmerns in Herminens Hände über, Gretchen hatte ihr Recht verloren.

Es war ihr auf dem Heimweg von der Schule doch eigentümlich zumute. Jetzt, da alles entschieden war, wurde sie sich erst bewußt, wie sie selbst sich seit vierzehn Tagen gefreut, auf dies Ereignis hin gelebt hatte und die Tage gezählt bis zu dem Vergnügen, das für sie ins Nichts zerronnen war.

Und nun, da unser Gretchen in dieser trüben Stimmung heimkommt, wird sie von Franziska mit den Worten empfangen: „Lene ist da!" Franziska hatte freilich keine Ahnung, was sie damit sagte. Kaum hatte Gretchen diese Worte gehört, so machte sie kehrt und stürmte die Treppe wieder hinunter. Franziska war ganz verblüfft über die Wirkung ihrer Worte. Sie trat ans Treppengeländer und rief der Fliehenden nach: „Fräulein Gretchen, Sie haben mich gewiß falsch verstanden, Ihre Lene ist's." „Ich weiß schon, ich komme nicht eher wieder, als bis sie fort ist!" „Aber wenn ich ihr das sage!" „Sagen Sie's nur, sie begreift's. Ich

gehe zu Hermine." — Lene war gekommen, um sich Gretchens Festkleid anzusehen. Ihre Enttäuschung, als sie alles
erfuhr, ging Frau Reinwald zu Herzen; sie nahm es der
treuen Seele nicht übel, daß sie in ihrer Erregung manches
nicht ganz höfliche Wort und manches unverständige hervor-
sprudelte. Von all den guten Gründen, die Frau Reinwald
anführte, wollte Lene auch nicht einen gelten lassen; erst als
Frau Reinwald sagte: „Lene, so ist eben unser Gretchen, so
hast du sie immer liebgehabt, und so mußt du sie auch
ferner liebbehalten", da wurde Lene still, wischte sich eine
Träne aus den Augen und sagte: „Ich möchte sie ja nicht
anders haben!"

Bei der Königin

Es war der letzte Nachmittag vor dem Fest. Gretchen saß mit Ruth allein in dem Schlafzimmer und ließ ihre kleine Schülerin Französisch lesen. Fräulein von Zimmern trat ein. Gretchen und Ruth sahen kaum vom Buch auf, sie waren an diese Besuche gewöhnt. Aber heute kam Fräulein von Zimmern nicht als stille Zuhörerin. „Schließt nur euer Buch", sagte sie in ungewohnter Lebhaftigkeit, „ich bringe dir eine ganz unerwartete Botschaft, Gretchen." Erwartungsvoll sah diese auf. „Sieh her, ich habe wieder ein Schreiben aus dem Kabinett der Königin erhalten, ich werde es dir vorlesen."

In dem Schreiben stand, es sei der Königin bekannt geworden, daß eine der Ersten dieser Schule zugunsten der Zweiten aus allzugroßer Gewissenhaftigkeit auf die Einladung zum Fest verzichtet habe. Wenn sich das tatsächlich so verhalte und die Beweggründe wirklich edle gewesen seien, so sollten hiermit die beiden Ersten dieser Klasse eingeladen sein. Eine weitere Eintrittskarte lag bei. — Gretchen sprang auf von ihrem Platz, und mit dem Ruf: „Das ist herrlich, einfach herrlich!" nahm sie die Karte in Empfang. Wem hatte sie dies unverhoffte Glück zu danken? Einen Augenblick zögerte sie, ob sie sagen dürfe, was sie dachte: als sie aber nur Freude und Güte in den Zügen ihrer gestrengen Vorsteherin las, da rief sie: „Fräulein von Zimmern, das haben Sie gemacht, Sie haben es die Königin wissen lassen!" „Nein, mein Kind, da irrst du dich, ich habe mich selbst schon besonnen, auf welchem Weg dies in der kurzen Zeit von wenigen Tagen bis zu der Königin gedrungen sein kann. Ich denke aber, wenn du unserem lieben Herrn Pfarrer dafür dankst, wirst du wohl an den richtigen Mann gekommen sein. Es freut mich herzlich für dich, auch für Hermine kann es jetzt erst eine reine Festfreude geben. Und nun geh eilends heim zu deiner lieben Mutter, ich denke mir, sie kann kaum das Nötige bis morgen richten."

Ruth hatte dies alles zwar schweigend, aber mit sichtbarer Freude angehört. Gretchen verabschiedete sich schnell, ohne wie sonst zu warten, bis Ruth ihre Bücher eingepackt hatte und mit ihr gehen konnte. Sie wollte keine Zeit verlieren, eilte fröhlich die Treppen hinunter. Aber doch wurde sie auf der Straße noch von Ruth überholt; die kleine Gestalt rannte an ihr vorüber, ohne sich aufhalten zu lassen. Warum es ihr heute wohl so eilt? fragte sich Gretchen, sie ist doch nicht geladen!

Das war nun daheim eine Freude bei den Eltern, bei den Kleinen, ja auch bei Franziska. Aber auch ein Getriebe! An ein neues Kleid war ja nicht mehr zu denken, aber das alte mußte gerichtet, gestärkt und gebügelt werden, und die Unterkleider und Bänder und Handschuhe und das Blumenkränzchen, was gab es nicht alles zu besorgen! Aber alle halfen gern nach Kräften, ja sogar Herr Reinwald, der, solange seine Tochter zurückdenken konnte, noch nie von häuslichen Dingen etwas übernommen hatte, bot seine Hilfe an zum großen Ergötzen von Gretchen. „Vater", sagte sie lachend, „ich möchte dich sehen, wie du die Stärke anrührst oder meine Röcke bügelst!" „Hört, hört!" entgegnete Herr Reinwald, „sie ist schon ganz naseweis und übermütig, weil sie zu Hof geladen ist! Nun also, wenn meine Hilfe verschmäht wird, so ziehe ich mich in mein Zimmer zurück."

Es währte aber keine Viertelstunde, so erschien Gretchen ganz demütig bei Herrn Reinwald. „Vater", bat sie, „es wäre so gar geschickt, wenn Lene als Hilfe käme, heute und morgen, aber wir haben alle keine Zeit, zu ihr zu gehen und sie zu bitten. Machst du denn nicht einen kleinen Spaziergang in die Gegend von ihrem Haus?" „Weil die Altstadt so verlockend ist als Spaziergang und weil der Regen so sanft herniederrieselt?" fragte Herr Reinwald dagegen. Aber er stand doch auf und erklärte sich bereit, Lene zu bestellen.

In diesem Augenblick wurde geklingelt und Franziska meldete, daß ein Herr Fräulein Gretchen sprechen wolle. „Mich? Ein Herr?" rief diese erstaunt. „Nun ja", sagte der Vater, „es wird der König oder doch sein erster Minister sein. In diesen Kreisen verkehrst du ja." Er ging mit Gretchen in das Besuchszimmer. Dort stand ein großer, stattlicher Mann — Gretchen erkannte ihn sofort wieder, es war Ruths Vater. Nach kurzer Vorstellung und freundlicher Begrüßung überreichte er Gretchen ein wunderbar feines Rosenzweiglein. „Meine Ruth bittet Sie, sich morgen mit diesen Rosen zu schmücken. Sie hätte die Blumen Ihnen selbst gebracht; aber sie konnte es im Augenblick nicht, sie hatte starkes Nasenbluten, als sie aus der Stunde kam."

„Aus deiner Stunde?" fragte Herr Reinwald.

„Ich weiß nichts davon, es hat gar nichts gegeben", sagte Gretchen errötend.

„Nein, nein", bestätigte der Forstrat, „sie ist nur wie unsinnig heimgerannt, um rechtzeitig das Kränzchen zu besorgen." „Es scheint ein Verhängnis zu sein, daß ihr der Verkehr mit meiner Tochter Nasenbluten zuzieht", sagte Herr Reinwald. „O Vater!" bat Gretchen, der es peinlich war, immer wieder an ihr erstes Zusammentreffen mit dem Forstrat erinnert zu werden. Aber die beiden Herren lachten, und der Forstrat sagte: „Ich glaube, es war Ruth angenehm, daß sie selbst nicht kommen konnte, es wäre ihr eine Verlegenheit gewesen, ihr Kränzchen zu überreichen. Sie ist immer noch so ein ängstliches Häschen." „Aber mit unseren Kleinen spielt und plaudert sie ganz vergnügt", sagte Gretchen. „Es ist mir von großem Wert für das Kind, daß es in Ihr Haus kommen darf", sagte der Forstrat, und dabei lag ein trauriger Ausdruck auf seinen Zügen. Gretchen bat ihn, Ruth morgen zu schicken, damit sie selbst sehen könne, wie sich die Röschen im Haar ausnähmen, und dankte herzlich für des Forstrats Freundlichkeit. Die beiden Herren verließen zusammen das Haus, Herr Reinwald mußte ja seinen Abendspaziergang in die Altstadt machen.

Lene kam am Abend voll Dienstfertigkeit und Tatendurst. Diesmal flüchtete Gretchen nicht vor ihr. „Heute habe ich mich auf dich gefreut", sagte sie zu Lene, „aber das letztemal hätte ich mich nicht zu dir hereingewagt, wie hättest du mich auch gezankt!" „Ja, ja", sagte Lene, „mit dir hat man aber auch seine liebe Not." „Jetzt fängt sie doch an zu zanken", rief Gretchen lachend ihrer Mutter zu; „du hast ja noch gar keine Not mit mir gehabt, die geht jetzt erst recht an mit den Kleidern!"

„Die Not schlage ich nicht hoch an; aber wie viele gute Worte haben mein Mann und ich dem Hofkutscher Plitt geben müssen, wie waren wir in Aufregung, weil er zuerst nicht recht gewollt und dann keine passende Gelegenheit gefunden hat, es der Königin mitzuteilen. Das war eine Not! Aber gottlob, es ist ja gelungen", rief Lene und sah mit glücklichem Stolz auf Gretchen. „Ja, Lene, ist denn das durch dich an die Königin gegangen?" fragten wie aus einem Mund Frau Reinwald und Gretchen. „Freilich, wir haben es dem Hofkutscher aufgetragen. So, das haben Sie gar nicht gewußt? Ja, ja, woher auch? Aber Gretchen, du hättest dir's denken können!" „Ja", sagte Frau Reinwald ganz bewegt, „du hättest es dir denken können. Wem sonst hätte deine Sache so am Herzen gelegen, wer anders hätte so für dich alle Hebel in Bewegung gesetzt?" Gretchen fiel Lene um den Hals. Die wehrte mit feuchten Augen ab und sagte: „Laß doch, jetzt heißt's schaffen! Wo ist dein Kleid?"

Mit knapper Not wurde alles zur rechten Zeit fertig bis zum Donnerstagnachmittag, als sich die Schülerinnen von Fräulein von Zimmern im Schulhaus versammelten, um gemeinsam ins Schloß zu gehen. Gretchen hatte das schlichteste Kleid an; aber die Röschen leuchteten freundlich aus dem blonden Haar, und die Augen strahlten vor Vergnügen. Mit Wohlgefallen sah Fräulein von Zimmern auf die kleine Schar ihrer besten Schülerinnen. Die jüngste, ein munteres sechsjähriges Mädchen, übergab sie der besonderen Obhut der zwei größten und empfahl ihr, folgsam zu sein. „Und nun geht hin", sagte sie, als die ersehnte Stunde endlich geschlagen hatte, „und freut euch des schönen Festes. Laßt euch nicht bange sein, wenn gar die Königin mit euch sprechen sollte. Wenn ihr euch so benehmt, wie ihr es alle Tage mir gegenüber tut, so ist es recht. Ich verlange täglich von euch eine feine Sitte, damit ihr euch nie bedrückt fühlt, wenn euch die Verhältnisse in vornehme Kreise führen. Heute wird es euch zustatten kommen."

Jedermann in der Stadt wußte, was es für eine Bewandtnis hatte mit den Gruppen weißgekleideter Mädchen, die um diese Zeit aus allen Teilen der Stadt nach dem Schloß hinzogen. Eine große Menschenmenge hatte sich auf dem Residenzplatz versammelt, um zu sehen, wie die festliche Schar durch das große Schloßportal eingelassen wurde.

Obwohl von jeder Klasse nur eine Schülerin geladen war, so kamen doch aus den zahlreichen Schulen mehr als zweihundert Mädchen zusammen. In Gruppen, wie sie kamen, wurden sie von Lakaien in den großen Speisesaal geleitet, der rings mit kleinen Bäumchen und Blattpflanzen geschmückt war. Zwei lange gedeckte Tafeln reichten fast von einem Ende des Saales zum andern. Niedliche Fähnchen ragten da und dort vom Tisch in die Höhe und trugen die Aufschrift der verschiedenen Schulen, so daß jede Gruppe leicht ihren Platz finden konnte. Weitaus die größte Anzahl der Schülerinnen gehörte den Volksschulen an. Sie alle waren heute in einem Saal vereinigt mit den andern Schülerinnen der Stadt, und wie sie äußerlich durch die weißen Kleider und den Blumenschmuck im Haar sich ähnlich sahen, so hatten sie auch innerlich einige Eigenschaften gemein. Fleißig und gut begabt waren all die Anwesenden; denn die Faulen und die Dummen sind nicht auf den ersten Plätzen zu finden und waren nicht unter den Geladenen. So ging es auch jetzt geordnet zu, und in kurzer Zeit saßen sie alle erwartungsvoll an ihren Plätzen.

Gretchen und Hermine hatten zwischen sich die Kleine sitzen, die ihnen Fräulein von Zimmern als Pflegekind anbefohlen hatte. Aber über diese hinweg konnten die Freundinnen sich unterhalten: „Gretchen" sagte Hermine, „wenn du jetzt nicht da wärest, könnte ich unmöglich glücklich

sein, ich müßte immerfort daran denken, daß ich dich um
dein Vergnügen gebracht hätte. Ich hatte das Opfer ja angenommen, aber wirklich mehr um des Vaters und der Geschwister willen als um meinetwillen. Aber so, wie's jetzt
ist, ist's herrlich!" „Könnte gar nicht herrlicher sein", bestätigte Gretchen strahlend.

Schon ein Weilchen hatte die ganze große Gesellschaft
erwartungsvoll dagesessen, sich an den reizenden Tellern
und Täßchen gefreut und sich gefragt, was wohl auf und
in dieselben kommen würde, als eine Hofdame eintrat. Sie
hatte ein Papier in der Hand, auf dem einiges vermerkt
war. Sie hielt sich bald bei dieser, bald bei jener Gruppe
auf und fragte nach einzelnen Namen. Kurz darauf wurde
die große Flügeltür des Saales geöffnet und ein Diener ver-
kündete: „Ihre Majestät, die Königin." Alle Mädchen
erhoben sich, und alle Blicke richteten sich auf die liebliche Erscheinung der jungen Königin, die in lichtblauem Seidenkleid,
in Begleitung einiger Hofdamen, eintrat. Eine der Schülerinnen, die unter der Flagge des „Adeligen Instituts" saßen,
ein zierliches, kleines Mädchen von kaum mehr als sechs
Jahren, verließ seinen Platz, ging der Königin entgegen,
begrüßte sie artig mit Handkuß, ergriff dann traulich die
Hand der Hofdame, die zunächst der Königin stand und
sagte fröhlich und unbefangen: „Guten Tag, Mama, wir sind
schon alle hier, sieh nur, wie viele!" „Wo sitzen deine Mitschülerinnen?" fragte die Königin, „willst du mich zu ihnen
führen?", und sie folgte dem Kind an den Platz, den die
Zöglinge des „Adeligen Instituts" innehatten. Die Hofdame
stellte einige von ihnen, deren Namen für die Königin
Bedeutung haben konnten, vor, und mit jeder wechselte die
Königin einige freundliche Worte.

„Majestät", sagte nun die Hofdame, „es ist eine Schülerin unter den Geladenen, die gern Ihrer Majestät zur Begrüßung ein Lied vorsingen möchte", und leise, nur für die Umstehenden verständlich, fügte sie hinzu: „Es ist eine kleine Sängerin von Gottes Gnaden, die wird einmal von sich reden machen." „Eine zweite Jenny Lind?" fragte die Königin, „wo ist das Kind, zu welcher Schule gehört es?" „Es ist eine Volksschülerin", antwortete die Hofdame, und wandte sich dann weiter unten an der Tafel an ein etwa achtjähriges Mädchen: „Maria Bucher, willst du nun dein Lied singen?" „Nein", antwortete zu aller Erstaunen die Kleine mit großer Bestimmtheit, „jetzt nicht." Etwas scharf entgegnete die Hofdame: „Jetzt ist die Zeit, später nicht; du hast doch selbst gewünscht, vor Ihrer Majestät der Königin zu singen." Alle schauten gespannt auf das Kind. Es blickte scheu ringsum: „Es sind so viele Augen", sagte es leise, „da kann man nicht singen." Gütig neigte sich die Königin zu dem verschüchterten Mädchen und sagte: „Du hast ganz recht, vor so viel Augen geht das nicht; aber ich weiß, wo es geht, willst du wohl mit mir kommen?", und sie führte die Kleine, die ihr willig folgte, an das Ende des Saales und stellte sie so, daß sie die gedeckten Tafeln hinter sich hatte und vor sich die grünen Bäumchen. „Hier kann man singen, nicht wahr?" fragte ermutigend die Königin, und Maria Bucher antwortete: „Ja, schön!" Und ohne Aufforderung fing sie mit einem glockenhellen Stimmchen an zu singen:

Prinzeßchen fein, Prinzeßchen klein,
Wir sind heut' deine Gäste.
Wir sind geladen allzumal
In den geschmückten Königssaal
Zu deinem Wiegenfeste.

Prinzeßchen fein, bist noch so klein,
Mög' Gott dich uns bewahren!
Drum bleiben wir dir treu gesinnt
Du bist ja unsers Königs Kind,
Jetzt und in spätern Jahren!

Lautlose Stille hatte in dem ganzen Saal geherrscht, und rührend hatte die reine Stimme geklungen. Die Königin war sichtlich bewegt. „Wer hat das schöne Lied gemacht?" fragte sie das Kind, während sie es an seinen Platz zurückgeleitete.

„Meine Mama hat es mir gemacht."

„Da mußt du ihr einen Gruß von mir bestellen und mußt sie bitten, daß sie mir das Lied abschreibt, und dann bringst du es mir und singst es mir noch einmal." Die Königin bat die Hofdame, sich des Kindes Wohnung aufzuschreiben. Inzwischen hatte sich die Kleine an ihren Platz gesetzt, blickte um sich und sagte: „Nun sind schon wieder die vielen Augen da!" Die Königin lächelte: „Daran wird sich meine kleine Sängerin gewöhnen müssen", sagte sie; aber die allgemeine Aufmerksamkeit wurde jetzt abgelenkt.

Die Hofdame hatte ein paar Worte mit der Königin gewechselt und geleitete diese nun zu der Gruppe der Waisenkinder. „Du heißt Niemeier, nicht wahr", sagte die Hofdame zu einem zwölfjährigen Mädchen, und als diese bejahte, fuhr sie, zur Königin gewendet, fort: „Es ist die Tochter des Feuerwehrmanns, der bei dem großen Brand im vorigen Jahr das Leben eingebüßt hat. Ihre Majestät erinnern sich vielleicht, daß der Mann —"

„Gewiß, ich erinnere mich gut, solchen Heldenmut vergißt man nicht. Drei Menschen hat er aus dem brennenden Haus herausgeholt, und als er zum viertenmal eindrang, um das

196

kleine Kind zu retten, das man noch vermißte, da kam er nicht wieder." Dem Mädchen waren die Tränen in die Augen getreten, als es so unvermutet, mitten in der Feststimmung, an dieses Erlebnis erinnert wurde. Als aber die Königin ihr huldvoll die Hand drückte und zu ihr sagte: „Dein Vater ist als Held gestorben, du kannst stolz auf ihn sein und mußt seinem Namen immer Ehre machen", da sah das Kind voll Begeisterung zu der Königin auf und fühlte sich über die Trauer hinweggehoben.

Die Königin wandte sich an ihre Begleiterin: „Ich wünsche noch die beiden Freundinnen zu sehen, von denen eine der andern die Einladung zu unserem Fest abtreten wollte. Kennen Sie die Mädchen wohl?"

„Soviel ich weiß, gehören sie zu der Töchterschule von Fräulein von Zimmern", erwiderte die Hofdame; „diese sitzen an der andern Tafel, ich werde sie Ihrer Majestät zuführen." Gretchen und Hermine wären schon von weitem zu erkennen gewesen an dem Erröten, als sie hörten, daß die Aufmerksamkeit der Königin sich ihnen zuwandte. Die Hofdame hatte sie auch bald herausgefunden und ihnen einen Wink gegeben, ihr zu folgen. Obwohl sie gewußt hatten, daß die Königin Gastgeberin bei diesem Fest sein würde, hatte doch keine an die Möglichkeit gedacht, daß unter den Hunderten von Kindern gerade sie persönlich vorgestellt würden, und sie sahen sich im ersten Augenblick betroffen an. Hermine ließ Gretchen den Vortritt; sie fühlte sich gedeckt durch deren größere Gestalt und beruhigt durch die Erfahrung, daß Gretchen selbstverständlich die Spreche-rin machte in allen schwierigen Fällen des Lebens. Den bei-den Mädchen kam zustatten, was sie bei Fräulein von Zim-mern gelernt hatten. Es war ihnen nichts Fremdes, sich anmutig zu verneigen, sie standen nicht steif und unbeholfen vor der Königin, die sie nun anredete: „Welche von Ihnen beiden ist nun die Erste?"

„Gegenwärtig bin ich's", antwortete Gretchen, „aber in den letzten Jahren war es immer Hermine, und nur diesen Winter ist sie durch Krankheit zurückgekommen."

„Dann wäre es allerdings bitter für Sie gewesen", sagte die Königin zu Hermine, „nicht bei dem Fest zu sein." Mit Tränen der Erregung kämpfend, brachte Hermine nur ein leises „Ja!" hervor. „Und Sie", fuhr die Königin, zu Gretchen gewendet, fort, „hätten sich nicht der Freude hingeben können, während die Freundin trauert. Ich begreife wohl, daß Sie ihr lieber die Einladung abtreten wollten. Aber es ist Ihnen doch wohl schwer geworden, auf das Fest zu verzichten?" „Ja", sagte Gretchen, „ich hatte mich so gefreut, ganz besonders darauf, die kleine Prinzessin zu sehen."

„Das tut mir leid", entgegnete die Königin, „ich fürchte, da wird Ihnen das Fest eine Enttäuschung bereiten. Die Prinzessin ist zu zart, um in so große Gesellschaft gebracht zu werden. Es war mein Wunsch, sie den Kindern allen zu zeigen, aber der Arzt hat es nicht erlaubt." „O wie schade", rief Gretchen enttäuscht, „wir wären gewiß alle ganz leise gewesen, wenn man die Prinzessin hereingebracht hätte."

„Das glaube ich", erwiderte die Königin, „aber es handelt sich dabei um die Luft, die dem Kindchen nicht zuträglich sein könnte. Haben wohl alle Kinder die Hoffnung gehegt, die Prinzessin zu sehen?" „Ich weiß nicht", entgegnete Gretchen. Da wagte Hermine auch ein Wort. „Nein", sagte sie, „außer Gretchen hat es niemand geglaubt." Schon hatte diese auf den Lippen zu sagen: „Ich habe es durch den Hofkutscher Plitt erfahren", als ihr noch rechtzeitig ihr

Taktgefühl eingab, daß es diesem Mann vielleicht unangenehm wäre, wenn hier erwähnt würde, was er geplaudert hatte. So unterdrückte sie die Bemerkung: „Ich hoffe, Sie werden dennoch vergnügt sein an meinem Fest", sagte die Königin huldvoll, „zwei so gute Freundinnen sind immer glücklich miteinander!" Sie reichte den beiden Mädchen die Hand, sie waren entlassen. Während sie an ihren Platz zurückkehrten, flüsterte Gretchen Hermine zu: „Das war so etwas zum Erzählen für unsere Urenkel!"

Die Königin verließ grüßend den Saal, und nun wurde es lebhaft an den Tafeln. Die Kinder untereinander plauderten, Diener erschienen und schenkten aus silbernen Kannen Schokolade in die reizenden Täßchen und boten Kuchen dazu an. Fröhliches Leben herrschte in dem Saal, einzelne Damen sprachen da und dort die Kinder an, Diener eilten hin und her. So wurde es kaum bemerkt, als eine der Hofdamen zur Gruppe von Fräulein von Zimmerns Schülerinnen trat und leise zu Gretchen sagte: „Kommen Sie mit mir." Gretchen folgte und verließ mit der Dame den Saal. Im Vorsaal sagte diese zu ihr: „Ihre Majestät die Königin will Ihnen die große Ehre erweisen, Ihnen die Prinzessin zu zeigen. Majestät hätte gern allen diese Gunst erwiesen, es kann aber nicht sein und wurde wohl auch von den übrigen Geladenen nicht erwartet. Sie aber scheinen diese Hoffnung gehegt zu haben, und in ihrer großen Güte kann die Königin den Gedanken nicht ertragen, daß einer ihrer Gäste enttäuscht von dem Fest heimkehre. Ich soll Sie deshalb in die Gemächer der Prinzessin führen. Sie werden nicht vergessen, sich für diese Auszeichnung zu bedanken und werden der Prinzessin nicht zu nahe treten oder gar ihr die Hand küssen, wodurch Ansteckung möglich wäre."

„Ich bin nicht krank", sagte Gretchen. „Wer kann das wissen? Vorsicht schadet nie." Gretchen kam es vor, als ob ihre Führerin nur widerwillig den Wunsch der Königin erfüllte. Sie fühlte sich dadurch bedrückt und hätte in diesem Augenblick leicht auf die ihr zugedachte Ehre verzichtet. Still ging sie neben der Hofdame im rauschenden Seidenkleid durch die langen Gänge des Königsschlosses. Endlich war das Ziel erreicht. Auf leises Klopfen wurde ihnen die Tür von einer einfach gekleideten Frau geöffnet. Es war die Amme der Prinzessin, die leise die Tür wieder hinter den Besuchern schloß und sich in das Nebengemach zurückzog. An einem Fenster des hohen, freundlichen Zimmers, durch das die Frühjahrssonne warm hereinschien, saß die Königin.

„Majestät", sagte die Hofdame, „hier ist Margarete Reinwald." Die Königin erhob sich grüßend und sagte dann zu der Hofdame: „Lassen Sie mir das Mädchen hier, ich werde sie zurückbegleiten lassen." Zu Gretchens großer Befriedigung verließ die feierliche Dame auf diese Worte hin das Zimmer. Allein mit der Königin, die sich so gütig gegen sie gezeigt hatte, fühlte sie sich nicht mehr befangen. Jetzt überkam sie die warme Freude, daß sie die kleine Prinzessin sehen sollte, und mit großem Verlangen sagte sie: „Darf ich wirklich das Prinzeßchen sehen? Oh, wo ist sie denn?" Es war gut, daß die gestrenge Hofdame nicht mehr anwesend war! Was hätte sie dazu gesagt, daß Gretchen so gegen die Hofsitte verstieß, indem sie zuerst das Wort an die Königin richtete! Aber die Königin war nicht nur Majestät, sie war auch Mutter, und das dringende Verlangen, ihr Kind zu sehen, freute sie. Gütig lächelnd sagte sie: „Ja, Sie sollen die Prinzessin sehen, kommen Sie!" Und sie führte

200

Gretchen in das anstoßende Gemach. Auf weichen Teppichen schritten sie lautlos bis an die Wiege, neben der die Wärterin stand. „Schläft sie noch?" fragte die königliche Mutter. „Sie hat noch keinen Ton von sich gegeben", erwiderte die Frau. „Wir müssen sie doch sehen", sagte die Königin und zog sachte die zarten Tüllvorhänge der Wiege auseinander. Und als sie beide — die Königin von der einen, Gretchen von der anderen Seite in die Wiege blickten, waren sie gleich sehr überrascht; denn mit offenen Äuglein sah das Kind ihnen entgegen.

„Sie wacht ja!" rief Gretchen ganz entzückt. Bei diesem hellen Ruf und dem Anblick von Gretchens Erscheinung verklärte ein Lächeln das winzige Kindergesichtchen. „Ei", rief die Königin, „sie lächelt Sie an! Da werde ich fast eifersüchtig; denn sie ist noch sparsam mit ihrem Lächeln, nicht wahr, Frau Walter?" „Ja", sagte diese, „Prinzessin ist erst neun Wochen alt, da kann man nicht viel verlangen." „Wie lieblich sie aussieht, was sie für ein winzig kleines Mündchen hat!" rief Gretchen ganz entzückt, und die Kleine schien Gefallen zu finden an dem blonden, rosigen Kopf, der sich über sie neigte, und an der hellen Stimme, sie lächelte wieder. „Sie hört Ihre Stimme gern", sagte die Königin.

Da fing Gretchen an, leise die Worte zu singen, die ihr noch in den Ohren klangen: „Prinzeßchen fein, Prinzeßchen klein." Die kleine horchte, und ihre Äuglein hafteten auf dem Röschen, das Gretchen angesteckt hatte, und das sich bewegte. „Das Röschen gefällt ihr", sagte die Wärterin. Gretchen steckte es ab und bewegte es hin und her, und die Kleine folgte mit den Augen. „Darf ich's ihr geben?" fragte Gretchen, zu der Königin aufblickend. „Wenn

Sie es gern geben, dann können wir es an dem Vorhang befestigen, daß sie es vor sich sieht." „Es ist Zeit zum Trinken", mahnte die Wärterin. „Dann wollen wir nicht länger stören", sagte die Königin und drückte einen Kuß auf die kleine Stirn. „Lebewohl, mein Liebling, wachse mir auch so blühend heran wie diese Tochter, die dir so gut gefällt!" Gretchen griff nach einem der kleinen Händchen, die aus dem Spitzenjäckchen hervorsahen und hätte es vielleicht geküßt, wenn es die Hofdame nicht untersagt hätte. So sagte sie nur: „Behüt dich Gott, Prinzeßchen!", folgte der Königin in ihr Gemach, und nicht nur auf Befehl der Hofdame, auch aus eigenem Herzensdrange dankte sie der königlichen Mutter für die Freude, die sie gehabt hatte. „Es tut mir leid", sagte die Königin, „daß ich den anderen Mädchen nicht auch die Freude machen darf. Erzählen Sie heute noch nichts von Ihrem Besuch bei der Prinzessin, es täte vielleicht den andern weh." „Ich will nichts davon sagen", versprach Gretchen, „aber ich freue mich schon, daß ich es heute abend meinen Eltern erzählen darf."

Mit strahlenden Augen kehrte Gretchen in den Saal zurück, wo sich manche über ihre Abwesenheit gewundert hatten. „Du hast dein schönes Röschen verloren", sagte Hermine, sobald sie Gretchen erblickte. „Macht nichts", entgegnete diese übermütig, „morgen erzähle ich dir, wo ich es gelassen habe!"

Zum Schluß des Festes wurden die Kinder in den Konzertsaal des Schlosses geführt. Dort war eine kleine Bühne errichtet, auf der eine lustige Puppenkomödie aufgeführt wurde. Von einer erhöhten Galerie aus sah die Königin mit den drei Prinzen der Aufführung zu und konnte sich an dem lauten Beifall der Schuljugend ergötzen. Im Hintergrund des Saales hatte sich die Dienerschaft des Schlosses eingefunden, die von dem Fest nicht nur die Mühe, sondern auch den Spaß haben sollte. Während einer Pause in der Aufführung hatte Gretchen zufällig zurückgesehen, und seitdem wandte sie sich öfter um und sah dorthin. „Warum siehst du dich immer um?" fragte eine Schülerin des Adeligen Instituts, die in ihrer Nähe saß und sie ein wenig kannte, „dort hinten ist nichts Besonderes zu sehen, dort steht nur die Dienerschaft." „Ich weiß", sagte Gretchen, „aber unter diesen Leuten kenne ich jemand, und dem möchte ich für etwas danken." „Das geht doch nicht an, es ist ja auffallend, sogar die Königin könnte es von oben bemerken. Ich möchte nicht vor ihr und all diesen Mädchen mit jemandem aus der Dienerschaft reden." „Warum denn nicht? Unter der Dienerschaft habe ich meine besten Freunde", sagte Gretchen und dachte dabei an Lene.

Als nach dem nächsten Auftritt der Vorhang wieder fiel, hatte Gretchen ihren Entschluß gefaßt. Sie stand augenblicklich auf, schlüpfte zwischen den Reihen hindurch bis in den Hintergrund des Saales, unbekümmert um die verwunderten Blicke, die ihr folgten. Mitten unter den Leuten stand der Hofkutscher Plitt. Auf ihn hatte Gretchen es abgesehen. Plötzlich stand sie vor dem Erstaunten, reichte ihm die Hand: „Ihnen muß ich danken; denn wenn Sie nicht so gut gewesen wären, hätte ich keine Karte zum Fest bekommen. Die Lene hat mir's erzählt." „Nichts zu danken, es ist ja gern geschehen", versicherte der Mann wiederholt. Es war ihm aber wohl anzumerken, wie es ihn freute, daß eines von den größten und schönsten Festfräulein so vor aller Augen zu ihm herkam und sich bei ihm bedankte, und es folgten ihr viele freundliche Blicke der Dienerschaft, als sie an ihren Platz zurückeilte, um ihn zu erreichen, ehe der Vorhang in die Höhe ging.

*

Hochbefriedigt kamen all die jungen Gäste vom Fest heim, und in vornehmen und geringen Häusern wurde an diesem Abend von denselben Erlebnissen gesprochen. Gretchen hatte aber noch etwas mehr erlebt als alle anderen. Die kleine Weile, die sie mit der königlichen Mutter allein an der Wiege der Prinzessin gestanden hatte, schien ihr die köstlichste Erinnerung von allen, und noch im Einschlafen schwebte ihr das holde Lächeln des Kindes vor. Als Frau Reinwald ein paar Minuten, nachdem Gretchen zu Bett gegangen war, noch einmal in ihr Zimmer kam, um das weiße Kleid herauszunehmen (es hatte ein Loch, aber die Königin konnte es nicht gesehen haben), da war Gretchen schon eingeschlafen, und noch im Schlaf lag ein glücklicher, friedlicher Ausdruck auf ihren Zügen. „Du, mein sonniges Glückskind", sagte die Mutter bewegt, „Gott erhalte dich so, wie du bist!"

Fräulein Trölopp

Rudi und Betty hatten sich so eingelebt in der Familie
Reinwald, daß sie ganz erstaunte Gesichter machten, als
eines Tages die Nachricht kam, Fräulein Trölopp würde am
nächsten Montag kommen, um sie heimzuholen. Ihnen war
es, als wären sie schon daheim, und sie sehnten sich nicht
fort. Auch Gretchen hatte sich an sie gewöhnt wie an kleine
Geschwister und mochte gar nicht daran denken, daß sie
nun wieder das einzige Kind im Haus sein würde. Aber
etwas war doch bei dieser Mitteilung, das sie sehr glücklich
machte: Fräulein Trölopp wollte ja die Kinder holen. Sie
freute sich so sehr darüber, daß sich Frau Reinwald wunderte. „Du hast sie eigentlich doch zu wenig kennengelernt,
um sie liebzugewinnen", sagte Frau Reinwald.

„Ich weiß auch gar nicht, ob ich sie liebhabe; aber sie
ist so ganz anders als alle anderen Menschen, daß ich zu
gern möchte, ihr lerntet sie kennen."

Als am nächsten Tag Gretchen an die Bahn ging, um
Fräulein Trölopp abzuholen, brauchte sie sich nicht lange
unter den Ankommenden umzusehen. Der bekannte grell-
gelbe Samthut leuchtete ihr schon von weitem entgegen,
auch der schillernde Reisemantel fehlte nicht, und die fremd-
artige Erscheinung zog sogar in der Großstadt manchen
Blick auf sich. Im ersten Augenblick war es Gretchen, als
sei Fräulein Trölopp noch etwas unschöner als früher, und

während die dicke, kleine Gestalt mit ihr durch die Straßen watschelte, mußte sie denken, was wohl die Eltern von der neuen Bekanntschaft halten würden. Vielleicht erschien sie ihnen nur abstoßend, und sie würden sie gern möglichst bald wieder ziehen sehen?

Konnte Fräulein Trölopp Gedanken lesen? Fast mußte es Gretchen glauben; denn sie unterbrach Gretchens Gedankengang, indem sie sagte: „Ich werde Ihren Eltern nicht lange zur Last fallen. Es ist jetzt elf Uhr, um zwei Uhr werde ich mit den Kindern abreisen."

„Aber Fräulein Trölopp", rief Gretchen erstaunt, „wir haben ja gerechnet, daß Sie bei uns übernachten!"

„Ich mache nicht gern unnütze Mühe; sagen Sie selbst, hat es einen Nutzen, daß ich bleibe?" „Sie müssen sich doch ein wenig von der Reise erholen." „Das ist unnütz." „Wir haben aber die Kindersachen noch gar nicht alle eingepackt." „Das kann ich zwischen elf und zwei Uhr besorgen."

Gretchen wandte nichts weiter ein; sie mochte nicht sagen: Es wird uns leid tun, wenn Sie so kurz bleiben. Den Eltern mußte ja die abenteuerliche Erscheinung mißfallen. Warum konnte sich auch Fräulein Trölopp nicht ein klein wenig unauffälliger kleiden? Franziska würde gleich spöttisch lächeln beim Anblick dieses Gastes!

Als sie zu Hause anlangten, öffneten die Kinder die Tür, und fast gleichzeitig mit ihnen erschien Frau Reinwald, deren feine, schlanke Gestalt den größten Gegensatz bildete zu der kurzen, dicken Figur Fräulein Trölopps. Gretchen sah auf die Mutter, wie würde der erste Eindruck sein?

Unnötige Sorge, Gretchen! Es gibt Menschen, die sehen durchs Äußere hindurch ins Innere, und zu diesen gehört deine Mutter.

Frau Reinwald hieß mit großer Herzlichkeit Fräulein Trölopp willkommen. „Sie haben meiner Schwester und ihren Kindern so viel Liebe erwiesen, daß ich glücklich bin, Ihnen auch ein ganz klein wenig Liebe erweisen zu können. Wer weiß, wie meine Schwester die schwere Zeit überstanden hätte ohne Ihre Hilfe. Ich kann Ihnen nicht sagen, wie dankbar ich Ihnen bin!", und bewegt zog Frau Reinwald die Fremde an sich und küßte sie. Gretchen fühlte sich glückselig, alle ihre Erwartungen waren übertroffen! Ein solcher Empfang wurde Fräulein Trölopp zuteil! Und sah diese etwa häßlich aus? Nein, in diesem Augenblick war wenigstens etwas Schönes an ihr, das war der warme Strahl des Glückes, der aus ihren Augen leuchtete, während sie zu Frau Reinwald aufsah und einfach sagte: „Sie sind eine edle Frau!"

Gretchen fühlte sich am Kleid gezupft, als sie eben der Mutter und dem Gast ins Zimmer folgen wollte. Rudi und Betty waren es, die sie festhielten und ihr nun zuflüsterten: „Jetzt kommt die Überraschung." Neugierig trat Gretchen mit den anderen in das Wohnzimmer und war in der Tat überrascht. Ehe sie an die Bahn gegangen war, hatte die Mutter gesagt: „Wir brauchen nichts zum Empfang zu richten, es wird ja bald nachher zu Mittag gegessen und der erwartete Gast ist anspruchslos." Kaum aber war Gretchen fort gewesen, so hatte Frau Reinwald den Tisch gedeckt, mit Blumen geschmückt, Kuchen und Wein aufgestellt. Sie wollte den Gast und zugleich Gretchen damit erfreuen und ergötzte sich nun an Gretchens Überraschung, die doch nicht laut werden durfte.

Herr Reinwald trat ein, als sich Fräulein Trölopp eben für den gastlichen Empfang bedankte. „Verlieren Sie nur keine Worte darüber", sagte er, „meine Frau meint nämlich mit ihrem Kuchen und ihren Blumen gar nicht Sie, sie meint nur ihre gut gepflegte Schwester und den glücklich genesenen Neffen und allenfalls noch dieses Gretchen dort, das man nicht mehr erfreuen kann, als wenn man eine gewisse Reisebekanntschaft ehrt; ist's nicht so, Gretchen? Wie sagt man, Córdova oder Cordóva?"

Das Einpacken der Kinderkleider, das Fräulein Trölopp zwischen elf und zwei Uhr besorgen wollte, schien doch größere Schwierigkeiten zu machen, oder hatte Frau Reinwald etwas anderes ausfindig gemacht, das ein längeres Verweilen „nützlich" erscheinen ließ? Jedenfalls leuchtete der gelbe Samthut an diesem Tage nicht mehr auf dem Bahnhof, und Fräulein Trölopp saß abends mit der Familie Reinwald am gemütlichen Teetisch. Die Kleinen waren zum letztenmal in ihre Bettchen gebracht, Franziska hatte den Teetisch abgeräumt, es war die Stunde traulichen Gespräches.

„Sie waren gewiß schon in größeren Haushaltungen tätig", fragte Frau Reinwald, „da Sie sich so merkwürdig schnell in dem Hauswesen meiner Schwester zurechtgefunden haben."

„Ja, aber nur aushilfsweise, alles aushilfsweise. Ich war in Südamerika, was Sie auf deutsch etwa ‚Helferin' nennen würden." Gretchen, die längst gern etwas über Fräulein Trölopps eigentlichen Beruf gehört hätte, fragte begierig: „Was tut eine Helferin?"

„Haben Sie noch nie gehört von dieser Einrichtung? Die Helferin hilft aus bei unvorhergesehenen Schwierigkeiten."

„Also in Krankheiten?"

„Auch da, doch nur so lange, bis eine Krankenpflegerin gefunden ist. Öfter noch hilft sie in anderen Fällen, einerlei was es ist, wenn es nur unvorhergesehen und nützlich ist."

Fräulein Trölopp schwieg. Es schien nicht ihre Art zu sein, viel von ihrem Tun zu sprechen. Herr Reinwald bemerkte Gretchens Enttäuschung darüber. „Sehen Sie nicht, Fräulein Trölopp", sagte er, „wie neugierig dies große Kind ist, und wie gern es noch mehr hören möchte von Ihrer Tätigkeit in Südamerika. Und wir Eltern verstecken uns selbst gern hinter ihre Neugier und bitten Sie, erzählen Sie uns ein wenig."

„Gern, aber Sie können sich den Beruf der Helferin wohl selbst vorstellen. Ich half eben aus, wo es not tat. Man wußte meine Adresse auf der Polizei, bei Bekannten und später in immer weiteren Kreisen. Ich folgte jedem Ruf, bei Tag oder Nacht, und lehnte bloß ab, wenn die Not nicht unvorhergesehen war, oder wenn es sich um Unnützes handelte. In den vielen Jahren, die ich in diesem Berufe stand, kam ich am häufigsten in Familien, wo durch Todesfall ein Haushalt unversorgt war. Die Helferin bleibt immer nur so lange, bis ständige Hilfe gefunden ist, oft ist's nur ein Tag, und nie sollen es mehr als vier Wochen sein, damit die Helferin immer wieder bereit ist für Unvorhergesehenes. Oft kommt mitten in der Nacht ein Ruf an sie. Bei mir wurde einmal nachts angeläutet, und als ich das Fenster öffnete, sah ich vor meinem Haus einen ganzen Auflauf. Dort unten standen vielleicht zwanzig blinde Mädchen, ein Polizeimann dabei. Er rief zu mir herauf: ‚Es brennt in der Blindenanstalt, Sie sollen diese Blinden in das nächste Schulhaus bringen und bei ihnen bleiben, bis sie abgeholt werden.' So übergab er mir, die ich mich eilends gerichtet hatte, lauter zitternde, jammernde, blinde Mädchen, die ganz außer sich waren vor Schrecken und sich nicht so schnell wie Sehende davon überzeugen ließen, daß sie der Gefahr glücklich entronnen waren. Sie hielten sich an einem Leitseil. Mit diesem führte ich sie langsam durch die ihnen fremden Straßen bis zu dem Schulhaus.

Jederzeit nahm ich als Helferin in solchen Fällen zwei Dinge mit mir: Das eine war Tee, den bereitete ich auch den armen, vor Schrecken, Schlaf und Kälte zitternden Mädchen in dieser Nacht mit Hilfe der Hausmeisterin; das andere waren Paul Gerhardts Lieder. Diese habe ich mir, so gut ich eben konnte, ins Spanische und ins Französische übersetzt, und sie haben geängstigten Menschen aller Bekenntnisse Trost und Frieden gebracht. Auch die Blinden konnte ich mit diesen zwei Mitteln zur Ruhe bringen.

Noch ein nächtlicher Vorgang ist mir in Erinnerung, noch viel schmerzlicher als der mit den Blinden. Mit Eintritt der Nacht wurde ich in ein Haus geholt, dort hatte ein armer Mann in der Verzweiflung sich und seine Frau ums Leben gebracht. Da lagen sie beide tot, fünf Kinder schrien und weinten vor Entsetzen. In einer Kammer nebenan verbrachte ich die Nacht mit den armen Kindern. Ich konnte sie schwer zur Ruhe bringen, eine Mutter hätte das wohl besser verstanden als ich; aber wenn sie ganz allein geblieben wären, hätten sie sich doch noch mehr gefürchtet, und sie tranken doch auch meinen Tee, hörten meine Lieder und drängten sich um mich, und die Kleinsten schliefen ein. Am Morgen kamen die Kinder ins Waisenhaus.

Aber nicht immer hatte ich als Helferin so traurige Pflichten; in der Zeit einer Epidemie machte ich mehrfach die Stellvertreterin für erkrankte Lehrerinnen; freilich bin ich nicht in allen Fächern genügend beschlagen, um zu lehren, aber ich konnte die Kinder doch in Ordnung halten und nützlich beschäftigen. Manchmal wurde ich auch in Geschäftshäuser gerufen. Ein paar Tage übernahm ich die Kasse in einem großen Warenhaus, dessen Angestellte erkrankt war; in solchen Fällen wurde ich oft glänzend bezahlt, und das ist gut, denn wo Armut herrscht, verzichtet man natürlich auf Bezahlung. Es ist gut, wenn sich solche Frauen zu Helferinnen hergeben, die etwas Vermögen besitzen, denn man kann nicht auf regelmäßige Einnahmen rechnen, soll es auch nicht um des Verdienstes willen tun.

Man möchte alles können als Helferin, um allen Anforderungen gerecht zu werden. Einmal schickte Samstagnachmittag eine Büglerin nach mir, sie habe viele Körbe voll Wäsche für den Sonntag zu bügeln versprochen und könne sie nicht liefern, wenn ihr nicht jemand zu Hilfe käme. Solche Fälle müssen oft genau untersucht werden, denn die Helferinnen sollen sich vor Mißbrauch schützen. Hätte die Frau aus Gewinnsucht oder Ungeschick zu viel Wäsche angenommen, so hätte ihr jede Helferin die Hilfe versagen müssen. Es war aber ihrer Tochter der glühende Stahl auf den Fuß gefallen, und das Bügelmädchen war zur sterbenden Mutter gerufen worden. Das war unvorhergesehen, da mußte die Helferin eintreten. Ich bügelte mit der Frau bis Mitternacht; freilich eine große Künstlerin bin ich darin nicht, aber es war doch brauchbar, und die Frau verlor nicht die Kundschaft. Am Morgen trug ich mit ihr die Wäsche aus bis zur Kirchenzeit, denn einer Helferin darf keine Arbeit zu gering sein. Sie soll sich aber auch in der vornehmen Welt zu benehmen wissen, denn auch in dieser kommen unvorhergesehene Notfälle vor, wenn auch seltener, denn um Geld finden sich leicht helfende Hände.

Eine unserer besten Sängerinnen sollte in der Stadt N.

bei einem Künstlerfest als Sängerin auftreten und war im Begriff, mit ihrer Mutter dorthin abzureisen, da übertrat sich diese den Fuß und konnte nicht reisen. Es schien untunlich, das junge Mädchen allein reisen, allein mit fremden Künstlern auftreten zu lassen. Um zwölf Uhr mittags begegnete der Mutter das Mißgeschick, um ein Uhr wurde ich benachrichtigt und zur Begleiterin bestimmt, um zwei Uhr war ich schon mit meiner Pflegebefohlenen unterwegs; diesmal war ich ohne Tee und ohne Paul Gerhardt ausgezogen, aber mit meinem höchsten Staat, einem grünseidenen Gewand. Wir beiden wurden in einem eleganten Gefährt abgeholt und zur Festhalle geleitet. Ich ermutigte die Sängerin vor ihrem Auftreten, und nachher half ich ihr die Blumen tragen, welche begeisterte Zuhörer ihr gespendet hatten. Es war nicht überflüssig gewesen, daß ihr eine Stellvertreterin für die Mutter mitgegeben worden war, denn nach dem Konzert, in dem sie hinreißend schön gesungen hatte, kamen zwei Herren, um sie zu bestimmen, daß sie sich für den Winter für ihre Musikhalle gewinnen lasse. Ich wußte, daß diese Herren keiner guten Gesellschaft angehörten, aber sie machten glänzende Angebote. Die junge Künstlerin fühlte sich geschmeichelt und zeigte sich gleich bereit, den Vertrag zu unterschreiben, mit dem sie dann ihre Mutter überraschen wollte. Ich bestand darauf, der Vertrag müsse der Mutter vorgelegt werden, ehe er unterschrieben würde. Aber beide Teile hörten wenig auf meine Worte. Vielleicht hätte sie mehr darauf geachtet, wenn ich nicht so klein und unschön wäre; eine Helferin sollte womöglich nicht so sein. Die Herren drängten das Mädchen und drückten ihm die Feder in die Hand, mit der es den schon vorbereiteten Vertrag unterschreiben sollte. Ich wußte nichts

Besseres zu tun, als den Vertrag wegzunehmen und in Stücke zu zerreißen. Freilich mußte ich bissige Worte hören über den „aufgeblasenen Laubfrosch", womit sie mich in meinem grünseidenen Kleid meinten; aber sie verließen uns doch und kamen nicht wieder. Die junge Schöne zürnte wohl mit mir, aber in späteren Jahren schickte sie mir eine große Summe mit der Aufschrift: ‚Verspäteter Dank für glückliche Bewahrung' "

Fräulein Trölopp schwieg. Nach einer kleinen Weile sagte Frau Reinwald: „Das ist ein schöner Beruf, in dem man so viel Not abwenden oder lindern kann, Sie haben sich wohl schwer entschlossen, ihn aufzugeben?"

„Ich wurde kränklich und ging nach Deutschland, um mich ein Jahr auszuruhen."

„Das taten Sie wohl jetzt bei meiner Schwester?" fragte Frau Reinwald lächelnd.

„Ich war eigentlich schon ausgeruht, als ich in Europa ankam. Die Seereise hat mir gut getan."

Gretchen hatte während der ganzen Zeit kein Auge von der Erzählerin gewendet, und nun rief sie mit Begeisterung aus: „Oh, solch eine Helferin möchte ich auch werden! Darf ich, wenn ich groß bin?" fügte sie hinzu und sah gespannt auf die Eltern.

„Das wird sich finden", antwortete Herr Reinwald. „Geh du vorläufig deine Wege, es ist bald zehn Uhr, höchste Zeit für ein Schulmädchen."

Das war ein nüchternes Wort in Gretchens begeisterte Stimmung! Aber sie widersprach nicht und stand vom Tisch auf. Beim „Gute-Nacht-Gruß" flüsterte ihr die Mutter zu: „Bring noch frisches Wasser ins Gastzimmer und sieh nach, ob sonst nichts fehlt, meine kleine Helferin!"

Gretchen hatte noch einige Fragen auf dem Herzen, die mußte ihr Fräulein Trölopp am nächsten Morgen auf dem Weg zur Bahn beantworten. Sie ging mit ihr voran. Frau Reinwald folgte, Rudi und Betty an der Hand.

„Kann man bei uns in Deutschland nicht Helferin werden?" fragte Gretchen.

„Diese Einrichtung besteht zur Zeit noch nicht, aber sie wird wohl auch kommen, und einstweilen kann jeder einzelne Mensch für sich diesen Beruf ausüben."

„Was muß man lernen, wenn man Helferin werden will?"

„Sich selbst vergessen und an andere denken."

„Das meine ich nicht; ich möchte wissen, was man studieren muß, oder was für eine Prüfung man macht."

„Kein Studium, keine Prüfung! Man muß die Augen aufmachen, und wo man etwas sieht, das nützlich fürs Leben erscheint, muß man es üben!"

„Es muß aber schwer sein, so vielerlei zu lernen!"

„Es ist viel, aber bedenken Sie, wie viele Stunden vor Ihnen liegen, Sie junges Wesen! Nehmen Sie sich nur eines vor: Nutzen oder Freude, Erholung oder Arbeit soll Ihnen jede Stunde bringen; aber inhaltlos vergeudet soll keine einzige werden. Einen Pfennig verschleudern wir nicht, aber wie viele Viertelstunden vergeuden wir? Sie waren uns gegeben zu Nutz oder Freud', und wir haben keines von beiden aus ihnen gezogen; Geld kann uns ein glücklicher Zufall wieder in den Schoß werfen, aber die Zeit ist unwiederbringlich verloren!"

Gretchen hätte nichts dagegen gehabt, wenn der Weg bis zum Bahnhof doppelt so weit gewesen wäre. Sie kam nun mit ihrer Gefährtin in das Menschengewühl am Bahnhof, der Zug stand schon bereit, die Reisenden mußten einsteigen.

Die kleine Betty weinte Abschiedstränen, Rudi hingegen schwenkte reiselustig sein Mützchen, und Fräulein Trölopps gelber Samthut glänzte aus dem Wagenfenster heraus. Einen Augenblick später war all das verschwunden, aber Gedanken, die in einer jungen Menschenseele wachgerufen werden, verschwinden nicht so schnell, ja manchmal sind sie ausschlaggebend fürs ganze Leben.

> Ein jedes Band, das noch so leise
> Die Geister aneinanderreiht,
> Wirkt fort auf seine stille Weise
> Durch unberechenbare Zeit. (Platen)

Fragen, Antworten und ihre Folgen

Es war recht still geworden in der Familie Reinwald, seitdem die kleinen Gäste das Haus verlassen hatten. Heute war wieder der erste Montag im Monat, der Tag, an dem Pfarrer Kern eine Stunde in die Klasse der Großen kommen sollte. Die Mädchen sprachen davon während der Pause um zehn Uhr. Heute hatten nicht alle das Schulzimmer verlassen. Hermine und Ottilie, die sich sonst nicht eben aufsuchten, hatten doch eines gemeinsam, sie waren beide geschickt im Handarbeiten, und da gab es nun gerade ein neues Spitzenmuster abzuhäkeln. Sie saßen eifrig damit beschäftigt am grünen Tisch.

Gretchen hatte dafür kein Verständnis. Sie stand am offenen Fenster, durch das die warme Sommerluft einströmte. Sie lehnte sich weit hinaus; es war so schön, bis dorthin zu blicken, wo endlich die Häuser aufhörten und grüne Hügel herübergrüßten. Sie hatte die Mitschülerinnen ganz darüber vergessen, als unvermutet eine von ihnen zu ihr trat. Gretchen wandte sich um. Es war Elsbeth May, ein liebes, stilles Mädchen. Gretchen mochte sie gern, wenn sie auch nicht öfter mit ihr verkehrte. Sie rückte an die Seite, um für sie Platz zu machen. „Es ist so schön draußen", sagte Gretchen. „Ja", erwiderte Elsbeth und lehnte ihren Kopf ganz zum Fenster hinaus, und da draußen sagte sie ganz leise, daß es im Zimmer nicht gehört werden konnte: „Gretchen, als du unserem Pfarrer einmal einen Zettel mit einer Frage geschickt hast, war's dir da auch so angst vor der Antwort, wie mir's heute ist?" „Angst war mir's gerade nicht, aber woher weißt du, daß ich eine Frage aufgeschrieben hatte?" „Ich habe dir's damals angesehen, und ich glaube, mir wird man's heute noch viel mehr ansehen. Ich habe so Herzklopfen!" Gretchen sah Elsbeth an. „Ja, wirklich, man merkt es dir an. Warum ist dir's denn so angst?" „Oh, das wirst du gut verstehen, wenn du erst meine Frage gehört hast. Ich mag sie dir gar nicht sagen, du hörst sie ja dann. Ich kann mich selbst nicht mehr begreifen, wie ich so etwas fragen mochte; ich habe es an einem stillen Abend aufgeschrieben, als ich ganz allein war, und jetzt ist heller Tag, und alles kommt mir anders vor. Meinst du nicht, ich könnte vor der Stunde fortgehen und mich bei Fräulein von Zimmern wegen Herzklopfens entschuldigen? Es wäre wirklich keine unwahre Ausrede." „Aber, Elsbeth, was fällt dir ein, dann hörst du ja die Antwort auf deine Frage gar nicht." „Die könntest du mir morgen sagen, und ich weiß auch, daß du mich den andern nicht verrätst, gelt, keiner, auch Hermine nicht?" „Nein, gewiß nicht. Aber, Elsbeth, ich ginge an deiner Stelle doch nicht fort, man kann doch nicht immer gleich davonlaufen, wenn man vor etwas Angst hat, und gar vor so einer Stunde davonlaufen, das käme mir schrecklich dumm vor."

Dieser etwas derbe Zuspruch übte eine gute Wirkung aus. Gretchen merkte es und fuhr fort: „Glaub nur, Fräulein von Zimmern bekäme doch heraus, warum du fort willst. Sie fragt dich genau, woher das Herzklopfen kommt, und was willst du dann antworten? Lügen kann man nicht, so mußt du ihr den Grund sagen; nein, wirklich, ich wollte lieber ruhig in der Stunde bleiben, als so ein Verhör bei Fräulein von Zimmern durchmachen."

„Ja", sagte Elsbeth, „wenn du meinst, sie frage so genau."

„Ganz gewiß; Fräulein von Zimmern merkt es gleich, wenn etwas nicht in Ordnung ist."

„Dann bleibe ich lieber."

„Ja, bleib nur, du hast vielleicht ganz unnötig Angst. Unbehaglich war mir's damals schon auch zumute, aber nachher war ich glücklich, denn die Antwort hat mir so gut gepaßt. So geht dir's gewiß auch. Komm, mach kein so jämmerliches Gesicht, da iß!", und Gretchen schob der trübseligen Gefährtin einen Bissen Apfel in den Mund, so daß diese lachen mußte und nicht mehr so kleinmütig aussah. — Nach der englischen Stunde kam Pfarrer Kern. In seinem Testament, aus dem er seinen Schülerinnen immer einen Abschnitt vorlas, lag ein Blättchen Papier. Als er es herausnahm, hätte Gretchen gern noch einen ermutigenden Blick zu Elsbeth hinübergesandt, aber diese hob die Augen nicht auf. „Es ist mir da eine Frage zugegangen", sprach der Pfarrer, „deren Beantwortung nicht für unsere Stunde paßt." Gretchen erschrak ordentlich; also auch der Pfarrer fand die Frage ungeeignet? Was konnte Elsbeth nur gefragt haben?

„Die Frage lautet: ‚Wir möchten gern zum Schluß des Schuljahres Fräulein von Zimmern irgendeine Freude machen, etwas aufführen oder dergleichen. Was könnten wir wohl tun?‘ Die Frage ist unterschrieben von einem Kleeblatt. Diesem Kleeblatt möchte ich nun wissen lassen: Ich bin gern bereit, mit euch darüber zu beraten, aber nicht in dieser Stunde. Am Mittwoch gebe ich von neun bis zehn Uhr Unterricht in der vierten Klasse, wenn ihr um zehn Uhr hinunterkommen wollt, so haben wir eine Viertelstunde

Zeit zur Besprechung. Ich habe aber noch einen anderen Fragezettel erhalten, und dieser hat mich herzlich gefreut." Gretchen wagte einen raschen Blick auf Elsbeth, diesmal mußte es ihre Frage sein. „Die Frage hat mich gefreut, weil sie ein Zeichen von Vertrauen ist. Sie lautet: ‚Ich kann vieles nicht mehr glauben, was ich früher geglaubt habe und was wir Christen glauben sollen, und ich möchte es doch gern glauben. Ich kann auch nicht beten, wenn ich nicht glauben kann. Aber ich war glücklicher früher, als ich noch alles geglaubt habe. O wenn ich nur wieder glauben könnte! Was soll ich tun?' "

„Was soll ich tun?" wiederholte der Pfarrer. „Das erste, was du tun sollst, hast du schon angefangen zu tun: Du hast dich überwunden, deinen Unglauben auszusprechen einem Gläubigen gegenüber. Wenn du es nicht nur schriftlich tust, wird es dir noch mehr Segen bringen. Kommt zu mir, wenn euch Zweifel beunruhigen, dann sprechen wir miteinander, oder wenn ihr einen Vater, eine Mutter habt, so sprecht ganz offen mit ihnen. Meint nicht, daß das etwas Seltenes, etwas Schlimmes sei, dessen ihr euch schämen müßt. Was soll ich tun? fragst du. Du sollst Geduld haben und Treue halten. Ist dir das Glück jetzt nicht beschieden, fest im Glauben zu sein, so kannst du dennoch treu bleiben. Denke an den Spruch: ‚So jemand will des Willen tun, der wird inne werden, ob diese Lehre von Gott sei.' Es hat mir einst eine Frau anvertraut: ‚Von meinem zwanzigsten Lebensjahr bis zu meinem fünfzigsten habe ich mich immer an diesen Spruch halten müssen, nach dreißig Jahren erst ist mir die richtige Erkenntnis gekommen, und ich weiß jetzt, daß diese Lehre von Gott ist. Es hat mir keinen Schaden gebracht, denn in allem Unglauben bin ich treu geblieben.' Also

Geduld haben und treu bleiben, auch wenn Jahre darüber hingehen. Lebe, wie wenn du glaubtest, dann bringt das Leben den Glauben."

Noch einmal wiederholte der Pfarrer die Frage: „„Was soll ich tun?' Du sollst alles aufsuchen, was dich zu Gott führen kann: ernste Arbeit, edle Erholung, gute Bücher, kräftige Predigten und wahre Christen, und sollst alles meiden, was von Gott wegführt. Dann, glaube mir, kommt einmal der Tag, wo du das Wort liest oder hörst, das gerade für dich das richtige ist, dann wirst du wieder so glücklich sein oder noch glücklicher als zur Zeit des ersten Kinderglaubens."

*

Als heute Pfarrer Kern die Mädchen verließ, waren sie schweigsamer als sonst; sie wußten, daß eine unter ihnen war, der die Worte sehr nahe gegangen sein mußten, und sie wollten nicht so schnell wieder von gleichgültigen Dingen reden. Gretchen stand am Kleiderhaken und wollte ihre Jacke anziehen. „Komm, ich helfe dir", sagte eine freundliche Stimme. Es war Elsbeth, die ihre Hilfe anbot, eine Hilfe, die nicht nötig war, die aber Gelegenheit gab, sich gegenseitig verständnisinnig in die Augen zu blicken und sich, von den andern unbemerkt, die Hand zu drücken.

Während die meisten Mädchen mit ihren Gedanken über das Gehörte beschäftigt waren, ließ sich plötzlich Elise Schönlein vernehmen: „Wer hat denn das gefragt wegen der Aufführung für Fräulein von Zimmern?" „Aber, Elise!" riefen ein paar Mädchen zugleich, „wir sollen doch nie danach fragen; wenn sie wollten, könnten sie es ja von selbst sagen!" „Ja, sie sagen's eben nicht von selbst, darum frage ich", entgegnete Elise. Die andern lachten. „Es bleibt allerdings doch kein Geheimnis", sagte Ottilie, „weil es unser Pfarrer mündlich mit uns besprechen will und uns in die vierte Klasse bestellt hat. So kann ich es euch gleich sagen: ich habe angefragt und die beiden andern werden es wohl auch nicht geheimhalten können."

Sie kannten sich; es waren eine Verwandte von Ottilie und deren Freundin. „Wie hat eure Frage gelautet?" fragte Gretchen, „was für eine Freude wir Fräulein von Zimmern zum Schluß machen könnten? Wir alle, die ganze Klasse?" „Ich habe nur an uns drei gedacht", sagte Ottilie. „Ich bin begierig, was da verabredet wird", sagte Gretchen, „es gibt gewiß etwas Nettes."

„Die Mädchen trennten sich. Eine ging leichteren Herzens von dannen, als sie gekommen war, und pries sich glücklich, daß jemand sie abgehalten hatte, davonzulaufen. Auch Gretchen dachte noch an die Antwort des Pfarrers und freute sich, der Mutter von dieser Stunde zu erzählen. Aber als sie heimkam, mußte sie sich gedulden; denn sie traf die Mutter nicht allein. Eine große, umfangreiche Person stand ihrem Mütterchen gegenüber. Es war eine Kochfrau, die bei feierlichen Gelegenheiten als Köchin gerufen wurde. Im Hause Reinwald war sie bisher noch nie tätig gewesen; denn Lene war selbst eine Meisterin in der Kochkunst und hatte keiner Hilfe bedurft. Von Franziska konnte man das noch nicht rühmen, und so war die Kochfrau gebeten worden, die Bewirtung für eine größere Abendgesellschaft zu übernehmen, die Herr und Frau Reinwald geben mußten. Heute war erst die Vorberatung; sie wurde aber sehr lebhaft geführt, und Gretchen fand, als sie eintrat, für ihren Gruß bei der Mutter nur eine ganz flüchtige Erwiderung und bei Frau Batz gar keine Beachtung.

Eine Weile hörte Gretchen nicht ohne Teilnahme zu, ob Pastetchen oder Mayonnaise, ob Krebsauflauf oder Grießpudding. Aber all die Einzelheiten der Bewirtung waren ihr gleichgültig. Sie war auch noch so erfüllt von der letzten Schulstunde und hätte gern vor Tisch noch mit der Mutter darüber gesprochen. Jetzt war es schon bald ein Uhr, Essenszeit. Wenn es wenigstens Notwendiges gewesen wäre, was diese Frau sagte, aber das Nötige war offenbar schon längst erledigt; denn Frau Batz wiederholte nun schon zum drittenmal: „Ich sag's ja, wer das Kochen los hat, der macht aus einem Ei zwei."

Gretchen verlor die Geduld. „Mutter", sagte sie, „es ist schon so spät, der Vater wird gleich zum Essen kommen." „Oh, es hat noch lange Zeit bis ein Uhr", sagte Frau Batz, „und vor Eins wird in keinem meiner Häuser gespeist. Natürlich unsereins kommt ja nur in die feinsten Häuser. Aber die Schulkinder sind immer ungeduldig, es fehlt halt die Einsicht, das rechte Verständnis. Aber wie gesagt, das Salatöl vom Hinterboxer —"

Gretchen rannte davon, sie war wütend über Frau Batz. Sie kam in des Vaters Arbeitszimmer. „Vater", rief sie, „Frau Batz ist bei der Mutter und läßt sie nicht los; bitte, komm doch ins Eßzimmer und brumme ein wenig über die Unpünktlichkeit."

„Den Gefallen will ich dir tun, aber es ist leider noch nicht ganz ein Uhr."

Noch drei Minuten vergingen, dann schlug es eins, Herr Reinwald verließ sein Zimmer. Aber Frau Batz ging nicht so leicht in eine Falle, auch sie hatte mit dem Schlag das

Eßzimmer verlassen, und so konnte Herr Reinwald nichts tun, als ihren untertänigen Gruß artig erwidern, und Gretchen, die ihm auf dem Fuße folgte, mußte es mit ansehen.

Auf die große Abendgesellschaft freute sich Gretchen gar nicht. Früher war so etwas nett gewesen; denn wenn auch Lene an solchen Tagen während der Zurüstungen nicht die rosigste Laune zeigte, so war sie nachher um so liebenswürdiger gewesen, wenn alles glücklich aufgetragen war. Gretchen hatte solche Abende in der Küche zugebracht, wo ihr die besten Bissen aufgetischt wurden, und wenn sie ihnen gut zusprach, so war Lene überzeugt, daß alles gut geraten sei, und die beiden waren sehr gemütlich beisammen. Mit Wehmut dachte Gretchen an diese vergangenen Zeiten, und es trieb sie, wieder einmal Lene zu besuchen, die sie lange nicht mehr gesehen hatte.

Diesmal traf sie die junge Frau ganz allein zu Hause, saß bald gemütlich bei ihr am Fensterplätzchen und erzählte. Hier fand sie immer die wärmste Teilnahme für alle ihre Erlebnisse. Lene hatte ihr Strickzeug herbeigeholt und arbeitete fleißig. „Für wen strickst du das nette Kinderjäckchen?" fragte Gretchen, „ich kenne das Muster, es war das letzte, was ich bei Fräulein Treppner gestrickt habe vor ihrem Tod."

„Ja", sagte Lene, „es ist ein schönes Muster."

„Für wen machst du's?" Da sah Lene von ihrer Arbeit auf, und ihre Augen leuchteten, als sie antwortete: „Für mein eigenes kleines Kind, wenn Gott mir eines beschert." „O Lene, was wäre das für eine Freude!" rief Gretchen. „Gelt?" sagte Lene, „und wenn es nun gar ein Mädchen wäre zu den drei Buben, ich glaube, es würde sie selber freuen!" „Ja, aber mich noch viel, viel mehr!" Lene stand von der Arbeit auf. „Komm mit mir, ich zeige dir etwas." Sie führte

Gretchen über den Gang in ein Kämmerchen, das sie auf-
schloß. „Sieh", sagte sie, „da steht schon der Kinderwagen
bereit, den hat mir mein Mann auf der letzten Messe ge-
kauft und dazu gesagt: ‚Ein Kutscher muß doch zuerst fürs
Fuhrwerk sorgen.' Und sieh, die kleinen Bettchen, die waren
noch da von den Buben, die habe ich frisch hergerichtet, jetzt
sind sie wieder wie neu. Und da sieh her, die winzigen
Hemdchen, weißt du, von wem die sind? Die hat mir neulich deine Mutter mitgegeben, die sind von dir, Gretchen.
Alle paar Jahre habe ich sie wieder gebleicht, daß sie schön
weiß bleiben, und habe manchmal gedacht: es ist schade,
daß wir kein Kindchen mehr für die netten Hemden haben."
Gretchen sah die kleine Wäsche, die so blühweiß vor ihr lag,
und es kam ihr in den Sinn, wie Lene schon für sie gesorgt
hatte in einer Zeit, von der sie nichts mehr wußte. Sie gab
Lene einen Kuß und sagte: „Ich möchte auch etwas für dein
Kindchen tun, was kannst du wohl dafür brauchen?"

„Fürs erste ist gesorgt", sagte Lene, „aber später, wenn
es Gottes Wille ist, daß das Kind groß wird und alles
in der Schule so schwer ist, wie es bei dir immer war, wenn
ich die Sachen nicht recht verstehe oder vielleicht gar nicht
mehr am Leben bin, dann hilfst du meinem Kind, gelt,
Gretchen?" „Ja", sagte Gretchen, „ich weiß schon, was du
meinst, sie muß immer die Erste sein, sonst bist du ja nicht
zufrieden!"

Lene machte die Bettchen wieder zurecht und schloß sorgfältig die Kammer. Gretchen schickte sich an, heimzugehen.
„Ich begleite dich durch den Hof", sagte Lene, „ich habe
da ein Stück Fleisch übrig, das will ich der Base bringen.
Ach, Gretchen, mit der Base ist mir eine schwere Last aufgelegt. Sie wird immer elender, und nun klagt sie immer,

wie einsam sie sei, und sagt, wir sollten sie doch zu uns nehmen in die Kammer neben unserer Schlafstube. Sie meint, es wäre so bequem, wenn sie mich nachts rufen könnte und bei Tag in unserer Stube sitzen. Und dann sagt sie wieder, sie wisse wohl, daß sie mir zu gering sei. Ach, Gretchen, zu gering ist sie mir ganz gewiß nicht, aber ich weiß keinen Menschen, der so verdrießlich ist wie sie! Wenn ich sie ins Haus nehme, ist mir's, als wenn mir's Regenwetter bis ins Zimmer hereinkäme."

„Kann sie keine Pflegerin zu sich nehmen, ist sie zu arm dazu?"

„Sie wäre gar nicht so arm, sie bekommt viel aus der Kasse, aber bei ihr ist's so: sobald sie Geld hat, schickt sie ihr Schnapsfläschchen zum Füllen. Die Buben müssen ihr's besorgen, der Kleine hat mir's verraten. Da heißt's immer: ‚Hol mir den Schnaps, sag's dem Vater nicht, dann kriegst auch einen Schluck.' Es ist nichts nutz für die Kinder! Ich hab's nicht begriffen, warum sie so gern zu der Bas gehen, aber jetzt weiß ich's; sie gibt ihnen auch oft ein paar Pfennige zum Naschen. Es wäre freilich besser, sie wäre bei mir, dann könnte ich nach allem sehen." „Ja, vor dir müßte sie sich schämen, Schnaps zu trinken."

„Ganz könnt' sie's wohl nicht mehr lassen."

„O Lene, du dauerst mich; wenn du sie nicht zu dir nimmst, ist's nicht gut, und wenn du sie nimmst, ist's gar nicht mehr nett bei dir!"

„Ich kann mir's noch überlegen bis zum Ziel, vorher rede ich noch mit deiner Mutter." Lene und Gretchen standen längst an dem Punkt, wo sich ihre Wege trennten. „Lebwohl, Lene", sagte Gretchen, „komm nur bald zur Mutter, sie muß einen Ausweg finden."

„Ja, nach eurer Gesellschaft komme ich, vorher hat deine Mutter keine Zeit." „Ach ja", sagte Gretchen, „die Gesellschaft, die Frau Batz, die aus einem Ei zwei macht!"

„Gegen die darfst du nichts sagen, Gretchen, sie ist weit und breit berühmt, und du wirst sehen, wie fein sie alles macht. Aber eines kannst du ihr ausrichten: links hinten im Bratrohr ist ein kleines Loch, auf das muß sie ein Blech legen, sonst bekommt sie keine gleichmäßige Hitze." „Ich will's ihr ausrichten. Lebewohl, Lene." Als Gretchen schon ein paar Schritte weg war, rief ihr Lene noch nach: „Ganz hinten, links!" und Gretchen wandte sich lachend um und rief zurück: „Ich habe schon verstanden, ganz vorn, rechts!", über welche Zurufe die Vorübergehenden etwas erstaunt aufsahen.

Am nächsten Mittwoch um zehn Uhr, gleich nach der Geschichtsstunde, sagte Gretchen zu den neben ihr Sitzenden: „Kommt, wir lassen alle Bücher liegen und gehen schnell hinunter, damit unser Pfarrer nicht warten muß."

„Ihr wollt hinunter?" fragte Ottilie; „habt ihr auch etwas zu verabreden?"

„Wir wollen doch mittun, wenn etwas für Fräulein von Zimmern verabredet wird!" sagte Gretchen. „Und möchten die Vorschläge hören", fügte Elsbeth May hinzu. Aber Hermine wehrte ab: „Bleibt doch, ihr seht ja, daß Ottilie uns nicht dabei haben will."

„Das brauchst du gar nicht so spitzig zu bemerken", entgegnete Ottilie; „wenn man allein einen guten Gedanken hat, will man doch auch allein die Ehre davon und den Dank dafür. Ihr hättet ja selbst daran denken können, irgendeine Schlußfeier zu veranstalten." Das Kleeblatt verließ das Zimmer. Es folgte ihnen keines der Mädchen, es folgte ihnen aber auch keine gute Nachrede.

Die Schülerinnen der vierten Klasse hatten ihr Schulzimmer schon verlassen, und der Pfarrer stand allein am Pult, als drei Mädchen eintraten. Ottilie dankte dem Pfarrer sehr artig für die versprochene Beratung.

„Wo sind die andern?" fragte der Pfarrer; „haben sie nicht mitkommen wollen?"

„Wir wollen ihnen nachher Ihren Vorschlag mitteilen", antwortete eines der Mädchen ausweichend.

„So? Mein Vorschlag ist allerdings auf die Mitwirkung der ganzen Klasse berechnet." Die drei schwiegen und sahen sich unschlüssig an. „Ihr wollt wohl lieber etwas, bei dem nur ihr drei beteiligt wäret?" „Ja", antwortete das Kleeblatt wie aus einem Mund.

Der Pfarrer ging ein paarmal auf und ab und blieb dann vor Ottilie stehen. „Man muß sich nur immer klarmachen, was man will. Ist es euch darum zu tun, Fräulein von Zimmern eine große Freude zu machen, so erreicht ihr das am besten, wenn ihr alle zusammenwirkt. Liegt euch aber mehr daran, euch vor den andern auszuzeichnen, so müßt ihr allerdings allein handeln, nur dürft ihr in diesem Falle nicht meine Hilfe in Anspruch nehmen, denn das ist nicht nach meinem Sinn."

Eine kleine verlegene Pause entstand, dann sagte Ottilie zu ihrem Bäschen: „Geh hinauf und hol die andern." Diese folgte, wie sie es der schönen Ottilie gegenüber nicht anders gewohnt war. Oben angekommen, rief sie nur durch die Tür: „Ihr sollt alle herunterkommen", und sie eilte voran, um über die bisherige Verhandlung nicht ausgefragt zu werden.

Inzwischen sagte der Pfarrer zu den beiden Mädchen: „Wenn ihr nicht lernt, euch mit andern zu freuen, so werdet ihr wenig Freude erleben; wer sich aber mit andern freuen kann, dem wird es durchs ganze Leben hindurch nicht an Freude fehlen."

Sobald die ganze Oberklasse versammelt war, sprach der Pfarrer in verändertem, heiterem Ton: „Dies Kleeblatt hat also den Wunsch, eine Schlußfeier zu veranstalten und hat euch gerufen, damit ihr alle mittut und zunächst meinen Vorschlag mit anhört. Will man jemand eine Freude machen, so muß man vor allem seine Eigenart bedenken. Da hat mich nun Fräulein von Zimmerns große Vorliebe für die Literatur auf einen Gedanken gebracht. Ihr wißt alle, wie ausgezeichnet sie in diesem Fach Unterricht erteilt und wie gern sie euch noch mehr davon gelehrt hätte, wenn die Zeit nicht so knapp zugemessen wäre. Wie käme nun euch mein Vorschlag vor: Ihr fünfzehn Mädchen würdet euch in fünf Gruppen teilen; jede Gruppe übernähme einen Dichter, würde seine Lebensgeschichte studieren und so viel von seinen Werken lernen, daß man ein vollständiges Bild von ihm bekäme. Ich nehme z. B. an, drei von euch hätten sich Schiller erkoren. Sie würden nun seine Lebensbeschreibung — die ich euch verschaffen kann — gemeinsam lesen und dann verteilen: eine müßte alle Fragen beantworten können, die seine Jugendzeit betreffen, die zweite den nächstfolgenden Zeitraum, die dritte den letzten. Gedichte, die ihr früher auswendig lernen mußtet, blieben weg, und weniger bekannte, vielleicht auch Reden aus dramatischen Werken oder sogar Abschnitte aus prosaischen, würden gelernt. Kommt dann die letzte Schulwoche, so fordert ihr Fräulein von Zimmern auf zu einer außerordentlichen Literaturstunde und überreicht ihr feierlich die Liste von allem, was sie euch abfragen darf. Versteht ihr wohl, wie ich's meine?"

Ehe noch die Mädchen antworten konnten, ertönte im Vorplatz das Glockenzeichen, die Schülerinnen der vierten Klasse erschienen unter der Tür und machten sehr erstaunte Gesichter über die Eindringlinge. Die Großen mußten das Feld räumen, und der Pfarrer sagte im Fortgehen: „Überlegt es euch, ob ihr so viel Arbeit auf euch nehmen wollt, wir sprechen noch einmal darüber."

Erst um zwölf Uhr hatten die Mädchen Zeit, ihre Gedanken über den Vorschlag auszutauschen. Darüber waren alle einig, daß es ganz nach dem Sinne von Fräulein von Zimmern wäre, auch fürchteten sie die Arbeit nicht, es lagen noch zwei Monate bis zum Schulschluß vor ihnen, in dieser Zeit konnte man viel lernen. Aber es war doch kein fröhliches Besprechen und Beraten, denn vom Morgen her herrschte noch eine Verstimmung zwischen dem Kleeblatt und den andern Mädchen. Hermine sagte halblaut zu Gretchen: „Es ist nicht nett für uns, mitzutun, wo man uns lieber nicht dabei hätte!"

„Ich glaube", sagte Gretchen gutmütig, „sie haben uns jetzt ganz gern dabei, denn sie haben uns ja selbst heruntergerufen."

„Weil sie mußten!"

„Das kannst du doch nicht wissen."

„Sieh doch nur Ottilie an, wie sie verstimmt aussieht."

Das konnte nun allerdings Gretchen nicht leugnen. Im stillen sann sie nach, wie Ottilie wieder gut gestimmt werden könnte. Ihr war es immer Bedürfnis, das gute Einvernehmen wieder herzustellen, wenn es gestört war, und sie besann sich nie lange, wer schuld war an der Störung.

Einige Mädchen hatten schon das Schulzimmer verlassen, andere waren im Begriff, fortzugehen. Gretchen hielt Ottilie zurück und sagte leise: „Bleib noch einen Augenblick bei mir", und sowie sie allein waren, sagte sie: „Ottilie, mir ist ein guter Gedanke für dich gekommen, weil du doch lieber allein Fräulein von Zimmern eine Freude gemacht hättest."

„Ach nein, es ist mir ja ganz recht so, wie es ausgemacht ist. Übrigens, was hast du für einen Gedanken?"

„Du könntest für Fräulein von Zimmern eine schöne Handarbeit machen und sie ihr am letzten Tag überreichen. Wir reden dann nicht voi den andern davon, damit du etwas für dich allein hast."

„Das gefiele mir wohl, aber man wird mir's übelnehmen, wenn ich nicht mittue bei der Literatur."

„So meine ich's auch nicht, du mußt natürlich mittun, sonst wäre es ja gar nicht nett; aber die Handarbeit kannst du noch dazu machen, wir haben ja noch zwei Monate Zeit."

Ottilie überlegte. Die schönsten benähten Deckchen und gestickten Kissen erschienen ihr im Geist. Feine Handarbeiten waren ihre große Liebhaberei, der Vorschlag paßte für sie. Hermine, die vorausgegangen war, rief nach Gretchen. „Ich komme", rief diese dagegen und eilte der Freundin nach. Ottilie folgte ihr langsamer und sagte halblaut vor sich hin: „Sie ist doch ein guter Kerl!"

Das waren nun in den nächsten Tagen endlose Beratungen in der Schule: Welche Dichter sollte man wählen, und wie die Gruppen bilden? Die verschiedensten Vorschläge schwirrten durcheinander; von den fünfzehn Mädchen sprachen immer vierzehn zugleich ihre Meinung aus, und Elise Schönlein, die keine Meinung hatte, blieb die einzige Zuhörerin.

Die Verstimmung war gewichen, alle waren voll Eifer für das Vorhaben; aber die Sache war doch schwierig in Gang zu bringen.

Eines Morgens, bei Beginn der Pause, kam Mathilde Braun zu den Großen und sagte zu ihrer Schwester Hermine: „Unser Pfarrer kommt gleich herauf zu euch."

„Woher weißt du es?" fragten verschiedene Stimmen.

„Er hat mich gefragt, ob ich wisse, wie es mit eurem Plan stehe. Ich habe gesagt: Es steht durcheinander. Dann hat er gelacht und gesagt, er wolle euch besuchen."

Richtig kam Pfarrer Kern auch schon die Treppe herauf, und nach kurzer Zeit war alles aufs schönste geordnet. Jede Schülerin sollte am nächsten Tag einen Zettel mitbringen, auf dem fünf Dichter vorgeschlagen waren. Diejenigen Dichter, die die meisten Stimmen für sich hätten, würden gewählt. Durch das Los sollten je drei Mädchen zu einer Gruppe vereinigt und wiederum jeder Gruppe ein Dichter zugeteilt werden. Die nötigen Bücher wollte der Pfarrer liefern, und in den Inhalt derselben sollten die einzelnen jeder Gruppe sich teilen.

Am Abend saß Gretchen sinnend vor ihrer Literaturgeschichte, um die fünf Dichter zu wählen, die sie vorschlagen wollte. Schiller und Goethe waren schnell aufgeschrieben, die durften ja nicht fehlen; dann kam Körner als ihr Lieblingsdichter, und etwas zögernd folgten Lessing und Uhland.

Die ganze Klasse war am folgenden Tag sehr begierig auf die Zählung und die Verlosung, die sie in der Freiviertelstunde vornehmen wollten. Fräulein Bertrand, die um neun Uhr zur französischen Stunde kam, wurde ins Vertrauen gezogen und gebeten, etwas vor zehn Uhr zu schließen, um die Pause zu verlängern. Sie zeigte großen

Eifer für den Plan und erklärte sich bereit, in der Stunde die Zählung und Verlosung vornehmen zu lassen, unter der Bedingung, daß dabei Französisch gesprochen würde. Das war unseren Großen keine zu schwierige Bedingung, und die Zählung begann.

Schiller, Goethe und Lessing hatten weitaus die meisten Stimmen, dann kamen Rückert und Uhland. Körner war zu Gretchens Bedauern durchgefallen.

Nun wurden mit Hilfe des Loses die Gruppen gebildet. Ottilie, als die Urheberin des Ganzen, durfte zuerst zwei Zettel mit Namen ziehen; der erste trug den Namen: Elise Schönlein. Ottilie gab sich keine Mühe, ihren Ärger zu verbergen, als ihr die Letzte zur Bundesgenossin zufiel, aber wie um sie schadlos zu halten, stand auf dem zweiten Los, das sie zog: Gretchen Reinwald. Die Erste und die Letzte, das konnte sich ja ausgleichen. Hermine Braun kam mit Elsbeth May und mit Ottiliens Bäschen in eine Gruppe.

Bei der Verlosung der Dichter erhielt die erste Gruppe Schiller, und Ottilie forderte Gretchen und Elise Schönlein auf, in der nächsten Woche zu ihr zu kommen, um zu verabreden, was jede von ihnen lernen sollte.

Als alle Gruppen und Dichter verteilt waren, erkundigte sich Fräulein Bertrand, in welcher Weise beim Schulschluß das Gelernte vorgetragen werden solle.

„Ganz einfach", sagte Gretchen, „wir bitten Fräulein von Zimmern um eine Stunde, und sie fragt uns ab." Aber dies gefiel der Französin nicht. „Ihr werdet euch nicht so nüchtern, wie alle Tage, um den grünen Tisch setzen", sagte sie, „es treten sonst die Gruppen gar nicht hervor. Ihr solltet euch getrennt in fünf Gruppen im Halbkreis aufstellen, Fräulein von Zimmern in der Mitte, so wird es hübsch.

Seht, so!" Fräulein Bertrand stellte die Mädchen je drei und drei im Halbkreis auf, wobei es sehr lebhaft und fröhlich zuging, bis zu dem Augenblick, wo plötzlich jeder Laut verstummte und alle wie versteinert stehenblieben — denn Fräulein von Zimmern trat ein.

Sie hatten ja nichts Böses getan, und doch kam es allen vor, als wären sie bei einem Unrecht ertappt worden. Jedenfalls war nun ein peinliches Ausfragen zu erwarten, und man konnte doch nicht befriedigend antworten, wenn man die geplante Überraschung nicht verderben wollte.

Aber es kam anders. Fräulein von Zimmern kannte Fräulein Bertrand als eine altbewährte, gewissenhafte Lehrerin, sie kannte auch ihre „Großen" als eine fleißige Klasse, und so war sie weit entfernt, Böses zu vermuten. Freundlich wandte sie sich an Fräulein Bertrand: „Ich habe in dem unteren Zimmer die ungewohnte Unruhe über mir bemerkt und dachte mir gleich, daß Sie Spiele machen ließen. Es ist sehr anerkennenswert, daß Sie sich diese Mühe geben. Ihre Schülerinnen können dabei manchen Ausdruck kennenlernen, der in der Grammatik nicht vorkommt." Etwas verlegen entgegnete Fräulein Bertrand: „Gewiß sind Spiele eine gute Übung, und ich will gern welche mit den Mädchen einüben."

„Ich bin eben heraufgekommen, um zu sehen, wie Sie das angreifen. Lassen Sie sich nicht stören, machen Sie weiter." Und Fräulein von Zimmern setzte sich in eine Fensternische, entschlossen, zuzusehen.

Lehrerin und Schülerinnen wechselten bestürzte Blicke. Einige wußten sich vor unterdrücktem Lachen kaum zu halten; Fräulein Bertrand befand sich in schwieriger Lage, da kam ihr Ottilie mit großer Geistesgegenwart zu Hilfe.

„Bitte, Fräulein Bertrand, ‚la ronde‘", rief sie, und damit
nannte sie ein Spiel, so einfach wie unser deutsches „Ringel-
Ringel-Reihe"; sie selbst und ihr Bäschen hatten das mit
ihrem französischen Kinderfräulein gespielt, und Ottilie
nahm an, Fräulein Bertrand müßte es kennen. „Gut", sagte
Fräulein Bertrand, „sage du die Worte zuerst deutlich vor."

Ottilie sprach das kindliche Verslein. Alle ihre Mitschülerinnen hatten erfaßt, daß es nun galt, schnell die Worte zu
behalten, und als sich nun die Mädchen an der Hand faßten,
sich im Kreis drehten und den Vers dazu sagten, hätte man
nicht gedacht, daß es zum erstenmal geschah. Fräulein von
Zimmerns Erwartungen schienen aber auch nicht voll befriedigt, denn sie wandte sich an Fräulein Bertrand mit
der Frage: „Ist dies Spiel nicht etwas zu kindlich für die
Oberklasse?"

„Es ist ein erster Versuch", entgegnete die Lehrerin, „ich
werde passendere Spiele wählen und dieses mit den Kleinen
einüben."

„Das wird mich sehr freuen", sagte Fräulein von Zimmern und verließ mit freundlichem Gruß die Klasse. Sie
hatte sich kaum entfernt, als die unterdrückte Heiterkeit
bei allen Mädchen durchbrach. Fräulein Bertrands Er-
mahnungen zu Ruhe und Ernst wollten lange nichts fruch-
ten, denn sie wurden mit gar zu heiterer Miene gegeben.

Eine Gesellschaft

Auf Mittwochnachmittag hatte Ottilie ihre „Gruppe" zu sich gebeten zu gemeinsamem Lesen einer kleinen Lebensbeschreibung Schillers. Frau Reinwald hatte Gretchen die Erlaubnis gegeben, hinzugehen, obwohl an diesem Abend die lange vorbereitete große Gesellschaft im Hause Reinwald stattfinden sollte. Gretchens Hilfe war noch nicht hoch anzuschlagen, man konnte sie am Nachmittag schon entbehren.

Als Gretchen die Treppe hinuntersprang, traf sie mit Frau Batz zusammen, die schon am Morgen ein paar Stunden dagewesen war, um Pastetchen zu backen, und nun anrückte, um ihr Meisterstück in der Küche zu leisten. Neben Frau Batz auf der Treppe vorbeizukommen, war nicht so leicht, denn sie brauchte schon an gewöhnlichen Tagen fast die ganze Treppenbreite für sich, und an solch großen Tagen wie dem heutigen war sie noch umfangreicher. Im Gefühl ihrer Unentbehrlichkeit machte sie auch nicht Platz für so unbedeutende Menschenkinder. Gretchen drückte sich ganz bescheiden an die Wand und grüßte sogar recht freundlich, denn sie wußte, daß die Mutter und Franziska schon sehnlich auf die Kochfrau warteten. Sie selbst teilte diese Sehnsucht nicht, war froh, daß sie treppab gehen durfte, und ganz zufrieden, daß ihr die vorüberschreitende Größe nur den Hut krumm geschoben hatte, den konnte man ja wieder zurechtrücken.

Bei Ottilie fand sie schon Elise Schönlein, und auch Frau von Lilienkron war eben eingetreten, um die Mädchen zu begrüßen. Gretchen kam nie in dies Haus und hatte Frau von Lilienkron nur gelegentlich bei Ausstellungen in der Schule gesehen.

„Sie sind immer noch so frisch und rotbackig, wie ich Sie als kleines Mädchen gesehen habe", sagte Frau von Lilienkron freundlich zu Gretchen, „und dabei sehen Sie immer so vergnügt aus, als wenn sie gerade ein ganz besonderes Glück erlebt hätten."

„Heute ist das aber auch der Fall", erwiderte Gretchen, „ich wollte es gerade Ottilie erzählen: wir haben heute die Nachricht bekommen, daß unsere Lene, die so lange bei uns war und voriges Jahr geheiratet hat, ein Kind bekommen hat." Es schien, als ob Frau von Lilienkron dies nicht als ein so außerordentlich glückliches Ereignis zu würdigen wußte; aber Ottilie fügte bei: „Gretchen ist so anhänglich an sie, daß sie immer noch zu ihr kommt." „Freilich", bestätigte Gretchen, „und Lene hat drei Stiefkinder, lauter Buben, und ihr eigenes Kind ist ein Mädchen, das ist doch große Freude?" Auf diese dringende Aufforderung hin war auch Frau von Lilienkron bereit, sich über Lenes Kind zu freuen. Sie sprach noch ein wenig mit den beiden Mädchen und ließ sie dann allein.

Eifrig wurde nun an die Arbeit gegangen. Sie lasen zusammen Schillers Leben, merkten an, was ihnen wichtig schien und lernten und verabredeten, was jede von ihnen übernehmen sollte. Waren sie uneins, so galt wie in stillem Übereinkommen Ottiliens Stimme als ausschlaggebend, und so ging alles glatt. Am Schluß wurde verabredet, am Sonntag wieder zusammenzukommen.

Gretchen eilte heim, so schnell sie konnte. Es kam ihr nicht ganz recht vor, daß sie so behaglich mit den Freundinnen beisammengesessen hatte, während die Mutter alle Hände voll zu tun hatte. Rasch legte sie ihre Kleider ab, band sich eine Schürze um und kam ins Eßzimmer. Dort hatte die Mutter schon den Tisch mit feinem Damast belegt, aber gedeckt war er noch nicht. Das war Gretchen eben recht, dabei konnte sie helfen. Flink ging sie der Mutter zur Hand. Unter den schönen Bestecken war ein Messer weniger glänzend als die andern. Frau Reinwald gab es Gretchen: „Sieh, das ist nicht blank, es muß noch nachgeputzt werden."

Gretchen brachte es in die Küche. Ei, wie sah es da aus! Der Herd war schon geheizt, die Kessel dampften, Frau Batz rührte, Franziska trieb die Reibmaschine, auf einem weißgedeckten Küchentisch stand das feine Porzellangeschirr bereit.

Gretchen, in der Meinung, heute gehe alles die Kochfrau an, reichte dieser das Messer hin und richtete aus: „Das Messer ist nicht blank und muß nachgeputzt werden." Frau Batz sah sie groß an. „Ich hab's nicht schlecht geputzt", sagte sie, „das Fräulein hält mich wohl für eine Küchenmagd." Gretchen merkte, daß sie etwas Ungeschicktes gesagt hatte. Sie wandte sich an Franziska und hielt dieser das Messer hin. Die nahm es ihr auch nicht ab. Vielleicht hatte sie an der Reibmaschine nicht gehört, was Gretchen ausgerichtet hatte. Ziemlich laut wiederholte Gretchen ihren Auftrag: „Das Messer ist nicht blank, es muß nachgeputzt werden."

„Ja, ja, ich bin doch nicht taub, ich hab's schon gehört", rief sie und trieb ihre Maschine weiter. Gretchen legte das Messer auf den Tisch. Franziska warf einen verächtlichen

Blick darauf und sagte: „So hat Ihre Lene geputzt, die mir immer als Muster vorgehalten wird." „Die Lene hat schön geputzt", rief Gretchen aufbrausend. „Jetzt ist sie schon ein Jahr nicht mehr bei uns und soll noch schuld sein an dem Messer."

„Jawohl ist sie schuld, die Bestecke hat man noch nie benützt, seit ich da bin."

„Ich werde aber die Mutter fragen, ob das wahr ist!" sagte Gretchen. Sie stand da und wartete auf das Messer. Die Zeit wurde ihr lang. Sie erbot sich, die Reibmaschine zu drehen; aber Franziska wollte davon nichts wissen: „Es wird ja so furchtbar nicht eilen mit dem Messer", sagte sie und ließ Gretchen warten. „Wenn Sie doch einmal dastehen, Fräulein, dann könnten Sie mir einen Topf voll Wasser aus der Leitung bringen", sagte die Kochfrau. Gretchen wußte nicht so recht, welchen Topf sie nehmen sollte. Es stand einer auf dem Küchentisch, in diesem schien schon etwas Wasser zu sein. „Kann ich den nehmen?" fragte sie, aber weder Frau Batz noch Franziska beachteten die Frage.

„Ich werde ihn schon nehmen können", dachte Gretchen, „es ist doch nur Wasser darin, aber vielleicht nicht ganz reines." Sie schüttelte es in den Ausguß, das vermeintliche Wasser glitt ganz eigentümlich aus dem Topf. Gretchen erschrak. „Sollte es doch etwas anderes gewesen sein?" dachte sie, während sie den Topf unter die Wasserleitung hielt.

Jetzt aber ging die Kochfrau an den Küchentisch. „Wer hat mir den Hafen mit den acht Eiweiß weggeräumt?" fragte sie. Im selben Augenblick bemerkte sie den Topf in Gretchens Hand und rief: „Weiß der Himmel, Sie haben das Wasser auf meine acht Eiweiß laufen lassen!" „Was darin war, habe ich für Wasser gehalten und weggeschüttet", sagte Gretchen kleinlaut, und als Frau Batz immer lauter wurde und auch Franziska in ihr Schelten einstimmte, sagte Gretchen: „Ich habe doch gefragt, ob ich den Topf nehmen darf, aber es hat mir ja niemand Antwort gegeben!"

„Jetzt müssen gar wir noch schuld sein", rief Frau Batz, „ich sag's ja immer: Keine Hilfe ist wenig, aber ein Fräulein zur Hilfe ist noch weniger!"

Gretchen hatte genug gehört, sie verließ die Küche mit dem unglückseligen Messer, das endlich doch geputzt worden war. Sie kämpfte mit den Tränen, als sie ins Zimmer kam. „Du hast lange gebraucht", sagte Frau Reinwald und nahm das Messer, „aber du hast es auch recht schön geputzt."

„Ich nicht, Franziska. Ich habe bloß acht Eiweiß in den Ausguß geschüttet." Gretchen konnte jetzt ihre Tränen nicht mehr zurückhalten. Acht Eiweiß verschmerzt eine Hausfrau nicht so leicht. Frau Reinwald war sehr ärgerlich und zankte über Gretchens Ungeschick. Als sie aber hörte, wie schlecht Gretchen in der Küche angekommen war, hatte sie doch Mitleid mit ihr. „Warum hast du das Messer nicht selbst geputzt?" fragte sie, „so meinte ich's, als ich es dir gab."

„So? Daran habe ich gar nicht gedacht, sonst hätte ich's schon getan."

„Das war's wohl, was Franziska geärgert hat. Wenn ein Hausmädchen alle Hände voll zu tun hat, und es kommt so ein halbes Kind wie du, tadelt die Arbeit und sagt: mach's besser, dann wird jede verdrießlich."

„Frau Batz war aber noch viel ärger als Franziska."

„Mir scheint eben, Frau Batz hat schon recht mißliche Erfahrungen gemacht mit kleinen Fräulein, die nichts können und die Schuld gern auf andere schieben."

„Ja, jedenfalls mag sie mich gar nicht, und Franziska will heute auch nichts von mir wissen. Im Zimmer will ich dir helfen, soviel ich nur kann, aber bitte, Mutter, schick mich heute nur nicht mehr in die Küche hinaus!"

„Weißt du, was du damit sagst, Kind? Du sagst: Bitte, Mutter, räume mir die Schwierigkeiten aus dem Weg, damit ich sie nicht überwinden muß. Kann ich darauf ja sagen? Komm, sei mein tapferes Kind, nicht so ein empfindliches Fräulein, geh hinaus, gib noch einmal acht Eier heraus und sage Frau Batz, ich lasse ihr raten, einen großen Zettel an ihren Topf zu binden mit der Aufschrift: ‚Vorsicht! Eiweiß!' "

Frau Reinwald gab Gretchen den Speisekammerschlüssel in die Hand — was konnte sie da anders tun als in die Küche gehen?

Kochfrau und Köchin sahen diesmal beide auf, als die Tür geöffnet wurde. Sie hatten nichts anderes erwartet, als daß Gretchen sich über sie beklagt habe, und daß nun Frau Reinwald ärgerlich über sie beide, verstimmt über die verlorenen Eier, in der Küche erscheinen würde. Als sie anstatt der Frau des Hauses Gretchen eintreten sahen und an deren Augen bemerkten, daß es Tränen gegeben hatte, schlug die Stimmung um, und da nun Gretchen Eier aus der Speisekammer brachte, vor Frau Batz hinlegte und mit einem Versuch zu lächeln ausrichtete: „Die Mutter meint, Sie sollten auf den Topf schreiben: Vorsicht! Eiweiß!", lachten Frau Batz und Franziska mit ihr, und tröstend sagte die Kochfrau: „Nehmen Sie sich's nicht zu Herzen, Fräulein, wenn auch die Frau Mama gezankt hat, so etwas kommt öfter vor." „Ja", fügte Franziska hinzu, „in so einem tiefen Topf sieht das Eiweiß aus wie Wasser." Das tat Gretchen wohl, und ehe

242

sie die Küche wieder verließ, sagte sie: „Wenn ich Ihnen später etwas helfen kann, etwas putzen oder richten, wobei man nichts Dummes machen kann, dann brauchen Sie mich nur zu rufen." „Ganz recht", sagte Frau Batz, „nachher beim Kartoffelschälen." Und als sie allein waren, sagte sie zu Franziska: „Sie ist nicht so hochmütig wie andere." „Nein, man muß sie gern haben", meinte Franziska.

Auf acht Uhr war eingeladen, alles stand zum Empfang bereit. Herr Reinwald erwartete die Gäste, während seine Frau noch einen letzten Blick in die Küche warf.

„Du wirst wohl heute in die Verbannung geschickt?" fragte Herr Reinwald seine Tochter.

„Ja, sobald die ersten Gäste kommen, muß ich verschwinden. Es ist aber ganz nett in meinem Zimmer, die Mutter hat mir eine Lampe hineingestellt, mein Schiller liegt dabei, mein Tischchen ist gedeckt, und von allem, was abgetragen ist, darf ich essen, soviel mir schmeckt. Das hat nämlich die Mutter in Gegenwart von Frau Batz gesagt, sonst würde ich gar nicht wagen, einen Bissen zu holen. — Es klingelt schon — gute Nacht, Vater — gute Nacht, Mutter!"

Gretchen verschwand in ihr Zimmerchen, während Franziska die ersten Gäste empfing, ihnen beim Ablegen behilflich war und sie ins Empfangszimmer führte.

„Jetzt wird's gemütlich", sagte sich Gretchen, rückte ihre Lampe zurecht und nahm den Schiller vor. An diesem langen, stillen Abend konnte sie lesen und lernen, soviel sie nur wollte. Sie saß bald ganz vertieft und achtete nicht auf das wiederholte Klingeln, als leise die Tür aufging, Frau Batz ihren Kopf hereinstreckte und winkte. Gretchen folgte ihr leise in die Küche, denn im Vorzimmer legten eben wieder Gäste ihre Garderobe ab.

„Fräulein Gretchen, wissen Sie vielleicht, wo der Wein ist, den ich zum Kochen nehmen darf? Franziska hätte ihn vorher bereitstellen sollen, jetzt kann sie nicht mehr abkommen."

„Er wird in der Speisekammer sein", sagte Gretchen und holte ihn.

„So, das ist recht; jetzt bleiben Sie nur hier, man muß doch jemanden zur Hilfe haben. Legen Sie mir noch Kohlen aufs Feuer, bloß eine halbe Schaufel voll, und füllen Sie mir den Wasserkessel wieder auf und räumen Sie das Geschirr da aus dem Weg." So ging das zu, bis nach einiger Zeit Franziska hereinkam und sagte: „Nun fehlt nur noch ein Paar, dann wird zu Tisch gegangen."

„Als erster Gang kommen die Pasteten mit der Sardellensoße", sagte die Kochfrau, „die Pasteten können Sie einstweilen auf der Platte anrichten." Ganz hinten am Herd war eine Wärmeeinrichtung, dort waren die Pasteten heiß gestellt. Franziska beugte sich über den Herd, um sie hervorzuholen. In dem Augenblick, da sie das Blech mit den Pasteten über den Herd hob, hatte Frau Batz den Deckel von dem großen Kessel abgehoben, in dem eine Zunge kochte; der heiße Dampf fuhr Franziska an den Arm, sie machte eine rasche Bewegung, hielt das Blech schief und in einem Nu rutschten die sämtlichen Pastetchen herunter geradenwegs in den Kessel, wie wenn es ihre Bestimmung gewesen wäre, in der Zungenbrühe aufgekocht zu werden. Franziska tat einen einzigen Schrei, dann lehnte sie sprachlos und wie vernichtet an der Wand.

Frau Batz war nicht sprachlos. Das ganze Tierreich, vom Kamel bis herunter zur Gans, mußte herhalten, um Benennungen für die arme Franziska zu liefern.

244

Eine solche Szene hatte Gretchen noch nie im Hause erlebt. „Ich will die Mutter herausrufen", sagte sie.

„Hat Ihre Mutter vielleicht Pasteten? Kann sie welche aus den Ärmeln schütteln?" rief die verzweifelte Köchin, „wo die Batz kocht, da wird die Frau nicht herausgerufen."

„Dann könnte man vielleicht die Pasteten ganz weglassen", schlug Gretchen vor, „es gibt ja heute abend so viele gute Sachen."

„Den ersten Gang weglassen? Das gibt's nicht, mein Ruf wäre dahin für alle Zeiten. Ich muß etwas haben zu meiner Sardellensoße, aber es ist nichts im Haus und zu allem zu spät!"

„Kann man keine Pasteten mehr bekommen beim Pastetenbäcker?" fragte Gretchen, „hat er keine? Soll ich hinrennen?"

„Es ist spät und käme außerdem recht teuer."

„Ich will alles bezahlen", stöhnte Franziska.

„Ist ein Fernsprecher im Haus?" fragte jetzt Frau Batz in einem Ton, der wohl zeigte, daß sie eine Hoffnung schöpfte. „Ja, unten beim Hauswirt." „Dann könnte es gehen, denn der Ausläufer beim Pastetenbäcker fährt oft mit dem Rad. Schnell, Fräulein Gretchen, Sie können am besten springen, gehen Sie hinunter zum Hauswirt, rufen Sie an, ob der Pastetenbäcker augenblicklich dreißig Pastetchen schicken kann, versprechen Sie ein gutes Trinkgeld, wenn er in einer Viertelstunde da ist." Gretchen flog nur so die Treppe hinunter zum Hauswirt und schlüpfte gerade noch unbemerkt durch seine Tür, ehe die letzten Gäste heraufkamen.

Arme Franziska, wie war's ihr zumute, während sie die Besuche empfing!

Nach kurzer Zeit kam Gretchen stolz in die Küche zurück: „In zwölf Minuten können die Pasteten da sein!"

Inzwischen waren alle Gäste versammelt, Frau Reinwald drückte auf die elektrische Glocke, und in der Küche wußte man, daß man anrichten sollte. Gretchen dachte im stillen, es wäre doch besser gewesen, der Mutter etwas mitzuteilen, damit sie die Gäste nicht so schnell zu Tisch führte, man hätte dann ruhig noch eine Viertelstunde warten können. Sie sagte aber nichts, denn die Kochfrau ging umher wie ein gereizter Stier, und Franziska stand wie eine Trauerweide an der Wand. Gretchen konnte kein Auge von der Küchenuhr wegwenden. Von den zwölf Minuten waren sechs vergangen, jetzt sieben, jetzt acht, Frau Reinwald klingelte noch einmal, es war wirklich aufregend. Frau Batz richtete die Sardellensoße einstweilen an. Neun Minuten. Zehn Minuten. Ach, wie ist doch so eine Minute lang! Elf Minuten. Jetzt ein lauter Tritt auf der Treppe, Gretchen stürzt hinaus, die andern ihr nach, draußen steht ein atemloser, schweißtriefender Radfahrer, hält ihnen eine heiße Blechkapsel entgegen. In der Küche wird sie aufgerissen, tadellose Pastetchen kommen zum Vorschein — eckige zwar, die andern waren rund — einerlei, nur schnell, schnell auf die Platte und nun hinein, Franziska!

„Da war's wohl höchste Zeit!" sagte der Radfahrer und wollte mit seiner Kapsel gehen. „Halt!" rief Gretchen, und der Mann stellte bereitwillig seine Kapsel wieder ab. Ihm ging's jetzt gut; denn Gretchen floß über von Dankbarkeit. Ein Glas Wein mußte er haben und Brötchen dazu, und das Trinkgeld schien auch nicht schlecht zu sein, schmunzelnd zog er ab.

Inzwischen bot Franziska den Gästen die Pastetchen an.

Frau Reinwald war im Gespräch mit dem neben ihr sitzenden Herrn. Sie warf nur einen flüchtigen Blick auf Franziska, deren langes Ausbleiben sie beunruhigt hatte, und sprach dann weiter mit ihrem Tischnachbarn. Als an diesen die Platte mit den Pastetchen kam, schwieg Frau Reinwald mitten im Satz betroffen still. Sein Pastetchen war ja eckig! Sie sah auf die Platte: alle Pasteten waren eckig, und sie waren doch rund gewesen! Jetzt kam Franziska mit ihrer Platte an Frau Reinwald. Ein fragender Blick traf sie. Das Mädchen schlug die Augen nieder, mußte sie nun wohl vor all den fremden Leuten Rechenschaft ablegen? Da wandte sich der Tischnachbar an Frau Reinwald: „Sie haben sich vorhin unterbrochen, Sie wollten sagen?“

Franziska entwischte.

Draußen in der Küche hatte Gretchen mancherlei Handreichung getan; denn Franziska hatte allen Mut verloren, und Frau Batz war durch den Zwischenfall etwas aufgehalten worden. Aber es ging ihr alles von der Hand, daß es eine Freude war, ihr zuzusehen, und bald lag der Braten schön verziert auf der Platte. „Jetzt sieht er schön aus“, sagte Gretchen. „Großartig macht er sich“, sagte Frau Batz selbstgefällig, „so sieht man auch nicht, daß er an einer Stelle ein klein wenig braun ist. Die Röhre hat keine gleichmäßige Hitze.“

Gretchen dämmerte eine Erinnerung auf, und wie träumend kam es von ihren Lippen: „Links hinten ist ein Loch.“ Frau Batz sah sie scheel an. „So? Das sagt man mir, wenn der Braten fertig ist?“

Das ganze Abendessen war meisterhaft gelungen, und so war auch mit jedem Gang die gute Laune der Kochfrau gestiegen. Gretchen vergaß ganz, daß sie sich in ihrem

Zimmer ein Tischchen gedeckt hatte, die gemeinsamen Erlebnisse hatten sie für den Abend mit Frau Batz und Franziska verbunden; sie aß bei ihnen und aß mit Vorliebe von den Pasteten, die in die Zungenbrühe gefallen waren, um Franziska zu trösten und ihr zu beweisen, daß sie doch gut, wenn auch nicht mehr schön seien.

Als Gretchen endlich zu ihrem Schiller zurückkehrte und zufällig auf die Uhr sah, konnte sie ihren Augen kaum trauen, es ging auf elf Uhr! Hatte sie fast drei Stunden bei Frau Batz und Franziska zugebracht? Wer ihr das heute nachmittag gesagt hätte!

Wiege und Sarg

Heiß und staubig war es in den Straßen der Stadt, glühend brannte die Sonne auf die Mauern der Häuser. Die Schulkinder schlichen müde in ihre Schulen und waren träge bei der Arbeit. Auch in der Töchterschule von Fräulein von Zimmern machte sich die Schlaffheit fühlbar, bei Lehrern und Lehrerinnen ließ die Frische nach. In der Klasse der Großen freute man sich nicht mehr an dem Sonnenschein, den man im Herbst, im Winter und Frühjahr so gern zum Fenster hereingelassen hatte. Die Läden waren so weit geschlossen, daß kaum mehr die nötige Helligkeit hindurchdrang. Heute war Handarbeitsstunde. Das Nähen wollte nicht recht vorwärtsgehen, die Finger waren feucht, und die Nadeln rutschten nicht durch den Stoff. Aber Fräulein Weber wollte nicht nachgeben; ihr Ehrgeiz war, daß jede der Schülerinnen die zwei Nachthemden, die sie unter ihrer Leitung angefangen hatten, bis Schluß des Schuljahres vollenden sollte. Eine kleine Ausstellung der angefertigten Arbeiten war jedes Jahr das wichtigste Ereignis in dem Leben dieser Lehrerin, und zwar war es ihr Ehrgeiz, daß sich nicht nur einige Mädchen durch besonders hübsche Arbeiten hervortun sollten, sondern daß auch die weniger Begabten gute Leistungen aufzuweisen hätten. Elise Schönlein war auch in diesem Fach die schlechteste Schülerin; denn es fehlte ihr an Fleiß, und sie legte gern ein Viertelstündchen die

249

Hände in den Schoß. Aber auch Gretchen war in dieser Hinsicht keine gute Schülerin, sie machte oft etwas Ungeschicktes.

Heute war wieder ein Unglückstag für sie. Sie hatte das oberste Knopfloch zu groß geschnitten und mußte wieder ein Stückchen davon zunähen. Daß sie nun zu viel zunähte und die Hälfte davon wieder auftrennen mußte, gab dem Knopfloch ein trübes, zerzaustes Aussehen, das auch nicht besser wurde, als Gretchen sich in den Finger stach und ein Tröpfchen Blut darauf floß. Fräulein Weber war ärgerlich und Gretchen unglücklich. Hermine tröstete sie freundlich: „Es ist ja das erste Nachthemd“, sagte sie, „das ist nicht so wichtig, wenn nur das zweite gut ausfällt, dann legst du bei der Ausstellung das schöne obenauf, und niemand sieht das verunglückte.“

„Ich werde gar nicht fertig mit dem zweiten bis zum Schulschluß, ihr seid fast alle weiter als ich.“

„Wir werden auch früher fertig als nötig, du wirst sehen, es reicht dir noch.“

Gretchen war froh, als die Stunde vorüber war, in der es ihr immer heißer wurde als in allen andern. Langsamer als sonst schlenderte sie heim durch die heißen Straßen. Als sie später als gewöhnlich nach Hause kam, sagte Franziska: „Es ist ein Mann im Besuchzimmer, es muß Sie auch angehen, er hat auch nach Ihnen gefragt.“

„Wie sieht er aus?“

„Groß und breit, ein Vierziger, denke ich; schwarz gekleidet, fast wie ein Herr, aber doch kein Herr, meine ich.“

Als Gretchen ins Zimmer trat, erhob sich der Mann, und Gretchen sagte erstaunt: „Ach, Sie sind's, Herr Bauer, wie geht es Lene und der Kleinen?“

„Ich danke für die Nachfrage“, sagte der Kutscher, „es geht gottlob gut. Ich habe Ihrer Frau Mutter die Bitte vorgetragen, die ich und meine Frau haben, ob Sie nicht unserem kleinen Mädel zu Gevatter stehen wollten?“

„Die Mutter? Ach, wie nett!“ rief Gretchen.

„Nein, nicht ich, du bist zu Gevatter gebeten“, sagte Frau Reinwald. „Ich?“ rief Gretchen in höchstem Erstaunen, „ich, Patin? Und bei Lenes herziger Kleinen? O Mutter, das ist zu schön!“, und im Übermaß der Freude umarmte sie ihre Mutter und fragte halb im Scherz und doch halb im Ernst: „Bist du nicht neidisch auf mich?“ „Fast“, sagte Frau Reinwald lächelnd, „aber nun gib doch auch deinem Herrn Gevatter ordentlich Antwort auf seine Anfrage!“

„Ist bereits nicht mehr nötig“, entgegnete der Kutscher; „so viel habe ich schon heraus, daß es Fräulein Gretchen gern tut.“ „O freilich, und wie gern!“ rief Gretchen; „ich kann's gar nicht erwarten, bis ich mein Patenkind sehe. Wie soll's denn heißen?“ „Wenn's Ihnen recht ist, so möchten wir's halt auch Gretchen heißen.“ „Ach, das wird ja immer netter; meinen Namen soll die Kleine bekommen!“ „Das ist ja fast zu viel Ehre für eine so junge Patin wie du“, sagte Frau Reinwald; „am Ende haben Sie noch eine ältere Patin, die es übelnimmt.“

„Wir haben weiter keine Patin, nur einen Paten. Lene meint, er werde Fräulein Gretchen schon recht sein, nämlich der Hofkutscher Plitt.“ „Den kenne ich ja schon, das wird wunderschön! Wann soll die Taufe sein?“

„Wir haben noch nicht mit dem Pfarrer gesprochen.“

„Welcher Pfarrer ist's“, fragte Gretchen begierig, „am Ende unser Pfarrer Kern?“

„Ich kann's nicht sagen. Herr Pfarrer Kern gehört schon

auch in unseren Bezirk, aber die Herren wechseln ab mit den Taufen, und da weiß man nicht so, wer die Woche hat."

„Das kann ich erfragen und nicht wahr, dann richten wir's doch so ein, daß die Taufe ist, wenn unser Pfarrer die Woche hat?"

„Wenn's nicht gar zu lang dauert. Ich kann's nicht leiden, so alte Täuflinge, die fast schon dreinschwätzen."

„Gleich morgen frage ich und bringe der Lene Antwort", rief Gretchen ganz im Eifer.

Der Kutscher empfahl sich. Zu seiner Frau daheim sagte er: „Ungern genug bin ich mit meiner Bitte in ein so vornehmes Haus gegangen, aber jetzt ist mir's recht, daß ich droben war. Wie hätte ich das auch denken können, daß sich das Fräulein so über die Patensache freut!"

„Ich hab' dir's doch vorher gesagt!"

„Ich hab's halt nicht geglaubt. Ihr Weiber schwätzt gar viel, da kann einer nicht alles glauben."

*

Am nächsten Morgen ging Gretchen frühzeitig in die Schule. Sie wartete im Vorplatz des ersten Stocks auf Pfarrer Kern, der in der dritten Klasse Unterricht geben sollte. Nach und nach kamen all die Schülerinnen dieser Klasse an ihr vorbei, eine der letzten war Ruth Holland, die sichtlich erfreut war, als sie Gretchen da traf, und herzlich grüßte. Gretchen hielt sie auf. „Bleib bei mir", sagte sie, „ich erzähle dir etwas." Und nun erfuhr Ruth zuallererst, daß Gretchen Patin werden sollte und wegen der Taufe den Pfarrer sprechen müsse. Die Kleine sah mit noch mehr Achtung als bisher zu ihr auf. „Ich bleibe bei Ihnen stehen, bis unser Pfarrer die Treppe heraufkommt", sagte sie.

Die beiden lehnten am Treppengeländer und sahen hinunter, Gretchen in wachsender Ungeduld, Ruth in voller
Teilnahme. Aber der Pfarrer kam nicht und war auch jetzt
noch nicht in Sicht, als das Zeichen zum Beginn des Unterrichts gegeben wurde. Miß Hampton, die englische Lehrerin,
war schon längst die Treppe hinaufgegangen; Gretchen
konnte nicht mehr länger zögern, sie mußte unverrichteter
Dinge hinaufeilen.

Ruth hatte nicht recht verstanden, was Gretchen mit dem
Pfarrer besprechen wollte; sie fürchtete, daß nun die Taufe
und Patenschaft gar nicht zustande komme und war ganz
unglücklich, daß gerade heute der Pfarrer später als gewöhnlich kam. Kaum eine Minute später hörte sie seinen
raschen Tritt auf der Treppe. Im Bewußtsein, daß sie auch
zu spät daran war, ging sie rasch durch den Gang bis an die
Tür des Schulzimmers. Aber vor dieser machte sie halt.
Sollte sie nicht dem Pfarrer sagen, daß Gretchen ihn so gern
gesprochen hätte? Er konnte es dann gewiß nach der Stunde
möglich machen. Den Pfarrer aufzuhalten und anzusprechen,
war ein heldenmütiger Entschluß für die schüchterne Kleine,
aber für ihr Fräulein wollte sie das schon tun. Mit klop-
fendem Herzen ging sie dem Pfarrer ein paar Schritte entgegen. Er gab ihr die Hand und sagte: „Heute sind wir
spät daran, nicht wahr?“ Und Ruth? Ruth sagte kein Wörtchen und ging tiefbetrübt über ihr Schweigen hinter dem
Pfarrer in die Klasse. Zum Glück war Gretchen nicht so
ängstlich. Ein paar Minuten vor Schluß der Stunde bat sie
Miß Hampton, sie zu entlassen, und erhielt die Erlaubnis.
Gretchen lauschte vor der Tür der dritten Klasse.

„Nun wollen wir Schluß machen für heute“, hörte sie
den Pfarrer sagen, und kurz darauf stand er vor ihr und

253

sagte freundlich: „Hast du auf mich gewartet oder wolltest du zu den Kleinen?"

„Ich möchte Sie etwas fragen."

„Komm mit mir ans Fenster."

„Ich soll Sie fragen, in welcher Woche Sie die Taufen in der Altstadt haben. Der Kutscher Bauer und seine Frau möchten gern, daß ihr Kind von Ihnen getauft wird."

„Das wollen wir gleich nachsehen." Der Pfarrer nahm seinen Taschenkalender zur Hand. „In der nächsten Woche ist die Reihe an mir."

„Oh, das ist recht", rief Gretchen, und nun wollte sie erzählen, daß sie zu Gevatter gebeten sei. Daheim hatte sie sich gefreut, es ihm mitzuteilen, aber jetzt, da sie ihm gegenüberstand, kam es ihr plötzlich in den Sinn, daß sie für solche Würde eigentlich zu jung sei. Er, der solche Verpflichtungen so ernst nahm, konnte es gewiß nicht gutheißen, wenn man ein Schulmädchen wie sie zu Gevatter bat.

Während sie sich darüber Gedanken machte, hatte der Pfarrer gefragt: „Kennst du diese Familie?", und Gretchen hatte ganz geistesabwesend geantwortet: „Ich kenne die Familie." Der Pfarrer sah seine Schülerin erstaunt an; er kannte sie ja so genau und merkte wohl, daß sie etwas in ihren Gedanken bewegte, etwas Peinliches, wie ihm schien. Nun aber sagte sich Gretchen: Erfahren muß er's doch, also lieber gleich, und ganz unvermittelt kam es nun heraus: „Ich bin zu Gevatter gebeten bei dem Kind." „Du, Gretchen?" fragte der Pfarrer überrascht. „Du sollst Patin werden, und du sagst mir das, wie wenn es dir gar keine Freude wäre, daß man dir dies Vertrauen erweist und dir ein solch kleines Menschenkind ans Herz legen will? Sieh, ich hätte gedacht, das müßte dir eine wahre Wonne sein!" „Oh, dann ist's mir gleich eine", rief Gretchen wieder in ihrem natürlichen, fröhlichen Ton. „Ich habe nur Angst gehabt, es möchte Ihnen nicht recht sein, weil ich noch so jung bin."

„Du bleibst ja nicht immer jung; bis das kleine Kindchen zu Verstand kommt, bist du schon kein Kind mehr, und ich glaube ganz gewiß, daß du ihm eine treue Patin wirst und es schon jetzt im Gebet sein kannst. Also gratuliere ich dir, und nun mußt du mir auch sagen, woher du die Leute so gut kennst."

„Die Frau ist ja unsere Lene, die schon immer bei uns war; Sie haben sie auch einmal bei uns besucht. als sie krank war."

„Ja, ja, deiner Lene kann ich mich wohl noch erinnern, und den Kutscher Bauer sollte ich auch kennen. Ist Lene nicht seine zweite Frau? Ja, die erste habe ich während ihres langen Leidens manchmal besucht. Der Mann war sehr gut gegen sie."

„Wie schön, daß Sie beide schon kennen!" rief Gretchen.

„Es war auch eine alte Verwandte im Haus, die schien mir weniger angenehm."

„Das ist die Bas; ja, die ist viel weniger angenehm", bestätigte Gretchen.

„Soll denn die Taufe im Haus sein?"

„Ja, es muß eine Haustaufe sein, weil der Pate nicht frei ist um die Zeit, wenn in der Kirche getauft wird. Er ist nämlich Hofkutscher."

„Ach so, das ist am Ende dein Hofkutscher, der sich bei der Königin für dich verwendet hat?"

„Ja, das ist mein Hofkutscher", sagte Gretchen vergnügt, „und darum wird's eben so schön bei der Taufe, weil sich alle schon ein wenig kennen. Und das Kindchen ist auch ein besonders nettes."

„Das weiß ich", sagte der Pfarrer.

„Kennen Sie denn die Kleine auch schon?"

„Nein, aber dein Patchen wird bestimmt ein besonders nettes sein!" Gretchen hatte den Pfarrer bis zur Haustür begleitet, und als sie umkehrte, war sie so glücklich, daß sie laut singend an Fräulein von Zimmerns Tür vorbeiging. Es war ihr ja nur lieb, daß Fräulein von Zimmern herauskam, die kleine Ungehörigkeit zu rügen, und daß sie auf diese Weise noch ein teilnehmendes Herz fand für ihre Mitteilung und ihre Freude.

An diesem Abend wanderte Gretchen zu Lene. Es kam ihr ganz wunderlich und verkehrt vor, als Lene ihr dankte; sie hatte ja danken wollen. Die Brüder zeigten mit Stolz ihr Schwesterchen und fuhren es so sanft hin und her, daß Gretchen sich darüber wunderte. „Ja, sie haben das Kleine lieb", sagte Lene, „und sie waren auch gut gegen mich die ganze Zeit." Nach einer Weile traulichen Plauderns sagte Gretchen: „Ich muß noch hinauf zur Base, die Mutter will's, sie hat mir ein Stück Kaffeekuchen für sie mitgegeben. Gehst du nicht mit mir hinauf, Lene?"

„Nein, Gretchen, es tut mir leid, ich kann jetzt nicht fort. Aber das muß ich dir noch vorher sagen, die Bas zieht nun wirklich zu uns."

„Aber doch nicht vor der Taufe?"

„Nein, so schnell geht das nicht. In einem Monat von heute ab kommt sie."

„Also hast du's ihr angeboten?"

„Ja, siehst du, ich wollte es ja eigentlich nicht. Aber als die Kleine auf die Welt gekommen und die erste Nacht neben mit gelegen hat, da habe ich mir so meine Gedanken gemacht, was einmal aus dem Kinde werden wird. Ob's eine Frau wird oder nicht, und da ist mir's auf einmal gekommen, vielleicht ist es in seinen alten Tagen auch so verlassen wie die Bas da drüben, und kein Mensch will's zu sich nehmen."

„O nein, Lene, wie kannst du so etwas denken! Wir lassen's doch nicht so widerwärtig werden, daß es kein Mensch mag!"

„Nun ja, es war mir eben weich zumut, und ich habe gesagt, es ist nicht recht, wenn man sich der alten, einsamen Leute nicht annimmt, und dann habe ich mir's vorgeommen, mein erster Ausgang soll sein zu der Bas und zu ihren Hausleuten zum Kündigen. Gestern war ich drüben."

„Was hat sie gesagt, Lene, ist sie jetzt recht glücklich?"

„Nun ja, weißt du, in ihrer Art schon, man muß sie eben verstehen. Aber das habe ich ihr gesagt, das Schnaps-trinken müsse sie dann bleiben lassen; wenigstens dürfe sie nur so viel trinken, als ich ihr selbst hole, ein Gläschen alle Tage, und durch die Buben dürfe sie's nicht mehr holen lassen."

„Was hat sie dazu gesagt?"

„Ach, sie ist halt nicht so, wie sie sein sollte. Sie hat gesagt, sie trinke überhaupt nie Schnaps, und wenn sie trinke, dann lasse sie ihn nicht durch die Buben holen."

„Aber Lene, wenn die Base so lügt und unsere Kleine wächst neben ihr auf und hört das?"

„So weit hinaus wollen wir halt nicht sorgen, Gretchen, ich hab's ja gut gemeint, es wird schon recht werden."

Gretchen ging zur Base. Jetzt, nachdem Lene so edelmütig gehandelt hatte, war Gretchen wenigstens sicher, daß die alte Frau nicht über sie schelten würde. Im Lehnstuhl saß die Base und heftete gleich bei Gretchens Eintritt verlangende Blicke auf den Kaffeekuchen. Als ihn Gretchen vor ihr auf den Tisch stellte, dankte sie zwar nicht eigentlich, aber sie sagte doch: „Das tut wohl, wenn man auch einmal etwas anders zu sehen bekommt als das trockene Brot. Mir sucht ja doch der Bäcker immer das schlechteste heraus." Gretchen fragte nach dem Befinden der Alten. Da wurde diese redselig und erzählte von ihrem Gichtleiden so lang und ausführlich, daß es für Gretchens Geduld schon viel war, besonders, da sie gern von etwas anderem hören wollte. Endlich machte die Base Pause, und Gretchen fiel schnell ein: „Jetzt werden Sie ja bald nicht mehr allein sein; Lene hat mir gesagt, daß Sie zu ihr ziehen."

„Ich habe keine andere Wahl."

„Es ist doch recht gut von der Lene, daß sie Sie jetzt ins Haus nimmt, wo sie so viel Arbeit hat mit dem kleinen Kind, und das Stübchen gut selber brauchen könnte."

„Ja, ja, sie weiß schon, was sie tut, die Lene!" sagte die Alte mit einem hämischen Lächeln. Gretchen wußte sich das nicht zu deuten, fragend sah sie auf die alte Frau. „Wenn sie sich nur nicht verrechnet, die Lene! Es hat schon manches auf eine Erbschaft gerechnet und ist dann zu kurz gekommen." Gretchen verstand nicht genau den Sinn dieser Worte, aber sie empfand die gemeine Gesinnung, aus der sie hervorgegangen waren, die häßliche Verdächtigung gegen ihre Lene. Sie sprang vom Stuhl auf. Keinen Augenblick mochte sie mehr hier bleiben, kein Wort mochte sie sagen gegen solch boshafte Anschuldigung, aber Rache mußte sie nehmen, Strafe mußte sein: Mit einem raschen Griff nahm sie den Kaffeekuchen vom Tisch weg und unbarmherzig mit sich zur Tür hinaus, während die Alte stöhnte: „Mein Kuchen, mein Kuchen!“ In größter Erregung sprang Gretchen die Treppenstufen hinunter.

Drunten überlegte sie, ob sie Lene den Kuchen bringen sollte. Aber dann würde diese fragen, warum sie ihn der Base nicht gegeben habe, und um keinen Preis hätte Gretchen ihr die häßlichen Worte wiedersagen mögen, die sie so empört hatten. Sie mußte den Kuchen wohl mit nach Hause nehmen, aber der Mutter würde es nicht recht sein. Sie hatte der Kranken eine Freude machen wollen, nicht eine Enttäuschung bereiten. Bei Gretchen rührte sich schon wieder das gute Herz. Wie lange würde sich die Frau in ihrer Einsamkeit und Langeweile noch um den Kuchen grämen, der schon in ihrem Zimmer war, ja, ihr schon gehört hatte! „Mein Kuchen, halt, mein Kuchen!“ tönte es noch in Gretchens Ohr. Unschlüssig stand sie noch eine Weile am Eingang vor Lenes Hof, dann siegte das Erbarmen über den Zorn.

Sie ging noch einmal zu Lene. Die stand in ihrer Küche. Gretchen legte rasch den Kuchen auf den Tisch, kehrte gleich wieder unter die Küchentür zurück und sagte hastig von der Schwelle aus: „Lene, ich habe der Base den Kuchen weggenommen, weil sie mich geärgert hat; jetzt dauert sie mich aber doch, sei so gut und schicke ihn durch die Buben hinauf. Ich muß heim, so schnell ich kann und lernen, lernen den ganzen Abend.“ Ehe Lene die Frage tun konnte, die ihr auf den Lippen schwebte: Warum hast du dich über die Bas geärgert?, war Gretchen schon draußen im Hof und auf dem Heimweg.

Die alte hatte von ihrem Fenster aus beobachtet, daß Gretchen mit dem Kuchen zu Lene hinein und ohne Kuchen von Lene herausgekommen war, und vor Neid und Schmerz darüber, daß nun Lene genießen sollte, was eigentlich für sie bestimmt war, weinte sie bitterlich.

Lene hätte gar gerne gewußt, womit die Base Gretchen so erzürnt hatte. Am Abend, als die Kleine schlief, empfahl sie diese der Obhut der Brüder, nahm den Kuchen unter ihre Schürze und trug ihn selbst hinüber. Als die Base Lene erblickte, erschrak sie. Entweder kam Lene, um ihr Vorwürfe zu machen oder um das Versprechen zurückzunehmen, daß sie zu ihr ziehen dürfe. Aber Lene zog unter ihrer Schürze den Kuchen hervor, gab ihn der Base und fragte ganz wie sonst: „Wie geht's Euch heute?"

Zuerst brachte die Base den Kuchen in Sicherheit, dann sagte sie: „Schlecht geht's, und was man so in seinen Schmerzen sagt, darf man einem nicht gleich übelnehmen."

„Was war's denn, was habt Ihr gesagt?"

„Ihr wißt's ja schon; ich habe wohl gesehen, daß das Fräulein zu Euch hineingegangen ist."

„Dann habt Ihr wohl auch gesehen, daß sie gleich wieder herausgekommen ist. Sie hat mir nicht erzählt, was es gegeben hat. Sagt Ihr mir's."

„Was wird's gegeben haben? Wenn's was gewesen wäre, so hätte sie's wohl gesagt; ich weiß ja auch von nichts."

Lene merkte, daß nichts aus der alten Frau herauszubringen war. „Ich muß wieder hinüber zu meiner Kleinen", sagte sie, „es ist ein schönes Kind und wird Euch auch gefallen, wenn Ihr es seht. Wenn Ihr Schmerzen habt und allein seid, so denkt halt daran, daß wir Euch herüberholen in vier Wochen, und wenn die Taufe ist, schicke ich Euch auch vom Kuchen und Wein." Lene reichte der Bas freundlich die Hand, die nahm sie. Dabei überkam sie doch die Reue, sie sagte: „Ihr seid gut gegen mich, Gott lohn's Euch."

Gretchen hatte keine leeren Ausreden gebraucht, als sie zu Lene gesagt hatte, sie müsse eilends heim, um zu lernen. Sie hatte sich mit Ottilie und Elise in den Stoff geteilt, den sie bis zum Schulschluß bewältigen wollten, und da Elise von manchem erklärte, es sei ihr viel zu schwer, und von vielem, es sei nicht wichtig, so mußten die beiden andern die Hauptsache übernehmen. Ottilie war das ganz recht, da gab es für sie wieder eine Gelegenheit, sich auszuzeichnen. Sie hatte mehr zu lernen übernommen als Gretchen und dachte im stillen, ohne Verabredung, auch noch ein Stück aus dem „Abfall der Niederlande" zu lernen und mit dieser schwierigen Leistung sich hervorzutun.

Gretchen hingegen wollte Elise ordentlich mit heranziehen, und als sie herausfand, daß diese nicht einmal mit dem Wenigen Ernst machte, das sie zu lernen versprochen hatte, redete sie ihr ins Gewissen. „Elise", sagte sie, „du verdirbst die ganze Freude, wenn du dein Teil nicht lernst. Denke nur, wie schlecht sich das machen wird, wenn alle anderen so viel können und du gar nichts zu sagen weißt. Komm mit mir heim nach der Schule, dann lernen wir zusammen!" Elise machte allerlei Einwände, aber Gretchen gab nicht nach, und nachdem sie erst einmal zusammen gelernt hatten, widerstrebte sie nicht mehr; sie kam öfter, und Gretchen hatte eine so rührende Freude an dem, was Elise zustande brachte, daß diese selbst allmählich der Sache nicht mehr so gleichgültig gegenüberstand. Es war Gretchen gelungen, ihr etwas von dem eigenen Eifer einzublasen.

Inzwischen war der Tag herangekommen, auf den die Taufe festgesetzt war. Auf zwei Uhr zum Kaffee, lautete die Einladung; denn später hatte der Hofkutscher Dienst.

So saß Gretchen schon beim Mittagessen in ihrem schwarzen Konfirmationskleid dem Vater gegenüber.

„Sie sieht ganz würdig aus", sagte Herr Reinwald zu seiner Frau, „man merkt schon von ferne, daß sie Patin werden soll."

„Weißt du, Vater, daß ich im Wagen abgeholt werde? Herr Bauer hat es angeboten, und Lene hat gesagt: ‚Er weiß wohl, was sich schickt.' Ist das nicht nett?"

„Freilich; wer klug ist, wählt darum sein Patchen immer unter den Kutscherskindern."

Kurz darauf saß Gretchen in dem Wagen, der vor dem Haus hielt, grüßte zu Franziska hinauf, die zum Fenster heruntersah, und der Gevatter kutschierte.

Gar sauber und freundlich hatte Lene ihre Stube zur Feier hergerichtet. Ein kleines Tischchen, weiß bedeckt, mit Blumenstöcken geschmückt, war zur Taufhandlung gerichtet, und nun kam auch schon der Kirchendiener und brachte das silberne Becken. Die drei Brüder sahen in ihren besten Anzügen ordentlich aus und waren in gehobener Stimmung. Der große Tisch in der Mitte des Zimmers war als Kaffeetisch gedeckt, und an der ganzen Art war wohl zu merken, daß die Hausfrau wußte, was guter Geschmack war. Und nun ging die Tür weit auf, und der Hofkutscher Plitt in seinem scharlachroten, mit silbernen Tressen besetzten Anzug trat ein, bescheiden hinter ihm seine einfach gekleidete Frau. Ehe sie noch die Anwesenden begrüßt hatten, kam schon Pfarrer Kern.

Lene brachte ihren Täufling herein, der ruhig weiterschlief, und alle scharten sich um den kleinen Tisch, an dem der Geistliche stand.

Der Taufrede, die er nun hielt, war wohl anzumerken,

262

daß der Pfarrer schon vorher gewußt hatte, wer anwesend sein würde; denn sie schien auf jedes einzelne Glied der kleinen Versammlung berechnet. Er sprach vom Vater des Kindchens, dem nach schweren Jahren neues Glück erblüht sei, von der Mutter, die schon in fremdem Dienst sich in treuer Fürsorge für Gretchen Reinwald bewährt habe, die nun als junge Patin dem Kindchen alle diese Liebe heimgeben wolle. Er wandte sich an die drei Brüder und sagte ihnen, das Schwesterchen werde ihrem Beispiel folgen; wenn es immer Liebes und Gutes von ihnen sähe, so würde es auch lieb und gut werden. — Während des Gebets nach der Ansprache legte Lene das Kind in die Arme des Paten. Der schien aber mehr Erfahrung mit Rossen als mit Wickelkindern zu haben; er blickte immer in die Ferne statt auf das Kind und hielt das Köpfchen so abwärts, daß Lene jeden Augenblick fürchtete, es würde aus seinen Kissen herausrutschen. Da nahm sie es bald wieder von den Armen des Paten und übergab es Gretchen; die hielt es liebevoll an sich, während es zum erstenmal mit ihrem Namen genannt und als Christenkindlein getauft wurde. Die Kleine, die bisher so musterhaft geruht hatte, rührte sich nun, und es war gut, daß die Taufhandlung zu Ende war.

Bald darauf saß die kleine Gesellschaft um den Tisch, und Lene schenkte den Kaffee ein. Der Pfarrer saß zwischen den zwei Kutschern, ihm gegenüber Gretchen zwischen den Kutscherfrauen, und oben und unten die Buben. Der Pfarrer nickte seinem Gegenüber freundlich zu und sagte: „Ich erinnere mich nicht, schon einmal eine so junge Patin bei der Taufe gehabt zu haben und ebensowenig“, sagte er, sich an den Hofkutscher wendend, „habe ich jemals einen so schönen, scharlachroten Paten gesehen.“

263

„Das glaube ich", sagte Plitt, „ich habe es auch schlau anstellen müssen, um die Erlaubnis zu erhalten, daß ich meine herrschaftliche Tracht bei dieser Gelegenheit tragen darf. Es ist für gewöhnlich nicht erlaubt."

„Das dachte ich mir. Was haben Sie denn für Gründe vorgebracht?"

„Ich habe mir erlaubt, mich gelegentlich einer Ausfahrt an Ihre Majestät die Königin selbst zu wenden. Ich habe vorgebracht, daß doppelte Beziehungen zwischen Ihrer Majestät und der Familie des Täuflings bestehen, nämlich erstens: daß Majestät die Gnade hatte, der Mutter des Kindes, der Frau Lene Bauer, vor einigen Jahren die Denkmünze für langjährige, treue Dienstzeit zu verleihen. Zweitens habe ich mir erlaubt zu unterbreiten —"

„Laß jetzt deine Sprüch", unterbrach ihn Bauer, „und red' wie unsereins."

„Und zweitens?" fragte der Pfarrer.

„Und zweitens habe ich vorgebracht, daß Fräulein Reinwald, die Patin, schon eine Audienz bei der Prinzessin gehabt habe."

„Und darauf haben Sie die Erlaubnis bekommen, am Tauffest Ihre Dienstkleidung zu tragen? Sie schmückt auch wirklich unsere Tafel, es wäre ja sonst die ganze Gesellschaft schwarz gekleidet."

Frau Plitt, die sich bis dahin mehr schweigend verhalten hatte, wollte jetzt auch noch etwas zur Sache sprechen: „Sein schwarzer Anzug ist nämlich nimmer gut", sagte sie zum Pfarrer.

Der Pfarrer und sein Gegenüber lächelten, aber der Kutscher wehrte: „Was brauchst du das zu sagen, das gehört doch nicht daher." Damit machte er's nur schlimmer; denn jetzt geriet seine Frau in Eifer: „Es ist doch aber wahr! Er spiegelt schon!“ „So schweig doch!“ rief der Hofkutscher ärgerlich; aber der Pfarrer ging ganz freundlich auf die Worte der Frau ein.

„Ja, ja, Frau Plitt“, sagte er, „das schlimme Spiegeln, das kennen wir Pfarrer auch an unseren schwarzen Röcken, wenn das nur nicht wäre.“

Fröhlich ging das Gespräch hin und her, der Kutscher Bauer hatte inzwischen Wein eingeschenkt, und der Pfarrer erhob sich jetzt und sagte, er müsse sich verabschieden. Aber in demselben Augenblick wurde stürmisch die Tür aufgerissen, und die Buben, die den Kuchen zur Base getragen hatten, stürzten herein mit dem Ruf: „Die Bas stirbt!“

In wenigen Minuten war die ganze fröhliche Gesellschaft auseinandergesprengt. Zuerst ging der Kutscher Bauer, ohne ein Wort zu sagen, hinaus. Man sah ihn durch den Hof eilen, die drei Kinder folgten ihm. Der Pfarrer erbot sich, mit Lene hinaufzugehen zu der Base. „Bleibe du solange bei dem Kind, Gretchen“, bat Lene. „Ja, sei nur ganz ruhig“, antwortete diese, „ich gehe nicht fort, ehe du wiederkommst.“ Der Hofkutscher und seine Frau verabschiedeten sich von Gretchen; er trank ordnungshalber noch die halbvollen Gläser aus, und das Ehepaar verließ das Haus.

So blieb Gretchen ganz allein zurück. Es hat etwas Erschütterndes, wenn die Botschaft vom Tode plötzlich eindringt in den Kreis fröhlich feiernder Menschen, und so war auch Gretchen tief ergriffen. Sie stand in Gedanken versunken am Fenster und sah durch den Hof hinüber nach dem Haus, wo die alte Frau ihren letzten Kampf auskämpfte.

Eine Weile war alles still im Haus, dann machte mit leisem Stimmchen das junge Leben seine Ansprüche geltend.

Drüben das Erlöschen, hüben das Erwachen. Das kleine Gretchen fing an zu schreien, und das große Gretchen ging in die Kammer, in der ihr Patenkind lag. Sie trug es heraus und wiegte es sanft in den Armen, da gab es sich wieder zufrieden. Sie setzte sich auf ein Kinderstühlchen, hielt die Kleine im Schoß und spielte mit den winzigen Fingerchen.

„Du, mein Gretchen, mein Herzblättchen", sagte sie bewegt vor sich hin, „dich will ich liebhaben, für dich will ich tun, was ich kann." Sie nahm die kleinen Händchen zwischen die ihrigen und sagte leise: „Lieber Gott, mach uns beide fromm, daß wir beide zu dir in den Himmel kommen."

Nach einer halben Stunde kam Lene zurück.

„Ist sie wirklich gestorben?" fragte Gretchen.

„Ach ja, sie ist tot, aber wir sind doch noch zu rechter Zeit gekommen, sie hat uns alle noch angeschaut und ein paar Worte gesprochen. Der Herr Pfarrer meinte, es sei wohl ein Herzschlag, der Doktor werde nicht mehr helfen können. Wir haben aber doch nach ihm geschickt, aber bis er gekommen ist, war alles vorbei."

„Es ist doch traurig, daß sie gerade am Tauftag gestorben ist."

„Ich kann mir schon denken, wie das gekommen ist", sagte Lene. „Sie hat heute morgen zu mir gesagt: ‚Dem Tauftag zu Ehren könntet Ihr mir wohl ein Schnäpschen holen.' Da wollte ich auch nicht nein sagen und habe es ihr gebracht. Nachher aber hat sie zu jedem von den Buben ebenso gesagt, und jeder hat ihr eins geholt, und sie hat alles getrunken, und das war zu viel."

„Wie schrecklich, so zu sterben!" sagte Gretchen. „Ach, Lene, bin ich doch froh, daß sie nicht zu Euch gezogen ist."

„Und ich bin froh, daß ich es ihr doch noch angeboten habe, und dafür war sie mir auch dankbar." Gretchen entgegnete nichts; aber sie hatte über diese Dankbarkeit so ihre eigenen Gedanken.

„Gretchen, deine Mutter hat mich damals überredet, den Stuhl hinüberzubringen, und das danke ich ihr. Hätte ich mich nicht der armen Person angenommen, so müßte ich mir jetzt bittere Vorwürfe machen."

Lene drückte ihr Kindchen ans Herz und sah wieder getröstet aus den verweinten Augen.

Zwei Tage später waren dieselben Menschen, die um die Wiege gestanden hatten, um den Sarg der alten Frau versammelt.

Eine traurige Familie

In den Pausen zwischen den Schulstunden ging es in diesen
Wochen bei unseren Großen ganz anders zu als früher. Da
gab es nur noch einen Gesprächsstoff, das waren die fünf
auserwählten Dichter und ihre Werke. Gegenseitig wurde
abgefragt und überhört; es wurde kleinmütig gejammert von
den Verzagten und frohlockt von den Siegesgewissen. Es
galten auch keine Freundschaften mehr, sondern nur
Gruppen.

Heute, als die Mädchen sich um zehn Uhr auf dem großen
Vorplatz ergingen, faßte Gretchen Hermine am Arm, als
diese sich eben wieder zu ihrer Gruppe gesellen wollte.
„Halt einmal, Hermine", sagte sie, „so geht das nicht weiter.
Meinst du, ich überließe dich wochenlang ganz deinem
Uhland?"

„Du hast ja dafür deinen Schiller!"

„Jawohl, und ich habe gerade auswendig gelernt, wohin
seine Totengebeine gebracht worden sind. Mit ihm kann ich
nicht immerfort umgehen, ich brauche dich, Hermine, und
jetzt komm einmal mit, ich möchte auch wieder einmal allein
mit dir sein", und Gretchen zog ungestüm die Freundin mit
sich fort bis an das Ende des Ganges. Dort standen sie nun
miteinander unter dem Fenster. Hermine legte ihren Arm
um Gretchen und sagte: „Ich brauche dich ja noch viel mehr
als du mich. Meine Gruppe ist ja ganz nett, und Elsbeth

269

May habe ich wirklich lieb, aber so wie du ist keine.“

„Meinst du vielleicht, Ottilie und Elise seien so wie du?“ fragte Gretchen.

Nach einer kleinen Weile sagte Hermine: „Ich kann mir's gar nicht denken, wie das wird, wenn wir nicht mehr miteinander in die Schule gehen; es ist doch schön gewesen all die Jahre her, daß wir jeden Tag beisammen waren. Ich weiß noch so gut, wie du zum erstenmal zu uns in die Schule gekommen bist; weißt du's auch noch?“

„Jawohl; zuerst hat mir's gar nicht gefallen, aber du warst gleich gut gegen mich.“

Hermine wandte sich um, sie hörte hinter sich Schritte. Fräulein von Zimmern kam auf sie zu. Gütig sah sie auf die Freundinnen, die sie jetzt begrüßten.

„Das ist ein nettes Plätzchen zum Plaudern“, sagte sie. „Ja“, erwiderte Gretchen, „wir haben gerade davon geredet, daß es uns fehlen wird, wenn wir uns nicht mehr alle Tage in der Schule treffen.“

„Das glaube ich wohl, die Schule ist eine rechte Pflanzstätte für Freundschaften. Aber wenn die Pflanze durch so viele Jahre hindurch gepflegt worden ist, dann ist sie festgewurzelt und dauerhaft. Ihr werdet euch durchs ganze Leben liebhaben, auch wenn ihr nicht mehr so oft zusammenkommen solltet.“

Gretchen ging's im letzten Jahr ganz eigentümlich. So oft sie außer den Stunden mit Fräulein von Zimmern zusammen war, fühlte sie das Bedürfnis, sich ihr liebevoll zu nähern, und als sie nun die herzlichen Worte hörte: „Ihr werdet euch immer liebhaben“, hatte sie das größte Verlangen, die Hand der Vorsteherin zu fassen und zu sagen: „Sie werden wir auch immer liebbehalten!“, aber es kam ihr doch vor, als ob sich das Fräulein von Zimmern gegenüber nicht schickte, und so unterdrückte sie die Bemerkung.

Etwas davon hatten vielleicht ihre Augen verraten; denn Fräulein von Zimmern ergriff selbst in ungewohnter Traulichkeit Gretchens Hand, während sie zu ihr sagte: „Ich wollte dir mitteilen, daß ich es für besser halte, die Lesestunden mit Ruth jetzt aufzugeben. Das Kind leidet sehr unter der Hitze. Gestern schlief sie während des Unterrichts ein, und heute morgen wurde sie bei mir wegen Unwohlseins entschuldigt."

„Sie sieht auch recht elend aus", sagte Gretchen und nahm sich sogleich vor, der Kleinen möglichst bald einen Krankenbesuch zu machen.

Bei ihrer Heimkehr traf sie unter der Haustür mit dem Briefträger zusammen; sie erkannte gleich auf dem Brief, den er ihr entgegenhielt, die Handschrift ihrer Tante, Frau van der Bolten. Vergnügt eilte sie damit die Treppe hinauf. „Mutter, wo bist du? Ein dicker Brief von der Tante ist gekommen!" rief sie. „Endlich hört man wieder etwas von ihr", entgegnete Frau Reinwald und las, während Gretchen neben ihr stand und begierig wartete, bis ihr die Mutter etwas daraus mitteilen würde. Sie hatte für die ganze Familie die wärmste Teilnahme, auch enthielten die Briefe meist irgendeine Bemerkung über Fräulein Trölopp, obwohl diese nicht mehr in der Familie weilte.

„Allerlei Neues und schöne Pläne", sagte Frau Reinwald, nachdem sie gelesen hatte. „Denk dir, van der Boltens haben für den ganzen Sommer ein Häuschen im Gebirge gemietet. Mit Beginn der Ferien sollen einstweilen die Kinder alle hinaus und von Fräulein Trölopp bemuttert werden, bis nach ein paar Wochen Onkel und Tante nachkommen."

„Wie nett", sagte Gretchen, „daß wieder Fräulein Trölopp dabei sein wird, und diesmal bekommt sie es angenehmer als im Winter während des Scharlachs."

„Ja, gewiß; doch ist es auch nichts Leichtes, die Verantwortung für fremde Kinder allein zu übernehmen."

„Besonders wenn Oskar dabei ist; aber sie wird schon fertig mit ihm, überhaupt mit allem, was sie unternimmt" sagte Gretchen voller Bewunderung.

Am Nachmittag ging sie zu Ruth Holland. Nie mehr war sie dort gewesen, seit jenem Tag, da sie sich entschuldigen mußte wegen der Ohrfeige, und die Erinnerung kam ihr lebhaft, als sie ins Haus trat und an der Kanzlei vorbei hinauf zu der Wohnung ging. Auch diesmal wurde sie wieder in das kleine Empfangszimmer geführt, auch heute kam ihr die Frau Forstrat entgegen. Sie sah etwas befremdet auf Gretchen, sie erkannte sie wohl nicht mehr. Gretchen stellte sich vor. „Oh, ich kenne Sie schon", rief die Frau Forstrat, „aber es wäre nicht nötig gewesen, daß Fräulein von Zimmern Sie geschickt hätte! Wenn das Kind nicht wirklich krank wäre, hätte es die Schule nicht versäumt. Sagen Sie nur Fräulein von Zimmern, ein solches Mißtrauen wäre bei uns nicht am Platz." Gretchen war sehr erstaunt über diese Auffassung. „Fräulein von Zimmern schickt mich gar nicht", sagte sie, „ich wollte mich selbst gern nach Ruth erkundigen und sie ein wenig besuchen."

„Ich weiß schon, so sagt man ja wohl, aber es ist doch anders gemeint. Ruth ist recht krank, keine Schulkrankheit, nein, gewiß nicht, richten Sie das nur aus."

„Darf ich ein wenig zu ihr hinein?"

„Nein, Fräulein, Sie müssen mir es schon so glauben. Der Arzt hat nicht erlaubt, daß jemand zu ihr kommt, kein

Mensch darf zu ihr hinein.“ „Das tut mir recht leid“, sagte Gretchen wirklich enttäuscht und wollte sich eben noch näher nach des Kindes Krankheit erkundigen, da ertönte aus dem Nebenzimmer der Klang einer Glocke, und ohne ein Wort zu sagen folgte Frau Holland dem Glockenzeichen und ließ Gretchen allein. Diese wußte nicht recht, sollte sie gehen oder bleiben? Vielleicht lag Ruth im Nebenzimmer, hatte ihre Stimme erkannt und wollte ihr etwas sagen lassen. Sie wartete. Nach kurzer Zeit kam Frau Holland zurück. „Ruth möchte Sie sehen“, sagte sie, „kommen Sie nur herein.“

„Aber Sie sagten doch, es dürfe niemand zu ihr?“

„Wohl, aber die Kleine will Sie gern sehen.“

„Ich möchte doch lieber nicht zu ihr, wenn es der Arzt ausdrücklich verboten hat!“

„Wenn das Kind will, kann man nichts machen, kommen Sie doch!“ Gretchen weigerte sich nicht länger und folgte in ein Schlafgemach mit drei Betten, das, schlecht gelüftet und nicht aufgeräumt, einen unangenehmen Eindruck machte. Die Kleine lag blaß und matt in ihrem Bett, aber bei Gretchens Eintritt setzte sie sich auf, und die Erregung machte ihr rote Bäckchen.

„Wie geht's dir denn, kleine Maus?“ fragte Gretchen zärtlich. Aber Ruth konnte nicht zu Wort kommen, die Mutter fing die Frage auf: „Sie liegt so elend da und mag nichts essen, bloß Kaffee will sie trinken, und der Arzt sagt doch, es sei Gift für sie. Ich muß ihn ihr immer heimlich geben, daß es mein Mann nicht sieht.“ Gretchen wußte gar nicht, was sie darauf sagen sollte. Von zu Hause war sie gewohnt, daß Vater und Mutter nichts voreinander verbargen und daß beide taten, was vernünftig und recht war, nicht, was dem Kind beliebte. Sie konnte diese Frau nicht verstehen. Sie wandte sich an Ruth und erzählte ihr leise von Rudi und Betty. Die Kleine lauschte auf Gretchens Worte, aber es war nicht leicht, eine Unterhaltung zu führen; denn Frau Holland begann nun hastig im Zimmer aufzuräumen, was allerdings nottat.

„Es ist noch nicht aufgeräumt hierinnen", sagte sie, „ich kam heute vormittag nicht dazu; mein Hausmädchen ist nämlich aus dem Dienst gelaufen, schon die vierte, die es so macht, die Vermittlerin schickt mir absichtlich die schlechtesten." Frau Holland begann ihr Bett zu machen, dicht neben Gretchen. Diese sah erstaunt auf. Die kleine Kranke fing den Blick auf und verstand. „Mama", bat sie, „mach doch das Bett nicht, solange mein Fräulein da ist."

„Ich will jetzt nicht länger stören", sagte Gretchen; denn der Aufenthalt in diesem Zimmer war ihr peinlich. „Bleiben Sie nur, Ruth muß doch Unterhaltung haben." Sie ließ nun das Bettenmachen einstweilen sein, ging aber ruhelos bald da-, bald dorthin.

Im Nebenzimmer hörte man Schritte. „Papa kommt", rief die Kleine wie erschreckt. Der Forstrat trat ein, Gretchen ging ihm entgegen und gab ihm unbefangen die Hand, er war ja ihr guter Freund, hatte ihr selbst vor dem Fest die Blumen gebracht. Er begrüßte sie auch heute mit herzlicher Freundlichkeit, aber bald verfinsterte sich sein Ausdruck, und mit einem Ton, aus dem die tiefste Mißstimmung klang, sagte er zu seiner Frau: „Diese Unordnung und diese Luft!", und rasch riß er die Fenster auf. „Das Kind erkältet sich!" rief die Frau.

„Das Kind geht noch zugrunde durch deine Schuld!" rief der Mann, verließ das Zimmer und warf die Tür schmetternd hinter sich zu.

Die Kleine erzitterte und drückte ihr Köpfchen wie beschämt in die Kissen. Die Frau schloß die beiden Fenster und ging, fast ebenso hastig wie der Mann, nach der andern Seite ab.

Gretchen war erschüttert durch dies traurige Familienbild. Sie beugte sich über das Kind, drückte einen Kuß auf das schmale Gesichtchen und sagte liebevoll: „Komm du nur recht bald wieder zu mir, du bist mein kleiner Liebling, alles wird gut, wenn du wieder gesund bist."

Leise verließ sie das Zimmer, war froh, daß sie niemandem begegnete und atmete erleichtert auf, als sie sich dann wieder auf der Straße befand. „Über diese Schwelle gehe ich so bald nicht wieder", sagte sie leise vor sich hin.

Was sie gesehen und gehört hatte, ging ihr den ganzen Tag nach, und ein namenloses Mitleid mit der kleinen Ruth rührte sie fast zu Tränen. Wie konnte das zarte Pflänzchen in dieser Luft und Pflege gedeihen?

Auch Herr und Frau Reinwald hörten mit Teilnahme diesen Bericht. „Es ist eine schreckliche Frau", sagte Gretchen, „aber daß auch der Mann so heftig ist vor dem kranken Kind, das er doch so liebhat, das kann ich gar nicht begreifen."

„Der Mann wäre vielleicht gar nicht so geworden ohne diese Frau", sagte Herr Reinwald ernst, „eine Frau, die weder nach Verstand noch nach Gewissen handelt, die ihr Hauswesen vernachlässigt und ihre Kinder falsch behandelt, eine solche Frau kann ihren Mann zur Verzweiflung bringen."

Während Gretchen an diesem Abend länger als sonst wach im Bett lag und an die Familie Holland dachte, wurde in aller Stille ein schöner Plan geschmiedet.

„Wenn Fräulein Trölopp das kleine Mädchen noch neben den anderen Kindern hinaus aufs Land nähme“, sagte Frau Reinwald zu ihrem Mann, „wie müßte das wohl dem schwächlichen Kind guttun!“

„Die Gebirgsluft und die verständige Behandlung könnten da freilich Gutes wirken. Glaubst du denn, das wäre zu machen?“ fragte Herr Reinwald.

„An Fräulein Trölopp würde es nicht scheitern, wenn Ruths Eltern für den Plan zu gewinnen wären.“

„Er sicherlich, sie scheint unberechenbar.“

„Sie muß doch auch einsehen“, meinte Frau Reinwald, „wie gut für ihr Töchterchen der Verkehr mit den glücklichen, fröhlichen Kindern wäre. Ich will doch gleich einmal bei meiner Schwester anfragen. Wie würde sich Gretchen für die Kleine freuen, es tut mir sehr leid, daß sie in so traurige Verhältnisse Einblick getan hat.“

Gretchen erfuhr zunächst noch nichts von diesem Plan. Sie hatte keine Ahnung davon, daß noch am selben Abend ein Brief an ihre Tante abging, in dem in beweglichen Worten um Aufnahme der kleinen Ruth gebeten wurde.

Die Antwort kam umgehend: Fräulein Trölopp habe sich bereit erklärt, so viele Kinder aufzunehmen, wie für nützlich befunden würde. Herr und Frau van der Bolten wollten gern der kleinen Freundin ihrer Kinder diesen Aufenthalt ermöglichen und fragten an, ob Gretchen sie nicht hinbegleiten und mit Fräulein Trölopp und den Kindern den schönen Landaufenthalt genießen wolle?

Dieser Brief kam in Gretchens Abwesenheit an.

„Wie schade, daß Gretchen nicht zu Hause ist“, sagte Frau Reinwald zu ihrem Mann, „wie wird sie sich freuen! Schade, daß sie gerade heute so spät heimkommt, sie will nach der

276

Schule noch zu Elise Schönlein und mit ihr lernen. Ich kann es gar nicht erwarten, ihr den schönen Plan mitzuteilen."

„Nun, auf ein paar Stunden kommt es doch nicht an. Man sieht schon, woher Gretchen ihre Ungeduld hat", sagte neckend Herr Reinwald, indem er fortging.

Gretchen kam wirklich erst spät am Nachmittag heim, und dann war ihr erstes Wort zur Mutter: „Ich bin dem Vater begegnet und soll dir sagen, er habe mir schon alles von dem Brief erzählt." Etwas enttäuscht fragte Frau Reinwald: „Nun, und was sagst du dazu?" „Ach, so wichtig ist mir's nicht, wie der Vater gemeint hat; wenn auch der Buchhändler das Buch nicht schickt —"

„Was sprichst du denn von einem Buch? Davon ist doch jetzt nicht die Rede!"

„Nicht? Der Vater hat mir doch von dem Buchhändler-brief erzählt."

Frau Reinwald sah Gretchen mit glückverheißendem Lächeln an: „Dann weißt du freilich noch nicht alles! Es hätte mich doch auch gewundert, wenn mir der Vater die schöne Neuigkeit weggenommen hätte, er hat mich nur wieder necken wollen. Gretchen, ich weiß etwas ganz anderes als Buchhändlernachrichten, da nimm und lies den Brief von der Tante."

Und nun las Gretchen, und Frau Reinwald verfolgte mit Vergnügen den Ausdruck auf ihren Zügen. Zuerst nur Neu-gierde, dann Staunen, Freude und das höchste Entzücken!

„Mutter!" rief sie jetzt, „was hast du da wieder Herr-liches ausgesonnen! Wenn Ruth dorthin darf, muß sie ja ganz aufleben, und wenn ich sie selbst hinbringen darf und mit für sie sorgen und mit Fräulein Trölopp zusammen-leben und mir von ihr erzählen lassen, Rudi und Betty haben und auf dem Land, im Gebirge sein . . . kann so etwas wirklich wahr werden, ist's nicht zu herrlich?" „Warum soll's nicht wahr werden?" sagte Frau Reinwald. „Freilich, Ruths Eltern haben bis jetzt noch keine Ahnung davon, und es wäre ja denkbar, daß sie nicht einwilligen."

„Sie müssen, da hilft gar nichts, sie müssen! Mutter, wann kann ich hin? Heute abend noch?"

„Morgen, morgen."

„Oh, warum nicht gleich?"

„Es ist ja zu spät. Auf ein paar Stunden kommt's doch nicht an, du darfst nicht so ungeduldig sein", mahnte Frau Reinwald, und Gretchen wußte nicht, warum sie dabei lächelte. „Ich möchte viel lieber mit Ruths Vater reden als mit ihrer Mutter", sagte Gretchen, „aber ich kann doch nicht wieder auf seine Kanzlei gehen." Dafür wußte Herr Reinwald Rat, als er nach jubelnder Begrüßung seitens seiner Tochter beim Abendessen saß. „Wenn du nicht auf die Kanzlei gehen kannst, so kann ich das doch tun", sagte er. „Der Forstrat war ja neulich auch so freundlich, dir an Stelle seiner Kleinen die Blumen zu bringen."

Nun war Gretchen voll der besten Zuversicht. Wenn der Vater selbst die Sache in die Hand nahm, dann mußte sie ja gelingen.

Er kam auch am nächsten Tag mit gutem Bescheid heim: der Forstrat hatte sich mit rührender Dankbarkeit über diesen Vorschlag ausgesprochen und die besten Hoffnungen an diesen Plan geknüpft. Er wollte nur noch mit seiner Frau und dem Arzt darüber reden und dann Antwort bringen.

Diese Antwort wurde am nächsten Tag mit großer Ungeduld von Gretchen erwartet. Frau Reinwald war allein zu Hause, als der Forstrat kam.

Sie empfing mit freundlicher Teilnahme den Mann, den sie noch nie gesehen hatte, und von dessen Familienleben sie schon so viel wußte. Er hatte kaum ihrer Aufforderung, Platz zu nehmen, Folge geleistet, als er kurz und mit fast rauher Art sagte: „Aus dem schönen Plan wird nichts, meine Frau will nicht." Frau Reinwald sah ihn sehr enttäuscht an. „Aber warum denn nicht?" fragte sie in ganz schmerzlichem Ton.

„Warum? Darauf kann ich nichts antworten." Frau Reinwald war zu schüchtern, weiter zu fragen, denn sie merkte dem Mann eine tiefe Verstimmung an. Einen Augenblick schwieg sie zögernd: „Wir könnten vielleicht Ihre Frau doch für unseren Plan gewinnen, wenn wir die Gründe wüßten, die sie dagegen einnehmen."

„Gründe", wiederholte der Forstrat mit Bitterkeit, „fragen Sie doch nicht danach. Nicht jede Frau handelt nach Gründen. Sie will eben nicht!" Bei diesen Worten stand der Forstrat auf und ging aufgeregt im Zimmer hin und her.

Frau Reinwald hatte das Bedürfnis, etwas Versöhnendes zu sagen. „Ihre Frau will wohl deshalb nicht, weil sie das zarte Kind nicht Fremden anvertrauen mag, und das kann ihr jede Mutter nachfühlen." Der Forstrat blieb vor ihr stehen, besänftigt durch ihre freundlichen Worte. „Eine Mutter sollte aber doch tun, was für das Kind so offenbar gut wäre", sagte er.

„Freilich, aber das stellt sie sich vielleicht nicht so vor. Ich meine, wenn wir ihr recht schildern würden, wie gut es das Kind hätte, dann würde sie nachgeben. Wenn ich ihr erzählte von dem schönen Gebirgsaufenthalt, von den fröhlichen Kindern und der vorzüglichen Pflegerin — soll ich das nicht versuchen?"

„Sie verkehrt nicht mit Fremden, und sie wird Ihren Besuch nicht annehmen, wenn Sie kommen."

Frau Reinwald schien erstaunt. „Können Sie nicht verlangen, daß sie mich empfängt?" fragte sie.

Der Forstrat blieb eine ganze Weile die Antwort schuldig, dann sagte er mit gedämpfter Stimme: „Ich sage Ihnen, was ich noch keinem Menschen gesagt habe: meine Frau ist leidend, ihr Gemüt ist verstört, ihre Gedanken sind oft nicht klar." Da sah Frau Reinwald voll freundlicher Teilnahme auf zu dem traurigen Mann und entgegnete: „Dann müssen wir nicht nur für das Kind, sondern auch für die Mutter sorgen. Was meint Ihr Arzt?"

„Ich habe Ihnen ja gesagt, daß ich zu keinem Menschen davon gesprochen habe, auch zu dem Arzt nicht."

„Das begreife ich nicht", sagte Frau Reinwald, „warum reden Sie nicht davon? Es ist eine Krankheit wie viele andere und sehr oft heilbar, wenn man rechtzeitig etwas dagegen tut."

„Glauben Sie das im Ernst?"

„Gewiß, ich weiß im Kreis meiner Verwandten und Bekannten mehrere, die im Gemüt erkrankt waren und wieder geheilt wurden."

„Wie ruhig und einfach Sie das nehmen! Es kommt mir nun selbst verkehrt vor, daß ich es so in der Stille mit mir herumgetragen habe."

„Wie schwer müssen Sie darunter gelitten haben", sagte Frau Reinwald teilnahmsvoll.

„Mehr als ich sagen kann", entgegenete der Forstrat und trat ans Fenster, um seine tiefe Bewegung zu verbergen. Nach einigen Minuten kehrte er mit verändertem Ausdruck zu Frau Reinwald zurück: „Ich gehe jetzt. Ich will heute noch mit dem Arzt sprechen, ich habe vielleicht schon zu lange gewartet."

„Ja, zögern Sie nicht länger", sagte Frau Reinwald, „und haben Sie guten Mut. Jetzt sieht es wohl traurig bei Ihnen aus, aber so Gott will, haben Sie übers Jahr eine gesunde Frau und Tochter." Er drückte dankbar ihre Hand und ging.

Gretchen erfuhr von dieser Unterredung nur, daß Ruths Mutter ihre Einwilligung nicht geben wolle. Sie war schmerzlich enttäuscht und wollte sich gar nicht zufriedengeben. Auch das freundliche Versprechen der Mutter, daß Gretchen, wenn auch ohne Ruth, doch einige Zeit bei Fräulein Trölopp und den Kindern zubringen dürfe, konnte sie nicht fröhlich stimmen. Der Gedanke an die Kleine in dem dumpfen Schlafzimmer bei den aufgeregten Eltern verfolgte sie, und sie konnte nicht verschmerzen, daß der schöne Plan ohne überzeugenden Grund aufgegeben werden sollte.

Sie begleitete am nächsten Tag Hermine und ihre Schwester Mathilde aus der Schule heim und erzählte ihnen von ihrer bitteren Enttäuschung. Sie ahnte nicht, welche Nachwirkung dieses Gespräch haben sollte.

Mathilde Braun machte am folgenden Sonntag ihrer Freundin Ruth einen Krankenbesuch. Sie wußte nicht, daß Ruth von dem ganzen Plan, der sie betraf, nichts erfahren hatte, besann sich auch nicht, ob sie ihr davon erzählen dürfe; sie berichtete über alles, was sie Gretchen in den schönsten Farben hatte schildern hören, und sprach auch von Gretchens bitterer Enttäuschung. Die Kleine lauschte begierig. Sie war nicht unternehmungslustig, aber mit „ihrem Fräulein" fortzureisen, aus der heißen Stadt hinaus aufs Land, dahin, wo die lustigen Kleinen Rudi und Betty waren, das schien doch auch ihr verlockend, und daß Gretchen sich

281

so sehr gefreut hatte und nun so bekümmert war, das be-
glückte sie, das war Liebe.

Eine Stunde, nachdem Mathilde ihre kleine Freundin
verlassen hatte, sagte Frau Holland zu ihrem Mann: „Das
Kind will mit seinem Fräulein reisen, da kann man nichts
machen, man muß es eben reisen lassen", und der Forstrat
zürnte nicht wie sonst über die Nachgiebigkeit der Mutter,
sie kam ihm diesmal gar zu erwünscht, er wiederholte sehr
befriedigt: „Ja, man muß sie reisen lassen."

Schulschluß

Fräulein Bertrand zeigte lebhafte Teilnahme für die von den Großen beabsichtigte Schlußfeier und erkundigte sich in jeder französischen Stunde nach den Fortschritten. Sie hatte den feinen Geschmack und Sinn für alles Schöne, der den Französinnen eigen ist, und wie sie früher schon den Rat gegeben hatte, die Mädchen sollten sich in Gruppen im Schulzimmer verteilen, so brachte sie auch heute einen Vorschlag, um der Sache ein festliches Gepräge zu geben.

„Jede Gruppe", sagte sie, „sollte sich eine Büste ihres Dichters verschaffen und diese Büste, mit Grün geschmückt und von Blattpflanzen umgeben, als Mittelpunkt auf einem Tischchen vor sich haben. Das würde dem ganzen Zimmer ein festliches Aussehen verleihen."

Der Vorschlag fand allgemeinen Beifall.

„Wir haben eine Schillerbüste, wir Schiller, Goethe und Lessing", riefen verschiedene der Mädchen. Schiller und Goethe waren mehrfach vorhanden, aber wer hatte einen Uhland, wer einen Rückert?

„Wenn wir in allen Klassen Nachfrage halten, werden wir schon welche bekommen", meinte die eine.

„Aber dann wird unser Geheimnis leicht ausgeplaudert", sagte eine andere. Als man so eine Weile beraten hatte, ließ sich Elise Schönlein vernehmen; in ihrem gewohnten, gleichgültigen Ton sagte sie: „Die Büsten könnt ihr von mir

283

haben." „Von dir? Welche? Rückert? Uhland?" So fragten die verschiedenen Gruppen durcheinander.

„Mir ist's gleich, welche ihr wollt." „Ach", sagte Ottilie geringschätzig, „die weiß wieder nicht, was man eine Büste heißt."

„Wenn ihr sie nicht wollt, braucht ihr sie ja nicht zu nehmen", entgegenete Elise empfindlich.

„Doch, doch", beschwichtigte Gretchen, „es wäre ja reizend, wenn du sie uns verschaffen könntest; wie sehen denn deine Büsten aus?

„Wie werden sie aussehen? Füß' haben sie nicht, aber Köpf'!"

„Wie groß?" „In drei Größen könnt ihr sie haben, zu fünfzehn Zentimeter, zu dreißig und zu fünfzig, vom Sockel an gerechnet, weiß oder bronziert." Bei diesen fachmännisch genauen Angaben horchten alle erstaunt auf, und Ottiliens spöttische Bemerkungen verstummten. Fräulein Bertrand wollte wissen, wie Elise zu diesen Büsten käme.

„Mein Onkel hat sie alle in seinem Laden und verleiht sie. Wer eine zerbricht, muß sie eben bezahlen, aber mit Rabatt sind sie nicht teuer." „Vielleicht könntet ihr die fünf Büsten zu billigem Preis bekommen und Fräulein von Zimmern zur Erinnerung verehren. Wie hübsch würden sie sich auf dem Bücherschrank ausnehmen!" Dieser Vorschlag von Fräulein Bertrand wurde von allen begeistert aufgenommen. Sie wollten heute noch ihre Eltern um Erlaubnis bitten. Elise wurde nun mit Fragen über Preis und Größe bestürmt, und zum ersten Male in all ihren Schuljahren war sie der Mittelpunkt, die Hauptperson..

Auch Pfarrer Kern wurde noch einmal zu Rat gezogen. Wie und wann sollte man Fräulein von Zimmern um die Stunde bitten und wie sollte man das Gelernte hersagen? Er riet, nicht bis zu den letzten Schultagen zu warten, wo Fräulein von Zimmern durch die Ausstellung der Handarbeiten mehr als sonst zu tun hatte. Es wurde beschlossen, ihr am Samstag den Plan mitzuteilen und ihr zugleich ein Verzeichnis zu überreichen von allem, was ihr zu Ehren gelernt worden war. So fertigte denn jede Gruppe eine Liste an, und Gretchen und Elise erfuhren zu ihrer Überraschung, daß Ottilie als besonderes Glanzstück noch ein paar Seiten aus dem „Abfall der Niederlande“ aufzuweisen hatte.

Nicht ohne Aufregung erwarteten die Mädchen am Samstag um elf Uhr Fräulein von Zimmern zu der gewohnten Literaturstunde. Ottilie war zur Sprecherin gewählt; denn alle wußten, daß sie das Vorrecht erwartete. Als sich die Vorsteherin an ihren gewohnten Platz gesetzt hatte, sahen die Schülerinnen nicht wie sonst auf sie, sondern alle Blicke richteten sich erwartungsvoll auf Ottilie. Diese stand auf, und errötend vor Fräulein von Zimmerns erstauntem Blick begann sie ihre kleine Ansprache: „Wir Schülerinnen der Oberklasse möchten Ihnen am Schluß unserer Schulzeit eine Freude machen, und da wir nichts Besseres wußten, haben wir uns in den letzten Wochen bemüht, unsere Literaturkenntnisse zu erweitern. Wir haben uns in fünf Gruppen geteilt und jede Gruppe hat einen Dichter übernommen, seine Lebensgeschichte und seine Werke gelernt. Wir möchten Sie nun bitten, uns einen Nachmittag zu bestimmen, an dem wir Ihnen das Gelernte hersagen dürfen.“

Fünfzehn Augenpaare waren während dieser kleinen Rede auf Fräulein von Zimmern gerichtet. Die sichtliche Überraschung und der freudige Ausdruck auf den Zügen der Vorsteherin ließen deutlich erkennen, daß ihr der Plan nicht

285

vorher verraten war, und daß die Mädchen getroffen hatten, was so recht nach ihrem Sinn war. „Es freut mich herzlich", sagte sie bewegt, „daß ihr mir zum Abschied noch solch eine Überraschung bereiten wollt, und ihr hättet euch gar nichts Schöneres ausdenken können. Ich bin sehr begierig, was ich zu hören bekommen werde." Die Mädchen überreichten ihre Verzeichnisse.

Fräulein von Zimmern durchlas sie aufmerksam. „Lauter Stücke, die wir noch nie in der Schule gelernt haben? Sogar Prosa? Das ist ja eine ganz außergewöhnliche Leistung!" Gretchens Gewissenhaftigkeit rührte sich. „Nicht jede aus der Gruppe kann alles, was von ihrem Dichter verzeichnet ist", sagte sie.

„Ich verstehe wohl, das wäre auch neben eurer andern Arbeit gar nicht möglich gewesen zu lernen. Die Gruppe ist als eine Person zu betrachten, nicht wahr?"

„Ja, ja", sagte Gretchen, „und nicht wahr, wenn Sie uns ausfragen, dann fragen Sie nicht die einzelne, sondern bloß die Gruppe?" „Du brauchst unsere Sache nicht so herunterzudrücken", sagte Ottilie halb im Scherz, aber doch ein wenig ärgerlich, „es haben doch alle die ganze Lebensgeschichte gelernt." „Ja, aber nur für ein Drittel kann jede einstehen."

„Das darfst du nicht so betonen", sagte Fräulein von Zimmern lächelnd, „sonst bekommst du böse Blicke von da und dort. Nun wollen wir uns gleich wegen des Tages besprechen."

Der nächste Mittwochnachmittag wurde bestimmt, um drei Uhr sollte die freiwillige Literaturstunde beginnen.

Das war nun noch ein eifriges Lernen und Wiederholen daheim, ein Sorgen und Beraten in der Schule.

Am Montagabend hatte Gretchen eben ihre Bücher weg-
gelegt mit der Empfindung, daß sie für diesen Tag das Lernen satt habe, als unerwartet Ottilie zu ihr kam. „Gretchen",
sagte sie, „du weißt ja, daß ich mehr als du und viel mehr
als Elise zu lernen übernommen habe. Aber jetzt habe ich
wieder Kopfweh, und wenn ich noch weiter lerne, wird's
immer ärger. Nun möchte ich dich bitten, daß du noch ein
Stück von meinem Teil übernimmst." „Jetzt kann ich nichts
Neues mehr dazu lernen", entgegnete Gretchen, „du hast
gar zu viel übernommen, laß doch weg, was du nicht mehr
zustande bringst." „Das kann ich nicht, es ist ja schon auf
dem Verzeichnis, das wir Fräulein von Zimmern übergeben
haben." „Was ist es denn?" „Die Teilung der Erde." „Das
ist ein schweres Gedicht!" sagte Gretchen sehr bedenklich.
„Aber nicht lang", entgegnete Ottilie, „stelle dir nur vor,
wie es werden soll, wenn Fräulein von Zimmern sagt: ‚Nun
möchte ich die Teilung der Erde hören‘, und sie fragt gewiß
danach, ich weiß, sie hat es gern. Sollen wir dann ver-
stummen?"

„Nein; dann sagen wir: mit dem sind wir nicht mehr fertig geworden. Es ist ja alles freiwillig!"

„Nein, Gretchen, das können wir wirklich nicht sagen, es
wäre eine Schande vor allen Gruppen. Kannst du's denn
nicht noch lernen? Du lernst doch so leicht und hast nie
Kopfweh. Wenn du es nicht übernimmst, dann läßt es mir
keine Ruhe, dann zwinge ich mich dazu und lerne die halbe
Nacht durch und bekomme rasend Kopfweh."

„Unsinn, Ottilie, so darf man's doch nicht machen! Ich
will es ja lernen, wenn dir gar so viel daran liegt. Aber
dann muß ich gleich jetzt anfangen; denn morgen habe ich
noch mit Elise zu wiederholen."

„Ach, laß doch die fallen, die bringt doch nichts zustande."
„Meinst du? Du wirst staunen über sie, und Fräulein von
Zimmern wird sich über sie vielleicht am allermeisten
freuen." Ottilie ging, und Gretchen nahm ein wenig grol-
lend ihren Schiller. Sie hatte geglaubt, fertig zu sein, und
nun ging das Lernen noch einmal von vorne an.

Am Mittwochnachmittag, schon bald nach zwei Uhr, versammelten sich die Großen in ihrem Schulzimmer. Fräulein
Bertrand, die versprochen hatte, ihnen beim Herrichten zu
helfen, fand sich pünktlich ein. Elise hatte die Büsten richtig
herbeigeschafft. Blattpflanzen und Efeuranken waren zur
Stelle, und nun wußte Fräulein Bertrand auf fünf Tischen
die Sache sehr nett herzurichten und die Mädchen anmutig
zu stellen. Der große Schultisch war hinausgetragen und für
Fräulein von Zimmern ein Sessel so aufgestellt worden, daß
sie alle Gruppen im Halbkreis um sich hatte.

Als um drei Uhr die Vorsteherin eintrat, war sie höchst
überrascht von dem unerwarteten Anblick. Das Zimmer mit
dem vielen Grün, den geschmückten Büsten und den hellge-
kleideten Mädchen sah ganz verwandelt aus. Fräulein Bertrand forderte die Vorsteherin auf, Platz zu nehmen, stellte
ihr die Gruppen vor und bat sie, den Vertreterinnen der
Dichter Gelegenheit zu geben, ihre Meister vorzuführen.

Die Mädchen hatten nichts anderes erwartet, als daß Fräulein von Zimmern eine Gruppe nach der andern schulmäßig
abfragen würde. Nun war die Reihe an ihnen, überrascht
zu werden. Fräulein von Zimmern hatte sich mit Hilfe des
Verzeichnisses ihren Plan gemacht. Ihre erste Frage galt der
Kindheit Goethes. Nachdem ihr davon berichtet worden
war, wandte sie sich an eine andere Gruppe mit der Frage
„Ist euer Dichter auch in so guten äußeren Verhältnissen

aufgewachsen?", und so wußte sie immer die Gruppen zu verbinden, Ähnlichkeiten und Verschiedenheiten hervorzuheben. Auf diese Weise gewann das, was die Mädchen in den letzten Wochen fast zum Überdruß gehört hatten, wieder neuen Reiz für sie. Fräulein von Zimmern war bei diesem ihrem Lieblingsfach immer im Eifer, heute aber noch viel mehr als sonst, und keinen Augenblick schien sie zu vergessen, daß all dieses Wissen freiwillig ihr zuliebe erworben war. Sie sprach immer wieder ihre Freude aus. Ottiliens Stück aus dem „Abfall der Niederlande" war die schwierigste Leistung und ging glänzend. Elise hatte schon drei Gedichte fehlerlos hergesagt, worüber Gretchen stolz war wie eine Mutter über ihr Kind. Nun wollte Fräulein von Zimmern das Gedicht hören, in dem Schiller sich über die Dichter ausspricht: Die Teilung der Erde. Ein rascher Blick wurde zwischen Ottilie und Gretchen gewechselt, dann fing diese frisch an vorzutragen: „Nehmt hin die Welt, rief Zeus." Im vierten Vers gab es eine kleine Stockung, aber Gretchen fand sich wieder zurecht. Aber im fünften Vers nach der traurigen Frage des Poeten: „Soll ich denn allein von allen vergessen sein?", da blieb die Antwort aus. Gretchen wußte nicht weiter. Noch einmal wiederholte sie die Frage, recht kläglich: „Soll ich denn allein von allen vergessen sein?" Es entstand eine peinliche Pause. Keine der Schülerinnen war so vorsichtig gewesen, ihr Buch mitzubringen, keine konnte nachhelfen. Da sagte Fräulein von Zimmern freundlich: „Dem armen Poeten können wir im Augenblick nicht helfen; wollen wir einmal hören, was Uhland über die Dichter sagt." So kamen wieder andere an die Reihe, der peinliche Eindruck war bald verwischt, alles ging glatt, und Fräulein von Zimmern erklärte am Schluß, daß ihre Erwartungen weit übertroffen seien. Stolz und glücklich verließen die Mädchen ihre Tischchen und überreichten ihre Büsten zur Erinnerung an diesen Nachmittag. Und Ottilie holte ihr fein gesticktes Deckchen herbei, breitete es zur Überraschung aller, außer Gretchen, über ein Tischchen und bat Fräulein von Zimmern, es als Andenken anzunehmen. Diese schöne Arbeit wurde gebührend bewundert, und Ottilie stand auf der Höhe, sie hatte sich heute ausgezeichnet. Dennoch war sie nicht fröhlicher Stimmung, wie man hätte erwarten können. Sie war überzeugt, Gretchen würde eine Gelegenheit suchen, um zu erzählen, wer eigentlich schuld war an dem schlecht gelernten Gedicht. So beobachtete sie mit Mißtrauen Gretchen, so oft sich diese Fräulein von Zimmern näherte. Aber Gretchen hatte ihr Mißgeschick schon verschmerzt. Das Ganze war doch aufs schönste gelungen.

Fräulein von Zimmern hatte mit jeder der Schülerinnen besonders gesprochen, und nun erbat sie sich einen Augenblick Stille, da sie etwas mitzuteilen habe. Die Mädchen horchten. „Ich denke mir", sagte die Vorsteherin, „daß es euch allen heiß geworden ist bei diesen Leistungen, und ich möchte euch zu einer kleinen Erfrischung in mein Zimmer laden. Wollt ihr, nachdem ihr hier ein wenig Ordnung gemacht habt, zu mir herunterkommen?" Freudig und einstimmig wurde die unerwartete Einladung angenommen.

Nach einer halben Stunde saß die ganze junge Gesellschaft in gehobener Stimmung um einen Tisch, auf dem eine stattliche Torte stand. Fräulein von Zimmern füllte kleine Kelchgläser mit köstlichem Himbeersaft und reichte sie den Mädchen herum, denen es ganz merkwürdig vorkam, von der Vorsteherin bedient zu werden. Ja, die Schulzeit ging stark zur Neige, deutlich kam es jetzt den Schülerinnen zum

Bewußtsein. Fräulein von Zimmern ließ die fünf Dichter und ihre wackeren Vertreterinnen leben, und das Gespräch wurde bald lebhaft; die Mädchen erzählten, wie der Pfarrer sie auf diesen Plan gebracht hatte, und auch die kleine Täuschung mit den französischen Spielen wurde eingestanden.

„Wie ist's wohl gekommen, daß dich heute dein sonst so treues Gedächtnis im Stich gelassen hat?“ Mit diesen Worten wandte sich Fräulein von Zimmern an Gretchen. Ottilie wurde dunkelrot — nun mußte die Aufklärung kommen und sie gedemütigt dastehen. Gretchens Art war es nicht, eine Frage ausweichend zu beantworten, auch war sie der Meinung, daß jetzt, nachdem die ganze Überraschung so schön gelungen war, alles Vorhergegangene offen erzählt werden könne. Schon hatte sie das Wort auf der Zunge, als sie dem ängstlichen Blick Ottiliens begegnete, der ihr klarmachte, was diese fürchtete. Einen Augenblick besann sie sich, dann antwortete sie gutmütig: „Ich habe erst vorgestern angefangen, das Gedicht zu lernen, und das war zu spät. Es tut mir recht leid, daß ich unseren Schiller so schlecht vertreten habe.“ Nach dieser Antwort entstand eine kleine Stille, Gretchen wußte nicht recht warum. Hermine und die meisten der Mädchen blickten erwartungsvoll auf Ottilie, aber diese schwieg. „Ich weiß übrigens jetzt die Antwort für den armen Poeten“, fuhr Gretchen fort, „darf ich noch den Schluß hersagen?“

Sie hatte kaum die letzten Worte des Gedichts gesprochen, als Ottilie anfing, von der Handarbeitsausstellung zu sprechen. Ihr lag daran, das Gespräch auf einen andern Gegenstand zu lenken, und es gelang ihr. „Wenn ich nur in dieser Woche noch das zweite Nachthemd fertigbrächte“, sagte Gretchen, „damit ich bei der Ausstellung mein erstes damit bedecken könnte; denn das sieht oben schrecklich aus; bei meinem zweiten hingegen ist das obere Knopfloch so wunderbar schön geraten; wenn Sie es sehen, Fräulein von Zimmern, werden Sie kaum glauben, daß ich es gemacht habe, es könnte wirklich von Ottilie sein." Ottilie sah nachdenklich auf Gretchen. Wie konnte diese so neidlos anderer Leute Vorzüge anerkennen! — Sehr befriedigt von diesem Nachmittag verabschiedeten sich die Mädchen von der Vorsteherin. Jeder einzelnen sprach sie noch einmal Dank oder Freude aus. Als Elise sich mit ihrem gewohnten, gleichgültigen Gruß entfernen wollte, faßte Fräulein von Zimmern sie bei der Hand und sagte freundlich: „Es tut mir wirklich leid, daß ich dich gerade jetzt als Schülerin verlieren soll, wo du so fleißig gelernt hast. Richte deinen Eltern aus, daß du dich heute mit Lorbeeren bedeckt habest." Elise erwiderte ganz ruhig: „Gretchen Reinwald hat mit mir gelernt, sonst hätte ich wieder nichts gekonnt." Gretchen hatte davon nichts gehört, als sie aber die Hand zum Abschied reichte, sagte Fräulein von Zimmern leise zu ihr: „Laß dich's nicht bekümmern, daß du ein Gedicht nicht gekonnt hast, du weißt: gut sein ist mir wichtiger, als gut können!" Diese freundlichen Worte machten, daß diejenige, deren Leistung am wenigsten gelungen war, fröhlichen Herzens ihre Straße zog, während die, welche sich vor allen ausgezeichnet hatte, bedrückt nach Hause ging in dem Gefühl, nicht ehrenhaft gehandelt zu haben.

Dieser Tag sollte für Gretchen noch besonders schön ausklingen; denn am Nachmittag war der Forstrat dagewesen, und Frau Reinwald hatte alles mit ihm besprochen, so daß der schöne Plan der Ferienreise mit Ruth gleich am ersten Ferientag zur Ausführung kommen konnte. Der Arzt hatte auch Ruths Mutter zu einer Reise überredet, sie sollte in einer Nervenheilanstalt Genesung suchen, während ihr Töchterchen in fröhlicher Umgebung zu kräftigerem Leben erstarken sollte.

Ja, das war eine beglückende Aussicht für Gretchen, aber wie ein Berg lag noch dazwischen die unvollendete Handarbeit, die Ausstellung in der Schule.

Am Freitagnachmittag war die letzte Arbeitsstunde, da wollte Gretchen fertig werden um jeden Preis. Von Montag bis Mittwoch wollte Fräulein Weber die Arbeiten unten im großen Zeichensaal ausstellen. Die meisten Schülerinnen hatten ihre Arbeiten schon abgeliefert, hübsch mit roten Bändchen gebunden lagen sie bereit. Gretchen arbeitete, daß ihr die Wangen glühten, sie nahm sich in ihrem Eifer nicht einmal die Zeit, Fräulein Weber ihre Arbeit zu zeigen, ehe sie den zweiten Ärmel einnähte. Nur vorwärts, vorwärts! Und nun war die Stunde aus, aber auch der Ärmel war eingenäht. „Fertig!“ jubelte Gretchen und hob glückstrahlend ihr Nachthemd in die Höhe. Sie strich mit der Hand darüber hin, der Ärmel wollte sich nicht recht hinunterlegen. „Was hat er denn?“ rief Gretchen, „warum starrt er so kurios hinaus!“ Mit mißtrauischen Blicken besah sie ihr Werk.

Fräulein Weber warf nur einen Blick darauf und rief aus: „Aber Gretchen, was ist das wieder! Der Ärmel ist ja verkehrt hineingesetzt, die obere Seite sitzt unten. Hättest du es mir vorher doch gezeigt.“ Die allgemeine Teilnahme wandte sich nun Gretchen zu. „O Fräulein Weber“, bat Hermine, „lassen Sie Gretchen die Arbeit mit heimnehmen und zu Hause fertigmachen, es ist ja die letzte Arbeitsstunde!“

„Das kann ich nicht erlauben, es ist ganz gegen die Regel; die beiden andern, die auch nicht fertig sind, würden dann

dasselbe Recht beanspruchen. Das siehst du selbst ein, Gretchen, nicht wahr?" Diese nickte nur und packte ganz ergeben ihre Arbeit zusammen. Wehmütig sah sie noch einmal
auf das Knopfloch, das so schön geraten war, und zeigte es
den teilnehmenden Freundinnen, die ihr die Bewunderung nicht versagten.

*

Daheim erzählte Gretchen den Eltern ihr Mißgeschick.
„Ich habe eben immer Unglück mit der Handarbeit."

„So, das nennt man Unglück?" sagte Herr Reinwald,
„das werde ich mir merken. Wenn ich den nächsten Erlaß
für die Regierung ausarbeite, werde ich mir's leicht machen.
Fällt er dann so verkehrt aus wie dein Ärmel, so sage ich
zum Herrn Regierungspräsidenten: ‚Ich habe eben immer
Unglück mit den Erlassen.' Dann wird mich der Herr Prä-
sident ganz lieb trösten; denn mit dem Unglücklichen soll
man doch Mitleid haben." Gretchen lachte: „Ach Vater, das
ist doch etwas anderes!" „Jedenfalls ist's recht bequem",
entgegnete Herr Reinwald, „wenn man sein Ungeschick
Unglück nennt. Man schiebt damit ganz sachte die Schuld
von sich weg auf ein Verhängnis." „Du hättest Fräulein
Weber deine Arbeit rechtzeitig zeigen sollen", sagte Frau
Reinwald, „übrigens ein wenig Unglück ist doch dabei", bemerkte sie lächelnd zu ihrem Mann, „sie hätte ja auch zufällig die richtige Seite des Ärmels erwischen können." „Mag
sein, daß ein Unterschied zwischen einem Ärmel und einem
Regierungserlaß besteht", gab Herr Reinwald zu.

Während sich Gretchen im Geist mit ihrem unglückseligen
Nachthemd beschäftigte, ging mit diesem eine Verwandlung
vor. Gretchen war gleich nach der Arbeitsstunde heimgegan-
gen, Ottilie hingegen hatte gezögert, und ohne daß es

bemerkt wurde, war sie in der Schule zurückgeblieben. Es war vier Uhr. Sie wartete, bis alle Klassen leer waren, und beobachtete von der Treppe aus, daß sich Fräulein von Zimmern in den Zeichensaal begab, wo schon die Tische gestellt waren, auf denen am nächsten Tag die Arbeiten ausgelegt werden sollten. Erstaunt sah die Vorsteherin auf, als nun Ottilie zu ihr trat. „Fräulein von Zimmern", sagte sie, „Gretchen Reinwald ist nicht fertig geworden mit ihrer Arbeit."

„Ich weiß es, Fräulein Weber hat es mir erzählt."

„Ich würde sie gern fertigmachen", sagte Ottilie in sichtlicher Verlegenheit. Es war ihr etwas ganz Ungewohntes, eine Gefälligkeit anzubieten, sie fühlte, daß es auffallen mußte. „Warum möchtest du das?" fragte Fräulein von Zimmern und sah Ottilie scharf an. „Weil ich ihr auch einmal gern einen Gefallen tun würde", war die leise Antwort. „Das ist schön von dir, Ottilie, aber du weißt, daß es gegen meine Grundsätze ist; sie kann das nicht als ihre Arbeit ausstellen, was sie nicht ganz und gar selbst gemacht hat." „Wenn das Nachthemd gelegt ist, sieht man ja nur die Vorderseite, die Gretchen ganz allein gearbeitet hat." Fräulein von Zimmern überlegte: „Es tut mir leid, es kann nicht sein." Ottilie schwieg. Sie kämpfte einen harten Kampf mit ihrem Hochmut; endlich sagte sie: „O bitte, machen Sie heute eine Ausnahme! Ich bin so in Gretchens Schuld, eigentlich schon solange wir in die Schule gehen. Sie war bis zuletzt so gut gegen mich, erst neulich wieder bei unserer Literaturstunde. Wir kommen außer der Schule nicht zusammen; wenn ich jetzt nicht noch gutmachen kann, was ich versäumt habe, dann kann ich's vielleicht im ganzen Leben nimmer!"

Dies demütige Bekenntnis des sonst so hochmütigen Mädchens besiegte Fräulein von Zimmerns Bedenken. „Geh, mein Kind", sagte sie, „und tue das, wozu dich dein Gewissen treibt." Ottilie ging durch das stille Schulhaus hinauf bis in den obersten Stock, wo die Kammer lag, in der die Arbeiten aufbewahrt wurden. Die jüngsten Schulkinder hatten ihre Strickkörbchen auf dem untersten Fach des großen Ständers, der die ganze Wand der Kammer einnahm. Auch Ottiliens Körbchen hatte einst ganz unten gestanden und war im Laufe der Jahre hinaufgerückt bis in das oberste Fach, das die Kleinen nicht mit ihren Händchen erreichen konnten. Als sie so allein in dem stillen Raum war, kam eine weiche Stimmung über sie. War sie wohl zum letztenmal hier? Sie nahm Gretchens Arbeitskorb mit hinüber in das Schulzimmer und setzte sich an den grünen Tisch. Während sie so dasaß, Stich auf Stich auftrennend, blickte sie zurück auf die verflossenen Schuljahre. Das ehrgeizige Streben, die Mißgunst gegen die andern, die Feindseligkeiten, die sie sich durch ihr spöttisches Wesen zugezogen hatte, dieses alles hatte sie zu keiner rechten Ruhe kommen lassen. Und nun dachte sie an die, deren verunglücktes Werk sie in Händen hielt. Sie konnte sich Gretchen nicht anders vorstellen als fröhlich und friedlich, liebevoll und geliebt, allezeit glücklich trotz manchen Mißgeschicks. Woher kam der große Unterschied?

Fräulein von Zimmern trat ein, um sich nach der einsamen Näherin umzusehen. „Kommst du zurecht?" fragte sie. „Ja", sagte Ottilie, „ich bin noch am Trennen, das geht langsam, aber es geht doch." „Wenn wir alles so leicht wieder rückgängig machen könnten wie eine verkehrte Näherei, so wäre es gut, nicht wahr, Ottilie?" sagte Fräulein von Zimmern und legte ihr freundlich die Hand auf die Schulter. Ottilie senkte den Kopf und sagte: „Ich wollte, ich könnte gerade noch einmal von vorne anfangen, mit dem Strickkörbchen im untersten Fach des Ständers!" „Wenn du das sagst, Ottilie, so hast du schon von vorn angefangen, vom untersten Grund des Herzens aus. Und wenn dich die Schuljahre nur so weit gebracht haben, daß du dich selbst erkennst und nach dem Guten strebst, dann sind sie nicht umsonst gewesen."

Fräulein von Zimmern ging und ließ Ottilie allein. Es war eine gesegnete Stunde, die das junge Mädchen bei ihrem Liebeswerk zubrachte.

Nun war die Arbeit vollendet, Ottilie legte das Nachthemd hübsch zusammen und brachte es hinunter in den Zeichensaal, wo sie es der Vorsteherin übergab. „Nun wollen wir es so einrichten", sagte diese, „daß Gretchen erst in der Ausstellung ihr schönes Werk entdeckt. Vorerst soll sie der Meinung bleiben, daß nur ihr unschönes Hemd aufliege." „O ja", rief Ottilie, „sie wird dann recht überrascht sein, wenn sie die beiden Nachthemden auf ihrem Platz entdeckt. Niemand kann so strahlen wie sie, wenn sie sich freut."

Fräulein von Zimmern sah Ottilie freundlich an. „Jetzt sehe ich auch an dir etwas von diesem Strahlen, das aus einem liebevollen, guten Herzen kommt. Gott behüte dich, Ottilie, und helfe dir weiter."

*

Von Montag an stand zu erwarten, daß die Ausstellung fleißig besucht würde, und so erhielten je vier und vier der Schülerinnen den Auftrag, stundenweise anwesend zu sein, um die Besucher zu empfangen und auf etwaige Fragen eine Antwort zu geben. Die ersten vier unter den Großen hatten den Anfang zu machen, um zwei Uhr sollten sie sich einfinden.

Gretchen freute sich nicht darauf. „Ich wollte, ich müßte nicht hin", sagte sie zu ihrer Mutter, „ich muß mich doch nur schämen wegen meiner Arbeit."

„Sie wird vielleicht von niemandem genau betrachtet", tröstete Frau Reinwald. „Das wäre gut, Mutter, aber da kommt z. B. alle Jahre Fräulein Schütze. Auf ihr Urteil gibt Fräulein Weber und auch Fräulein von Zimmern am allermeisten. Sie wird immer besonders eingeladen. Sie sieht die Sachen so genau an, daß ihr nicht das Kleinste entgeht, und wenn sie auch ihr Lob und ihren Tadel mit sanfter Stimme ausspricht, so hören doch alle darauf."

„Kennt sie dich denn?"

„Sie hat mich schon öfter ermahnt und weiß längst, daß ich nicht viel Schönes zustande bringe, aber so gering wie dieses Jahr hat meine Arbeit in den letzten Jahren nie ausgesehen."

Als Gretchen in den Saal kam, auf dessen langen Tischen die Arbeiten aller Klassen ausgestellt lagen, waren Hermine, Ottilie und Elsbeth schon anwesend, und sie gesellte sich zu ihnen. Fräulein Weber legte noch da und dort ordnende Hand an, Fräulein von Zimmern ging mit prüfendem Blick den Tisch entlang. Allmählich kamen einige Damen, Mütter und Schwestern der Schülerinnen, sie fragten bald nach dieser, bald nach jener Klasse oder Arbeit, und die Mädchen waren als Führerinnen beschäftigt.

Und nun erschien Fräulein Schütze.

Sie wurde von Fräulein von Zimmern achtungsvoll begrüßt und von Fräulein Weber selbst geleitet. Ja, Gretchen

hatte recht gesagt, sie prüfte mit einer Genauigkeit, daß ihr
kein Mangel entging; aber sie wußte auch gute Leistungen
zu schätzen und hervorzuheben. Mit Unbehagen sah Gretchen die Gefürchtete ihrer Arbeit nahen. Sie stand gegenüber
von Fräulein Schütze als Begleiterin einer anderen Dame.
Jetzt hörte sie halblaut ihren eigenen Namen, Fräulein
Schütze las ihn ab von dem Zettelchen, das auf dem Nachthemd angebracht war. Gretchen traute ihren Ohren nicht,
als sie nun Fräulein Schütze sagen hörte: „Das ist sehr sorgfältig gearbeitet, das Knopfloch fadengerade und rein. Ich
hätte nicht gedacht, Fräulein Weber, daß Sie es bei dieser
Schülerin so weit bringen würden. Ist sie wohl hier? Ich
denke, es wird sie nicht eitel machen, wenn ich ihr einmal
Lob spende, nachdem ich manches Jahr zu meinem eigenen
Bedauern Ungünstiges über ihre Arbeiten sagen mußte.“
„Da steht sie eben“, sagte Fräulein Weber lächelnd, und
deutete über den Tisch hinüber auf Gretchen, die mit offenen
Augen und Ohren bei dieser Unterhaltung war. „Ach ja,
da ist sie“, sagte Fräulein Schütze, „wie groß sie geworden
ist. So ist's recht, liebes Gretchen, machen Sie mit Gottes
Hilfe so weiter.“

Gretchen aber sah sich nach Fräulein von Zimmern um.
Oben an der langen Tafel stand sie. „Entschuldigen Sie“,
sagte Gretchen zu der Dame, die sie geleiten sollte, „ich
komme gleich wieder!“, und eiligst schlüpfte sie hinter den
Besuchern weg. „Fräulein von Zimmern“, sagte sie halblaut,
„ich weiß gar nicht, wie das zugeht, mein schönes Nachthemd ist jetzt doch ausgestellt, obwohl der Ärmel verkehrt
darin ist. Fräulein Schütze hat es so gelobt, ich kann
nichts dafür.“ Da lächelte Fräulein von Zimmern und sagte:
„Du träumst wohl, die Ärmel sind ganz richtig hinein-

genäht." Gretchen schüttelte den Kopf: „Von mir aber nicht."

„Das behaupte ich auch nicht, vielleicht von einer guten Freundin."

„Von Hermine?"

„Nein, von der, die dort an deinem Platz steht, um zu hören, wie deine Arbeit gelobt wird, und die jetzt so vergnügt zu uns herübersieht."

Gretchen blickte hinüber. Hinter Fräulein Schütze stand Ottilie und schaute gespannt auf Fräulein von Zimmern und Gretchen. Im Nu war diese bei ihr; sie hätte unbekümmert um alle Anwesenden Ottilie umarmt oder sie vor Vergnügen und Dankbarkeit im Zimmer herumgewirbelt. Aber Ottilie war auf ihrer Hut. Sie wollte nicht, daß die Sache hier vor Fremden zur Sprache kam. Indem sie Gretchen den Finger auf den Mund legte, sagte sie leise: „Schweig still!" Aber ein Geflüster gab es doch noch zwischen den beiden; denn Gretchen wollte wissen, wie das zugegangen war. Sie war sehr glücklich über diese Wendung der Dinge, am meisten aber über den unverhofften Freundschaftsbeweis einer Mitschülerin, die durch so viele Jahre hindurch gleichgültig, ja beinahe feindselig neben ihr hergegangen war.

Die Ausstellungstage waren vorüber; zum letztenmal hatte die Oberklasse drei Stunden an dem grünen Tisch zugebracht. Pfarrer Kern hatte zum Schluß noch einmal Stunde gegeben und warme Worte zu seinen Schülerinnen gesprochen. Jetzt verabschiedeten sie sich alle von ihm, von den andern Lehrern und von Fräulein von Zimmern. Bepackt mit vielen Büchern und Heften überschritten sie zum letztenmal als Schülerinnen die Schwelle des Schulhauses, mit Wehmut und Freude zugleich. Die Schule lag hinter ihnen, das Leben, zu dem sie nun ausgerüstet waren, lag vor ihnen.

Unter der Tür ihres Zimmers stand die Vorsteherin mit dem Pfarrer. Sie hatten den Abziehenden nachgesehen, jetzt war die letzte verschwunden. „Gott behüte die junge Schar", sagte der Pfarrer. Fräulein von Zimmern schien bewegt. „Ich habe noch nie eine Klasse gehabt", sagte sie, „in der so wie in dieser fast alle Schülerinnen vom ersten bis zum letzten Schuljahr bei mir waren." „Und eben deshalb auch keine", fügte der Pfarrer bei, „in der sich so wie in dieser gezeigt hat, daß sie nicht nur Kenntnisse gesammelt haben, sondern auch im Charakter gebildet worden sind."

„Die meisten Eltern ahnen gar nichts von diesem Besten, das wir an ihren Kindern leisten; die Charakterbildung steht nicht auf dem Stundenplan, sie entzieht sich der Beobachtung."

„Ja", bestätigte der Pfarrer, „viele Eltern verlangen sie gar nicht von uns, sie fordern nur Kenntnisse. Und doch gewährt ein gefestigter Charakter mehr Bürgschaft für wirkliches Glück, auch im irdischen Leben, als alles Wissen und natürliche Begabung."

Der Pfarrer war mit Fräulein von Zimmern in ihr kleines Stübchen getreten. Auf dem Tisch lag ein großes Buch aufgeschlagen, es zeigte eine leere Seite. Mit einem Seufzer deutete Fräulein von Zimmern darauf: „Hier liegt schon das Buch bereit zur Einzeichnung der Schülerinnen, die sich fürs erste Schuljahr anmelden werden." Und der Pfarrer beantwortete den Seufzer, indem er sagte: „Fangen Sie getrost wieder mit den Neuen Ihre schwere Arbeit an, es liegt Gottes Segen darauf."

*

Der Vorabend von Gretchens Reise ins Gebirge war gekommen. Etwas verspätet erschien sie beim Essen, Vater und
Mutter saßen schon bei Tisch. „Ich habe noch Abschieds-
besuche gemacht", sagte sie entschuldigend, „sonst käme ich
nicht zu spät. Ich mußte doch noch nach Gretchen sehen."

„Gretchen?" fragte Herr Reinwald. „Was ist denn das
für eine neue Freundin?" „Aber Vater", entgegnete Gretchen
vorwurfsvoll, „mein Patchen!" „Ach so, entschuldige nur,
daß ich diese wichtige Persönlichkeit einen Augenblick vergessen konnte! Übrigens möchte ich doch einen Vorschlag
machen. Wenn man einmal so weit ist, daß man sich eines
Patchens rühmen kann und auf ein anderes Menschenkind
seinen Namen übertragen hat, dann sollte man sich nicht
mehr ‚Gretchen' nennen lassen, sondern Margarete. Oder
willst du immer so ein Miniaturmensch bleiben, ewig ein
Menschchen, nie ein ganzer, voller Mensch?"

„Nein, nein", rief Gretchen eifrig, „ein ganzer Mensch
möchte ich werden." — „Was meinst du?" fragten fast gleichzeitig Vater und Tochter die Mutter. „Ich meine, wenn du
nun von dieser Reise zurückkommst, so wäre das gerade der
richtige Lebensabschnitt, und bis dahin könnte ich mich an
den Gedanken gewöhnen, daß mein Gretchen der Vergangen-
heit angehören soll." —

Am nächsten Morgen trafen sich zwei Väter mit ihren
Töchtern an der Bahn, Herr Reinwald mit Gretchen, der
Forstrat mit Ruth. Sie waren zeitig daran. Gretchen lief
Hand in Hand mit Ruth, und die beiden malten sich den
zu erwartenden Landaufenthalt in goldenen Farben aus.

Auch die beiden Väter, während sie nebeneinander auf
und ab gingen, sahen hoffnungsfroh in die Zukunft. „Meine
Frau ist gestern in die Heilanstalt abgereist", sagte der

Forstrat, „und der Arzt hofft, daß sie vollständig wieder-
hergestellt wird, wenn es auch lange dauern kann." „Bei
Ihrer Kleinen wird es um so schneller gehen", sagte Herr
Reinwald, „sie sieht ja schon ganz rosig aus." „Das macht
die Freude", sagte der Forstrat. Einige Minuten später saßen
die beiden Mädchen in der Bahn, winkten aus dem abfahren-
den Zug den Zurückbleibenden zum Gruß, und Gretchen
hörte noch ihres Vaters Zuruf:

„Auf glückliches Wiedersehen, Margarete!"

Inhalt

.